新・仮説の検証

沈黙のジャーナリズムに告ぐ

はじめに——なぜ「仮説の検証」か？

二〇〇七年に「仮説の検証～科学ジャーナリストの仕事～」を私は、講談社から出版した。本書はその続編である。

はじめに、「仮説の検証」の意味は何か、いまなぜ「仮説の検証」が必要なのかをまとめておきたい。

一九六四年、私はＮＨＫに就職し、その後二五年間、ディレクターとして科学番組の「制作」に従事した。その後二〇〇六年まで解説委員を務めたが、科学番組のディレクター経験は、私のジャーナリストとしての原点である。

テレビ番組をつくることを「制作」という。「つくる」ことは一緒でも「製作」とは少し意味が違う。「制作」は、あれこれ思いを巡らしながらつくるということで、少し面映ゆいけれども、映画をつくるのも「制作」、美術工芸品をつくるのも「制作」である。テレビの受像機をつくるのは「製作」だが、番組をつくるのは「制作」である。

ディレクターは番組を制作する。具体的には、テーマの調査、企画、内外の交渉、構成案の作成、映像と内容の取材、映像編集、台本の作成、スタジオの演出、収録（または生放送）、視聴者からの反響の処理……など、番組の最初から最後までの流れを滞りなく進めるのが仕事である。

この流れの中に多種多様な職種の人がかかわる。映像取材にはカメラマン、音声や照明のエンジニア、映像の編集には（いつもではないが）編集マン、ＣＧデザイナー、スタジオアーティスト、アナウンサーなど。ディレクターは、これら多種多様な職種の多数の人々の力をまとめて制作する。映画の「監督」にあたるといえば聞こえはいいが、映画監督は天皇と呼ばれる人がいて絶対の権力を振るうらしい。テレビのほうはそんな権力は（そして、多分能力も）ないので、遠慮がちにディレクターという言葉を使っている。

もう一つの職種であるプロデューサーは、ディレクターたちの上司にあたる。本来は野球やサッカーチームのジェネラル・マネージャーにあたり、予算や人事や工程管理や総務を担当する。あとで詳述するが、いまはチームの監督に近い仕事になっている。

それはそれとして、私は科学番組のディレクターになったわけだが、新人には右も左も珍しいことばかり、一口に科学番組といっても実に多種多様なことに驚くことばかりだった。著名な医師をスタジオに招いて病気の解説をしてもらう健康番組、花鳥風月を謳い上げる自然番組、身の周りの不思議のなぞ解きをするファミリー番組。総合テレビ、教育テレビ、それにラジオには第一と第二、ＦＭのチャンネルがあり、それぞれに科学番組がある。先輩たちが日常業務に専念している狭間を右往左往するだけで時間は瞬く間に過ぎ去ってゆき、毎日を送るのに精いっぱい。一、二年たってからようやく、自分のめざしたい何かが見えてきた。

私は科学番組をドキュメンタリー的に制作したいと思った。

ドキュメンタリーは記録映画のことと辞書には書いてある。しかし、テレビのドキュメンタリーは少し違う。テレビは、現実と同時進行するところが生命だ。だから、科学番組にはいろいろあるが、どのような番組を制作するにせよ、進行中の現実と重なり、社会が透けて見えてくるようにしたい。健康番組で脳梗塞を取り上げるとき、権威あるドクターのありがたい話を聞くのもいいが、脳卒中が減って脳梗塞が増えてきた社会的変化を併せて伝えるべきではないか。ディレクターには独自の視点があっていいし、それがテレビではないか。そんな悟ったような気持ちになったわけである。

テレビ局には、情報伝達を仕事とする職種が二種類ある。

まず記者がいる。記者は新聞社の記者と同じで、仕事をするうえでの原理原則は「客観報道主義」である。もう一つの職種がディレクターである。記者の「客観報道主義」に対し、私はディレクターの仕事の原理原則は、こんな言葉はないのだが敢えて使うなら、「主観報道主義」である。

番組をドキュメンタリー的に制作したいという時の「ドキュメンタリー的」とは、主観そのものである。誰かが発表した見方ではない。さまざまな情報に接するなかで、頭の中に醸成されてきた見方、それが主観である。主観的に番組を制作する。断わっておくが、あまりにも世の中の常識とかけ離れて「ぶっ飛んで」いるような、独りよがりの主観では困るから、世間の考え方との間合いの取り方が重要だが、視聴者に「なるほど」と思ってもらえるように制作する。「客観報道主義」に対して、私はこれを「主観報道主義」と呼ぶ。

「仮説の検証」は、主観報道主義によるドキュメンタリー制作を、一つのプロセスとして捉えたものだ

私たちは誰でも信条や価値観を持っている。個性と言ってもよい。私たちが何を考えどう行動するかは、信条、価値観、個性にしたがっている。個性から離れて発想はできない。私はこれを本書では「ジャーナリストとしての志」と呼ぶことにしたい。

「ジャーナリストとしての志」は、もちろん不変ではない。進化するものだ。さまざまな出会い、経験を積み重ねることで進化していく。それでも「志」はすべての基本である。

制作のスタートにあたる企画をするときも、「ジャーナリストとしての志」から発想する。素材を選び、関連する資料を集めて検討し、頭の中であれこれ論理的に、結果として個性的に考えをまとめ番組の制作方針を決め、それを企画とする。つまり、ディレクターにとって企画とは、「仮説」と言ってよい。

「仮説」であるからには、事実関係の調査や実験を行って真偽や妥当性を確かめなければならない。それが「検証」である。科学者の仕事は新しい仮説を立てることにある。仮説を立てたら実験で検証する。仮説を事実で証明できれば論文を書く。論文の内容を他の科学者が認めればそれが定説になり、次にはその定説を踏まえて新しい仮説を立てる。その果てしない繰り返しが科学を進歩させてきた。

ディレクターの場合、企画を仮説とすれば、「検証」は取材である。取材は、同じことについて必ず複数の情報源から行う。業界用語では「ウラをとる」という。取材を進めると、現在進行中のさまざまな新事実のあることが分かる。したがって、初めの仮説通りで最後まで変わらないということはまずほとんどない。むしろ仮説を事実と突き合わせることで、取り入れるべきことは取り入れ、誤ったところは修正し改善することになる。そのプロセスこそがドキュメンタリーなのだ。そこにディレクターとしての楽しみがある。新しい発見との出会いはエキサイティングでもある。

こうした「仮説の検証」の成果物が番組になる。制作者の楽しんだ検証が、視聴者にとっても楽しくないはずはない。ディレクターとしてはそんな確信をもって世に問うことになる。

もちろんそれが独善では困る。放送という単語はよく見ると「送りっ放し」と書く、だからもともと無責任なものだというジョークがある。ジョークとしてはその通りでも、実際に「送りっ放し」では進歩がない。番組には「評価」が必要だ。評価は、放送局の公式モニター、個人的に依頼したモニター、視聴者から寄せられる手紙やＷｅｂの書き込み、ときには新聞雑誌の批評、あるいは視聴率など、さまざまなルートからの反響から推し量る。

「仮説」を「検証」した番組は、「評価」でいったん完結し、また次の「仮説」へと続く。そして、より質の高い番組に向かうことをめざす。

しかし、考えてみれば、この「仮説の検証」はドキュメンタリー的な番組制作に限ったことではない。まさに、ジャーナリストの仕事そのものではないだろうか。

いま、ジャーナリズムの中心を担ってきたマスメディアは危機的な状況に陥りつつある。

簡単に記すなら、主たる原因は三つある。

一つは商業主義の広がりだ。新聞社と民間テレビ・ラジオ局の収入は減収の一途をたどっている。新聞に広告ページが増えている。テレビ・ラジオ番組にＣＭの時間が増えている。しかし実は、その表面的な賑やかさ華やかさとは裏腹に、宣伝広告費の収入が減少してきたことを裏付ける現象なのだ。

広告宣伝費を支出する側からすれば、まず第一に不況の影響がある。支出はできるだけ削りたい。しかし、それだけではなく、インターネットを代表とするメディアの多様化で、これまでのマスメディアは広告宣伝の力が相対的に衰えてきた。そこにお金をかけたくない。このような事情のなかで、報道機関は質の追求よりも、経営上の要請が前面に出てくる。その結果が、広告ページばかりの新聞や安上がりで視聴率の取れる大騒ぎ番組の氾濫なのだ。

二つには、マスメディアの劣化を怒る「真面目」な読者、視聴者が少なくなったことである。テレビ番組で言えば、大騒ぎ番組の視聴率が高いということは、喜んで見る人が多いということである。放送する側はできるだけ喜んでもらいたいと思う。そこで喜びそうな演出を行う。しかし、それでいいのだろうか。

読者や視聴者はいわばレストランのお客である。お客の注文が見た目のおいしそうな料理ばかりで、栄養バランスや体調、健康状態に合わせたむずかしい注文がなくては、シェフも張り合いがない。質の良い料理はつくれない。

三つには、メディアの多様化がもたらした構造不況である。出来事をいち早く知るだけだったら、インターネットがいちばんである。マスメディアのホームページを見れば時時刻刻の動きが分かる。新聞、テレビを見るまでもない。海外ニュースも同様である。パソコンと携帯を使いこなすことさえできればよい。

しかし、ジャーナリズムが衰退してしまっていいはずはない。歴史の教訓が示すように、ジャーナリズムは権力を監視する役割があり、そのことによって民主主義社会の基盤をなしているからだ。この民主主義社会の基盤としての役割は、いまも、これからも決して軽くはならない。

そのために必要なことは何か。

「客観報道主義」から「主観報道主義」へ、「発表ジャーナリズム」から「調査ジャーナリズム」へ、ジャーナリスト自身が変革する意思を持ち、行動することである。我田引水を許してもらうなら、ジャーナリストは「仮説の検証」を仕事にすることである。同時に、その仕事を支えるシステムと環境を、自立的かつ自律的につくることである。

本書で私は「ジャーナリストとしての志」を持ち、「仮説の検証」に挑戦したジャーナリストを取り上げた。舞台は、およそ百年前の渡良瀬《わたらせ》川。渡良瀬川は利根川の支流である。その最上流に足尾銅山、最下流に谷中村がある。

足尾銅山のスタートは、いまからちょうど四〇〇年前にあたる慶長一五年（一六一〇年）。江戸時代にも銅生産を行ってきたが、およそ一二〇年前の明治一五年ころから、明治政府がけん引する「富国強兵」、「殖産興業」を象徴し、その最先端を行く産業として目覚ましい発展を遂げた。新技術を次々に導入し、ノウハウとともに国内産業に広げた。足尾銅山は、今日の日本の資本主義を立ちあげ、先導した産業拠点であった。その歴史的意味は大きい。

そこで活躍した一人のフォト・ジャーナリストがいた。写真師の小野崎一徳《いっとく》である。

一方、足尾銅山の生産が幾何級数的に伸びるにつれて、渡良瀬川の下流一帯は、深刻な鉱毒被害に苦しむようになる。被害地域住民の代表として選ばれた国会議員の田中正造は、明治憲法に記された「臣民」の権利を冒涜するなと主張し、農民のリーダーとして鉱毒を放置した政府を糾弾し、最期を迎えるまで農民と行動を共にした。足尾銅山の鉱毒被害が当時の大きな社会問題となり、今日も「足尾は公害の原点」として知られているのは、田中正造の存在が大きい。

田中正造自身にも新聞記者の経験がある。当時、鉱毒被害を伝える新聞は少なくなく、そこでは一時的にせよ大勢の記者たちが健筆をふるった。そのなかにいて、「谷中村滅亡史」を著わした弱冠二十歳のジャーナリストがいる。荒畑寒村《あらはたかんそん》である。

本書は、荒畑寒村、小野崎一徳、田中正造に焦点を合わせ、百十数年前の渡良瀬川を舞台に、この国のジャーナリストの源流に位置する三人の、それぞれの「仮説の検証」を探訪し、そのことを通じて「現在のジャーナリズムの危機」を乗り越えるための方法を、提案するものである。ジャーナリズムは民主主義社会の基盤という考えを私は全面的に支持する。本書がその一助になれば、と願う。

小出　五郎

二〇一〇年　芳春に

◉目次

第三章　小野崎一徳――フォト・ジャーナリストのパイオニア

第一章　上流の住民、下流の住民

ジャーナリストには、つねに仮説が必要だ。そのためには、先を読む力を養っておく心の準備が必要だ。

その点で、二〇〇九年九月に民主党政権が誕生した時、マニフェストを実行したら何が起きるか、先回りして考えていなかったことを、反省を込めて白状しなければならない。

群馬県長野原町の吾妻川に計画中の八ッ《やん》場《ば》ダムについて、前原誠司国土交通大臣が、無駄な公共事業の象徴として「マニフェストに書いたように、建設中止です」と述べたことが、「大事件」となって、急に注目されるようになった。八ッ場ダムは、少なくとも経費の点では間違いなく史上最大規模のダムになる。この点をとっても国民への影響は少なくない。しかし、メディアはこれまで八ッ場ダム問題を、系統的に取り上げてきたとは言えない。私も迂闊だったと思うが、メディア全体が同様だった。

もちろん報道がなかったわけではないが、単発的だった。推進派と反対派が体を張って激突するような派手な事件がなかったことから、ニュースの扱いが小さかった。良いことではないと分かってはいるものの、世間の関心と報道量の多少は正比例する。メディアは世間の関心が高いものほど多く報道する。地味だと減る。これは、まさにメディアの弱点である。

ダムは上流と下流の住民を結ぶ接点である。上流の住民は利水と治水の便益を下流に提供し、下流の住民は多額の資金を提供する。環境の面では言うまでもなく共同体である。上流と下流の住民は不可分の関係にあると言ってよい。

この視点から見て、八ッ場ダムの現状はどうか。迂闊だったことを反省しつつ、遅ればせながらダムとその周辺を取材することにした。

品木湖の水は緑白色だった

初めに八ッ場ダムと不可分の関係にあるという上流の品木ダムとダム湖に行く。草津温泉の中心部から東に車で一五分ほどのところにある。山ひだを回り込んでダム湖を望む。そのとき驚くのは、ダム湖の水の緑白色だ。翡翠のようできれいと言えなくもないが、泥絵具を溶かしこんだようで透明感がなく不気味でもある。

記憶をたどると、同じような色の水を見たことはある。どれも小さな円形の火口湖だ。蔵王のお釜、草津白根山の湯釜など。品木湖は、周囲ざっと三キロメートル、胃袋のような形をした人工の湖である。

品木湖の水は、なぜ緑白色なのだろうか。

その理由は、ダム湖に流れ込む湯川、大沢川、谷沢川の三本の川に秘密がある。

これらの三本の川の水源は、いずれも草津白根山である。草津温泉の恵みをもたらしてくれる火山だが、火山だけに硫黄分の多い山で、流れ出る水の酸性がもともと強い。それに硫黄を採掘した鉱山の排水が加わって川の水は強い酸性を示す。ｐＨ二くらいというから、搾りたてのレモンジュースほど。鉄やコンクリートを溶かす力がある。鉄の五寸釘が一〇日ほどで縫い針くらいにやせ細る。コンクリートの柱も、一カ月で崩れてしまう。もちろん魚や昆虫は住めないし、田畑の作物は枯れる。もちろん飲用にならない。

だが、くらしに水は欠かせない。川の水が酸性ならば中和して中性に近づければよいではないか。ということで、一九六四年（昭和三九年）、川の水を中和してｐＨ六くらいのほぼ中性に近づける施設を建設した。その施設が草津の町にある。草津中和工場という。

三階建ての四角い長方形のビル、屋根の上に円筒形の白い「サイロ」が三基並ぶ。サイロの中は石灰の粉である。この石灰を溶かし込んで湯川の水を中和する。

湯川とは、いかにも温泉町の川にふさわしい名前だ。施設の横をどうどうと音を立てて流れる湯川は、川幅せいぜい数メートル。湯気が出ている。水温は二八度くらいあるそうで温かい。しかし、pＨ二の酸性ということからすると、見た目は川だが、実はホットレモンの流れというほうが適切かもしれない。

流れの中にポンプが設置されている。湯川の水はそこからパイプで中和工場の中に導かれる。工場内の、サイロの直下に、酸性の川水が流れるパイプがある。そこに石灰の粉末が自動的に投入され、流れの中で攪拌されて「石灰ミルク」になる。この石灰ミルクがパイプで湯川の上に導かれ、川にシャワーのように降り注ぐ。その割合は、川の水一リットルに石灰一グラムの割合という。

仕掛けとしてはこのようにきわめて単純だ。だが、これが大仕事であると思うのは、中和作業に中断がないということである。一日二四時間、一年三六五日、これまでに四五年間、これからも十年、百年、新しい方法ができない限り、千年……と、休みなく果てしなく続ける。未来永劫といった言葉が頭の中をよぎる。だれが保証できるのだろう。そんな疑問がわく。

湯川に投入する石灰は、一日に約五〇トン。毎日トラックで群馬県下仁田近くの採掘場から運びサイロに詰める。サイロには一カ月分の石灰が備蓄されている。もう一カ所、香草《かぐさ》中和工場があるが、こちらは谷沢川、大沢川に一日一〇トンの石灰を投入している。

「死の川」は甦ったか

これら「石灰ミルク」で中和された三つの川が品木湖に流れ込む。ダムは中和工場とセットでつくられた。品木湖に滞留する間に、中和反応が進行するのである。酸性の元凶である硫酸イオンは、硫酸カルシウム、白い石膏へと変わる。水酸化銅もできる。金属イオンも残る。流れ込む土砂に含まれる粘土分もある。このような化学反応の生成物とまだ酸性の残る川水があいまって、品木湖の水は緑白色に見えるらしい。品木湖に滞留する間に、水はpH五・五〜六くらいになる。それをダムから下流に放流する。

つまり、品木ダムと品木湖は、中和の化学反応を進めるための巨大な容器であり、化学反応で生じる大量の沈殿物、ヘドロを溜めるところなのだ。実際、品木湖は、一七〇万トンを貯水する設計であるが、そのうち七五パーセントの一三〇万トン近くがヘドロというのが現状である。ヘドロは予想を超える速さで増えている。

そこで、一九八八年（昭和六三年）からは浚渫が始まった。いま「草津」という浚渫船が、溜まったヘドロを掬いあげ、工場で脱水するとともに、ヒ素などの有害物質も含むのでセメントで固めて近くの山に捨てている。捨て場は三カ所、盛り土をし、芝生にしている。やがては樹木を植えて自然を復元するという。

石灰の購入、工場の運営、ダムと品木湖の維持管理、浚渫とその後の処理。以上を合わせると、費用は一年に一二億円くらいかかる。これから先、数十年、数百年……続ける。

火山国日本の自然現象を人間の力で自然を制御する。人間の力は偉大と思うか、あるいは人間のおごりと見るか。人間の立場と価値観は多種多様である。品木湖の水の色はその問いを発しているように見えた。

このダム湖の下流に八ッ場ダムがある。

ダム湖から流れ出る水はほぼ中性に近い。品木湖からは白砂川となって下り、長野原で吾妻川に合流する。その下流に八ッ場ダムの建設予定地がある。白根山を水源にする川は、他にも万座川など酸性の強い川があるが、湯川ほか二つの川と品木ダムで、白根山付近を水源とする全酸性河川の四割が中和されているという。

吾妻川もかつて「死の川」と呼ばれていた。湯川ほどではないが酸性の強い川で、水は澄んでいるが、それは生き物が生息できないからであり、鉄やコンクリートは短期間に腐食された。

その吾妻川に八ッ場ダムを建設する計画は、いまから六〇年以上前の一九四七年（昭和二二年）に始まる。敗戦後まもないこの年の九月、カスリーン台風の直撃を受けた関東地方は大きな被害に見舞われた。利根川の堤防は決壊し、死者一一〇〇名、行方不明八五〇名、浸水戸数は三八万戸に達した。そこで国は、被害の再来を防ぐとともに水需要の増加に応じるにはダムが必要として、利根川上流に複数のダムを計画する。その一つが八ッ場ダムであった。

しかし、コンクリートを溶かす川のダム建設には無理がある。計画はいったん立ち消えたかのように見えた。それが再浮上するのは、一五年以上たった後の一九六七年（昭和四二年）。一一月に多目的ダムとして計画の調査が開始された。「調査開始」とは、実現が前提の予算が付いたという意味である。いわば公共事業という一方通行の道路に、「進め」の青信号が点いたのである。

品木ダムが完成し、中和事業が本格化し、ダム建設の技術的な見通しがついたからだった。やはり品木ダム建設の主目的は、八ッ場ダムのためであったことが分かる。

四〇年間「工事中」

八ッ場ダムには、さまざまな問題点が指摘されている。項目だけを列記しておく。

第一に、ダムによる利水、治水の必要性がもはや喪失したという点。水の需要は、一九七二年以降、工業用水需要は漸減、水道用水も、節水型機器の普及で一九九〇年後半からは減少している。人口のピークは越えたと見られるいま、今後水あまり状態が予想される。

治水では、考え方の変化がある。治水の基本はダムより堤防強化など河川改修が先である。ところがダムに予算がまわされて河川改修費は年々減額。これは本末転倒だ。

第二に、ダム建設による負の遺産が、大きいという点。

下流の吾妻渓谷は景勝の地、大切な観光資源である。それがダムによる吾妻川の流量の変化で失われる可能性がある。クマタカ生息地が失われる。また、浅間山の泥流堆積が粘土化した脆弱な地質は、ダム建設地としてのリスクが大きい。

第三に、将来にわたって巨額の費用が生じ、国税、地方税として下流の住民の負担が増すという点。

八ッ場ダム建設予定地を見て回り、この四〇年間に行われてきた工事の、その徹底ぶりに目を瞠った。

八ッ場ダムの総事業費は四六〇〇億円と発表されている。しかし、ダム本体の建設費は六二〇億円に過ぎない。直接ダムに関係する工事は、本体の工事中に吾妻川を迂回させる仮排水トンネル以外は、全く着手していない。それでも「建設事業費総額の七割はすでに使った」という。話を聞いてもなんだか納得がいかないが、やはり「百聞は一見に如かず」である。建設予定地では、この四〇年間ずっと「工事中」だったのだ。

その結果が形になって目前に広がる。

正直な感想を述べれば、人間は意思さえ持てば何でも実現してしまうパワーを持っていることを改めて思い知らされたということだ。現在の土木工事の技術と機械力をもってすれば、自然改造に不可能はない。驚きながら、半分は呆れながら、そう思ったと言わざるをえない。

八ッ場ダム計画が浮上した一九五二年、いったん頓挫した後に再浮上した一九六七年以来、地元は激しい建設反対闘争を繰り広げた。住民が建設を受け入れたのは一九八五年（昭和六〇年）。再浮上したときから一八年後である。その後も補償交渉は難航を重ねて、二〇〇一年になってようやく補償基準の調印にこぎつけている。

鳩山政権になってからの突然のダム建設中止表明後、朝日新聞が行ったアンケートに住民は次のように答えている。

「東京の水不足解消のためにと言われて賛成に回ったんだよ。私たちがつくってくれと言ったわけじゃない」（林地区の七〇代女性）

「下流は嵐が来れば全滅すると言われて、やっと納得したのに」（川原湯地区の七〇代男性）

「もともとはつくってほしくなかったが、やむを得ず賛成した」（川原湯地区の五〇代女性）

「生活再建工事」とは？

この間、最優先で行われてきたのが水没地区の「生活再建」関連という名の工事であった。

新しく建設する県道と国道は二二・八キロメートルに及ぶ。二〇〇九年九月現在で八一パーセントが完成し、これからもダム建設と無関係に進むことになっている。いまの国道から一気に山の中腹に移動する新国道に続く雁ケ沢ランプ、そこに続く茂四郎トンネルなど完成が近い。吾妻川に沿って曲がりくねってきた国道が、急に高速道路に近い道路に変わることになる。そう言えば、茂四郎トンネルの入口の上からカモシカが人間を恐れる風もなく草を食んでいた。

湖面を横断することになっている橋の建設も進んでいる。テレビにしばしば登場したのは建設中の川原湯地区と林地区を結ぶ「湖面二号橋」である。技術的には、五径間連続鋼・コンクリー

草津中和工場

品木湖と品木ダム。湖面は緑白色

川原湯温泉の移転予定地

ト複合トラス・エクストラ・ドーズド橋という、舌を噛むこと確実の恐ろしく長い名前がつく。高い柱の上で、ヤジロベエのようにバランスを取りながら左右に延ばしていき、隣とつなぐ工法である。架橋技術のデモンストレーションのようだ。ほかにもデザインを競うように「湖面三号橋」、「長野原めがね橋」、鉄道用には「第二吾妻川橋梁」など。

ＪＲ吾妻線も新路線になる。こちらはほとんどがトンネルになる。二〇〇九年九月現在で全長の八七パーセントにあたる九キロメートルが完成している。

水没地区の代替地造成も着々と進行している。これまで住民は、吾妻川の両岸の狭い平地と斜面に集落をつくってきた。ダムができればみな水没する。代替地は水没予定地区の山の上で、地区ごとに新開地になる。

造成、整備工事が進行中だ。山を切り開いてサッカー場がいくつも入るような広大な平地にする。重機が威力を発揮している。川原湯温泉は、いまは川沿いの斜面に並ぶ温泉だが、代替地に移ると平場の温泉になる。すでに何戸か、住宅展示場のような雰囲気の住宅が建っている。これまでとは違って目の前にダム湖が見えるという未来図が描かれている。

川原畑地区では､墓地の移設が終わっていた。新しい墓石の立派な墓地が一区画にまとまった。傍らに観音像が立つ。高台に地区の守り神である諏訪神社も移設された。境内に記念碑があり、二〇〇六年に元の場所からヘリコプターで移転と記されている。その時、本殿の下から寛延二年（一七四九年）と刻まれた経石が見つかったという。また信州高遠《たかとお》の石工が築いたと伝えられる石垣も運ばれてきて復元された。

そのほか、林地区には長野原町立第一小学校、長野原地区には長野原町立東中学校が移転し、すでに開校している。

繰り返すが、現在も工事は進行中である。地域全体が「工事中」の感がある。重機がうなり、ダンプが行きかう。コンクリートの白さが際立ち、削られてむき出しになった土地には緑はない。風が吹けば砂ぼこりが舞い上がる。植林をしても樹木が成長するまでには十数年はかかる。

しかし、ダムができるか否かに関係なく、風景は多数の土木工事の成果とともに一変する。新しい代替地に新しい家を建てて住み始めた人もいる。これで「生活再建」の目標は達成できるだろうか。

水没予定地の住民は、この三〇年間に半減し、現在一四〇〇名という。川原湯地区の人口は八年間に三分の一に急減した。

「生活再建」工事は進んだが、過疎化はここも例外ではない。生活は見かけ上は便利になるかもしれないが、人がいなくなれば、くらしの基盤である文化は衰える。

「生活再建」ことはじめ

かつて一三年間続いた蜂の巣城をめぐる攻防は、ダム建設史上最大の反対運動といわれる。大分県日田市と熊本県小国町の筑後川水系の津江川にある下筌《しもうけ》ダム。ダム湖は蜂の巣湖と呼ばれる。

着工は一九五八年（昭和三三年）、完成は一九七三年（昭和四八年）。その間わずかに一五年。八ッ場ダムに比べれば極めて短期間に建設されたことが際立つ。

一九五八年、当時の建設省九州地方建設局は住民に計画を説明するとともに立ち木の伐採を始めようとした。住民に補償の話はなく、小国町は絶対反対を決議していたが、土地収用法を盾に有無を言わせぬ強硬策だった。住民のリーダーであった室原知幸はダム予定地に「蜂の巣城」という砦を築いた。

「公共事業は理に叶い、法に叶い、情に叶わなければならない」という室原知幸の主張は説得力があった。公共事業は基本的人権と両立するものであるべきというものだ。この思想を旗印として蜂の巣城は、川にアヒルを放し、山に牛馬を放し、立ち木の所有権を支援者に売るなど、国の強硬策にユニークな策で抵抗した。

一九六〇年（昭和三五年）は、三井三池闘争、安保闘争の年である。国の政策をめぐり、政財界側と労働側が激突した年である。労働側が室原ら住民を支援したこともあり、反対闘争は力と力の対決になった。

室原知幸は、国の不当を訴える行政訴訟を起こす。しかし敗訴。さらに警察と衝突し公務執行妨害で逮捕される。圧倒的な権力の前に、反対派は分裂、小国町も条件付き賛成に回る。ついに一九七〇年（昭和四五年）、蜂の巣城は代執行で落城する。

水没予定地の「生活再建」が重要視されるようになったのは、実にこの事件の後のことだ。有無を言わせぬ強制収用から生活再建重視路線へ、ハード路線からソフト路線になったわけである。

八ッ場ダムは、ソフト路線の対象になった。事実一度も強制収用は行われていない。室原知幸のいう「情に叶う公共事業」への転換で、人権重視は評価すべきことである。しかし一方では、工事期間の長期化と、地区全体を巻きこむ土木工事の大規模化をもたらすことになった。

一九七三年には、水源地域対策特別措置法、長い法律の名称を略して「水特法」というが、この新法が施行された。地域住民の生活安定と福祉向上のために産業基盤を整備して地域振興を図るのが目的という。

法律ができたということは、法律に基いて政策が行われるということである。そこで新たな予算が組まれる。さらに、ダムで恩恵を受けることになるはずの下流都県が出資する利根川荒川水源地域対策基金（これも略して「基金」）が設立された。基金の目的も地域振興である。「水特法」の予算と「基金」と合わせて、およそ一二〇〇億円。ほぼ半分が使われて集会所、道の駅、スポーツジムなどができた。このように、八ッ場ダムには国と都県の負担分があり、それが複雑に絡み合っていて全貌が分かりにくい。上流の住民と下流の住民は利水と治水の便益と資金負担の二つでつながっている。中止するにも簡単にはいかない理由がそこにもある。

今日の公共事業は、結局のところ長期化し大規模化する。

しかし、住民には、公共事業に対しては、否も応もないことに変わりはないようだ。関連工事が進み、いわば外堀を埋められてから、ダム建設という核心部分についての人生の方向転換が必要な重大な決定を含む意思を問われることになるからだ。

首都圏の水源、利根川

八ッ場ダムに見られる「公共事業」を見学してきて、利根川という川について詳しく知りたくなった。

首都圏の中心的水源であると聞くが、ちなみに、東京都民はどんな恩恵を受けているのだろう。地図を開いてみる。地図帳ではなく、国土地理院発行の二〇万分の一の地図がいい。ふつうの地図は、道路や鉄道のルートははっきり分かるが、一般に川筋はきわめて不明瞭である。人がクルマと鉄道で移動するからなのだろう。江戸時代のように川を利用しての交通が多少でもあったら、もっと分かりやすく表示されているだろうが、いま川の表示は地図にとっては、実用的ではないということだろうか。特に川が県境にでもなっていようものなら、県の境界線は分かるが、川の存在は境界線の下にほとんど隠れて判別不能になる。その点二〇万分の一の地図は、道路も鉄道も川も公平に扱っているので、川探しの作業上は大いに助かる。

手始めに、私の住む東京都町田市にも給水しているという朝霞浄水場を探す。簡単に、予想外に近いところで発見。練馬区の北、埼玉県朝霞市の荒川のほとりにあった。荒川の秋ヶ瀬取水堰から取水している。その水は……ということで、まずは荒川を上流に遡ることにした。

拡大鏡は必須だ。鉛筆を握りしめて上流へ、ゆっくりと辿る。

荒川は朝霞浄水場からまず北西に、やがて西に方向を変えて、秩父市を抜け、秩父多摩国立公園の二〇〇〇メートル級の山々が連なる峰々に至る。埼玉県と、群馬県・山梨県・長野県の分水嶺の東側の沢水が集まって荒川になっていることが分かる。河口までの総延長は一六九キロメートル。

私にとってなじみ深い東京の川といえば、やはり多摩川である。多摩川の源流は、同じ分水嶺の南側にあたる。そういえば、分水嶺の一山、標高一九四一メートルの笠取山に登ったとき、分水嶺に三角柱の石碑のあったことを思い出した。

「この碑を境に、一方に降った雨粒は荒川の水に、一方は富士川に、残るもう一方の雨粒は多摩川の水になる」

雨粒の落ちる位置がたまたま数センチずれただけで、荒川の水になるか、富士川の水になるか、多摩川の水になるか、いわば雨粒の運命が大きく分かれる。雨粒には人生に重なるところもあるなあと、妙に感動したものだった。

多摩川の水も東京都の水源になっているが、現在、多摩川水系から取水しているのは全体の一七パーセントにしかならない。そして、八〇パーセントを占めているのが、利根川・荒川水系という。利根川と荒川の二つの河川を統計上合わせているのは、二つを結ぶ水路があるからという。

それでは、荒川と利根川はどのようにつながっているのだろう。

二つの川を結ぶのは武蔵水路である。人工の水路である。この水路を探すのは利根川のほうからが分かりやすい。利根川は群馬県と埼玉県の県境を流れる。川は上流から見て左を左岸、右を右岸という。左岸の群馬県の千代田町と右岸の埼玉県の行田市が向かい合うところ。そこに利根川を堰止める巨大な可動堰がある。全長七〇〇メートルの利根大堰である。

武蔵水路は利根大堰から南下し、鴻巣市を経て荒川につながる。ここで利根川の水が荒川に流れこんでいるのだ。それより下流にある朝霞浄水場の原水は、したがって荒川だけではなく利根川の水も混ざったブレンド水になる。統計の上から、朝霞浄水場が利根川・荒川水系の施設とまとめられるわけがそこにある。

利根川は、やはり大河だ

東京の水源の八〇パーセントを占めるというから、本命はやはり利根川である。

利根川。坂東太郎の異名で昔から親しまれ、かつ恐れられてきた川。流域面積一万六八四〇平方キロメートルは日本一である。総延長は信濃川の三六七キロメートルに次いで二位。三二二キロメートルに及ぶ。

利根川は上流からたどってみた。

群馬県の峰々に発する利根川の上流、支流には、実に多くのダムがあり、ダム湖がある。利根川の源流近くには、八木沢、奈良俣、藤原の三ダム。支流の片品川に薗原、春谷川に相俣、神流川に下久保ダム。以上のダムはみな完成している。そして、計画中のダムが一つ。吾妻川の八ッ場ダムである。

案外知られた名前のダムが多いのは、数年ごとにやってくる夏の水不足の時期に、水位が低下して水没していた建物が現れたとか、むき出しの湖底にひび割れができたとか、ニュースとなって伝えられるからだろう。

下流に向かう。利根川は群馬県前橋市の北で関東平野に流れ出る。そこからは坂東太郎の異名にふさわしい堂々たる大河になり、東進する。

利根大堰をすぎ、さらに東へ、そこへ合流してくるのが利根川の最大の支流、渡良瀬川である。合流地点の近くに「渡良瀬遊水地」という表示がある。南端にはハート型の「貯水池」。全域に、湿地帯のマークが付されている。

渡良瀬川は、景勝地で有名な日光中禅寺湖の西側に聳える、標高二一四四メートルの皇海山《すかいざん》の山懐に発する。合流地点まで約一〇〇キロメートル、途中には草木ダムがある。下流で支流の思川の水を合わせて利根川に流れ込む。渡良瀬遊水地は合流点のすぐ北にある。

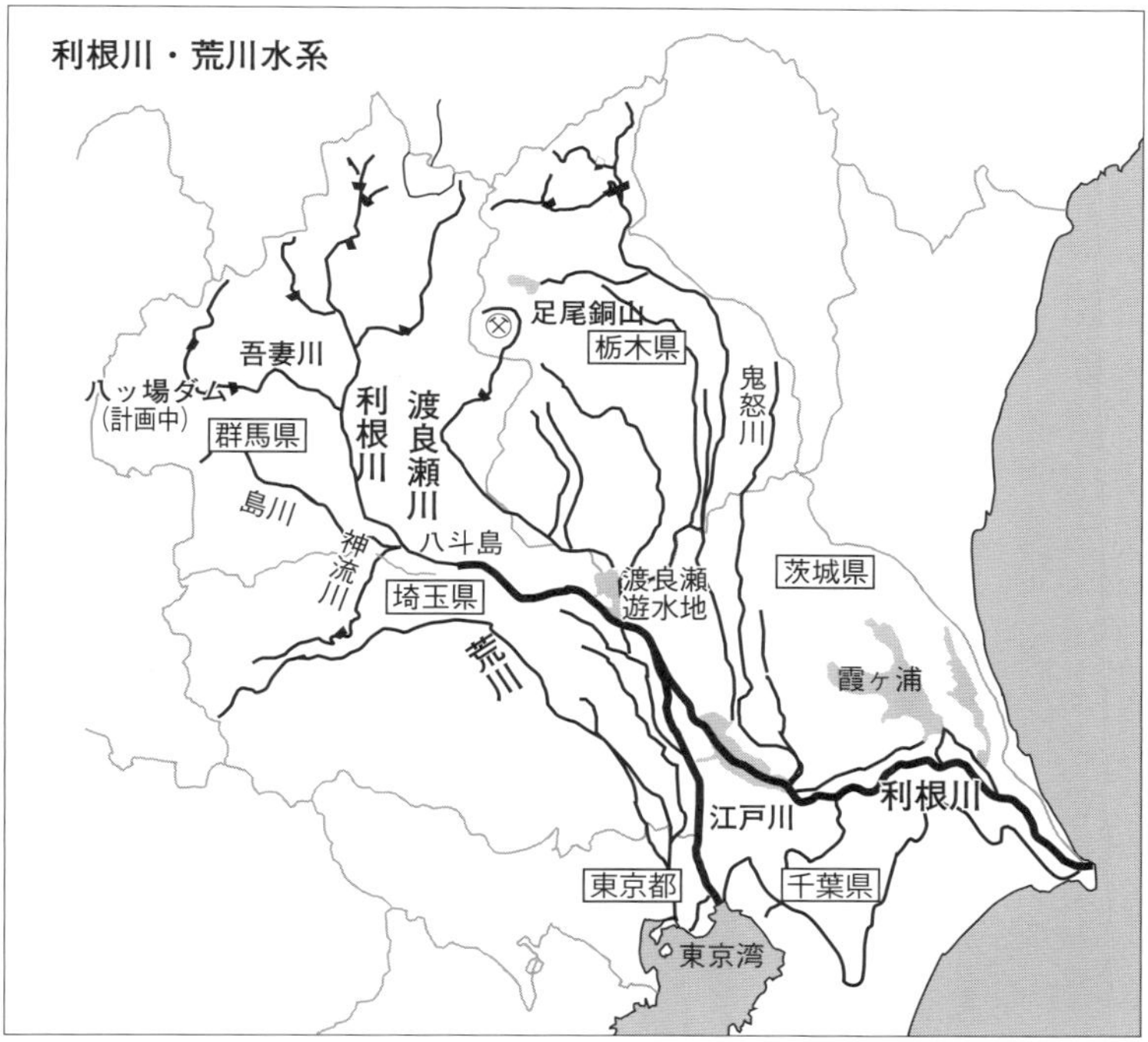

最新の地図帳を参照してみると、渡良瀬遊水地は「渡良瀬貯水池」、またの名を「谷中湖」となっている。「遊水地」ではなく「貯水池」。「地」ではなく「池」。発音は同じでも、その意味は違う。

ここで頭の中がスパークした。ここは、「日本の公害の原点」と呼ばれているところではないか。公害で知られる「谷中村遊水地」が、いつのまにか「渡良瀬川貯水池」に、さらに何やら楽しげな「谷中湖」という名に変わっている。いつ変わったのか、私は迂闊にも知らなかった。

いま、この地はどのようになっているのだろうか。貯水池、谷中湖になっても、「公害の原点」を忍ばせる名残りをとどめているだろうか。

この現場に一度行ってみようと、私は心のメモに太めの文字でしっかりと記録した。

上流住民と下流住民

もう少し利根川の下流を見ておく。

渡良瀬川の合流点から下流へ一五キロあまり、利根川から新しい川が分岐する。江戸川である。利根川はそのまま東に進み、鬼怒川と小貝川を合わせてさらに大河になる。ちなみに鬼怒川上流には、川俣、五十里、川治の三ダムがあり、湯西川ダムが建設中である。そして利根川は、茨城と千葉の県境、犬吠埼で太平洋に注ぐ。

一方、分岐した江戸川は南に流れて東京湾をめざす。江戸川は、東京都と千葉県の境になっている。江戸川には、三園、金町の二つの浄水場がある。

三園浄水場は小規模だが、金町浄水場は朝霞浄水場の次に大きい。処理能力は一日に一五〇万立方メートルあるが、ふつうは一日に五二万立方メートルを給水している。東京都の全給水量の二二パーセントにあたる。

金町浄水場は、「男はつらいよ」の寅さんで有名になった葛飾柴又と隣り合う。同じ京成線の柴又駅から歩いて行ける。付近はいわゆるゼロメートル地帯で、江戸川の堤防は見上げるばかりに高い。その堤防に接している。

浄水場はどこでも広い。金町浄水場の敷地も広大である。周囲をぐるりと回るのはいい散歩になるのではないか。そのくらいの距離がある。

東京都は水道水の八割を利根川・荒川水系に依存している。地図でみると関東地方全体の多くの川に依存していることが分かった。録画を逆転させるように川筋を遡ると、「水系」という言葉そのままに両河川には多数の支流が流れ込んでいる。確かに利根川と荒川は原水を供給する大河だが、その水は各支流の水のブレンドということになる。

浄水場は下流にある。その浄水場で取水する原水は、質の良いものであることが望ましい。水源地には水源涵養林があるものだが、文字通り水源には豊かな木々のある森林が不可欠だ。それも水源涵養のためには、よく管理された森林でなくてはならない。森林を支える大地が豊潤でなくてはならない。豊かな森林があってこそ、降っても照っても安定した流れが保障される。台風の集中豪雨があっても、急激な増水を防ぐので洪水が起きにくい。反対に干ばつが続いても流れを絶やさない。

そうした上流の豊かな森林は、自然の成り行きに任せては存在しない。そこに暮らす人々が維持管理してこその賜物である。上流に住む人々が、そこで心豊かに生活していることが大切だ。

しかし、現実はどうか。いつの間にか限界集落という言葉が定着してきた。六五歳以上の高齢者が過半数を占めるような集落を指す。冠婚葬祭のような共同体の自治ができなくなってしまったような、未来に期待が持てないような集落のことである。全国にある無数の川の上流地域には、このような限界集落が珍しくない。それがいま急速に増えている。限界集落では、森林の維持管理など望むべくもない。

上流の森林の状態、上流に住む人々の生活変化。つまり、自然や社会の環境変化は、そのまま川の水の量と質とに大きな変化をもたらすことになる。

中流についても同じである。下流にとっては、水汚染の少ないのに越したことはない。しかし、中流が水汚染をもたらすことがある。土壌汚染から来る水汚染もある。水利権による水利用の利害の対立もある。やはり中流でも、自然と社会の環境が川の水の状態に大きな影響を与えている。

水によって、上流と中流と下流はつながり、不可分の関係を結んでいる。その水の量と質は、川をめぐる自然と社会の環境から大きな影響を受ける。八ッ場ダムを例にとれば、生活再建資金だけではなく、水を通じて、上流の住民と下流の住民は、互いに影響し合い、結びついているのだ。

ここまで考えて、私はふたたび渡良瀬川に思いをはせた。利根川・荒川水系のいちばんの支流といえば、それは渡良瀬川だろう。東京都民は渡良瀬川の水も飲んでいる。

渡良瀬川の上流、中流の現在は、下流の現在につながっている。その過去もまた、現在と無縁ではない。川をめぐる自然と社会、そして現在をつくりあげた歴史。そのすべてを象徴的に映している川。それは渡良瀬川ではないか。

私はこれまでも渡良瀬川を取材したことがあったが、改めて見直してみることにした。

渡良瀬遊水地

取材の第一歩は現地を見ることにある。

最初に渡良瀬遊水地に行ったのは三月の下旬。見渡す限りのヨシの原を焼く炎との出会いだった。野焼きである。春先二メートル以上に伸びてびっしりと遊水地を覆うヨシを焼く。ヨシがなくなってはじめて、他の植物が太陽の光を受けて発芽することができる。

夏の遊水地は暑かった。早くも背丈を越えるまでに成長したヨシ。しかし、日射を防ぐ樹木はほとんどない。ハート形をした谷中湖を渡ってくる風がわずかな癒しだった。それでもハンゲショウやエゾネジバナなど珍しい植物、ヨシキリやサシバなど鳥類の天国だった。植物六六七種、鳥類二一七種、水棲と陸棲の昆虫合わせて一三四五種、魚類三二種がいる。絶滅危惧種も多いという。豊かな生物相を保全している。夏は動植物がいちばん元気な季節である。

秋の彼岸の頃。谷中村の史跡保存地域にある雷電神社一帯に、赤いマンジュシャゲが咲き乱れていた。かつて村人が植えたのか、それともあとから誰かが持ってきたのか。遊水地を去った人々への追悼の花だろうか。胸が痛む。

冬。赤城おろしがヨシ原を行く。渡良瀬遊水地は「かかあ殿下と空っ風」で有名な地域に属する。覚悟はしていても、相当に冷たい。寒い。

渡良瀬遊水地を目にするたびに、四季と時間を問わずにいつも思うのは、その広さである。広くて平らである。目の届く限りという表現がぴったりの眺めだ。関東平野の一角にあるとは感じられない。

面積は三三平方キロメートル、東京の山手線の南半分に相当する。周囲の長さは約三〇キロメートル、山手線外回りの東京―上野間にほぼ等しい。

渡良瀬遊水地の目的は、利根川が増水して洪水の危険が迫ったときに、水量を調節することにあるという。渡良瀬川、思川、巴波《うずま》川の水を一時滞留させて、利根川の負荷を軽くするというものだ。谷中湖とヨシ原を満杯にすることを想定すれば、一億七一八〇万立方メートルの水を貯められる。

ダムといえば山地を連想するが、渡良瀬遊水地は洪水調節をする点で、ダム湖と同じような機能を果たす。いわば平地のダム湖と言ってよい。

渡良瀬遊水地の建設は大規模な工事が必要であった。八ッ場ダムなどその他のダムと同じように、渡良瀬遊水地も公共事業の産物であった。

公共事業として行われた渡良瀬川改修工事の簡単な年表は次のようになっている。


明治三六年（一九〇三年）、政府、谷中村などが水没する渡良瀬遊水地化案を策定。

明治三七年（一九〇四年）、栃木県議会、谷中村買収案を承認。

明治三八年（一九〇五年）、買収受諾の谷中村村民、集団移住。

明治四〇年（一九〇七年）、谷中村残留民に強制退去命令。

明治四二年（一九〇九年）、内務省、「渡良瀬川改修計画案」策定。

明治四三年（一九一〇年）、渡良瀬川遊水地建設に着手。谷中村以外の用地買収、河道の付け替え、新河道の掘削、築堤などが、十年にわたって続く。

大正一一年（一九二二年）、渡良瀬遊水地の完成。


年表だけ見ると、渡良瀬遊水地建設の公共事業は、順調に進んだように見える。

しかし、その実態はどのようなものだったのだろうか。

第二章　荒畑寒村

——二十歳のジャーナリストの挑戦

一・憤激が原動力、「谷中村滅亡史」

明治四〇年（一九〇七年）八月二五日、わずか二十歳の青年が書き上げたルポルタージュが出版された。そして、発行のその日に警察の命令により発売・頒布禁止になった。著者の手元にすら一冊も残らなかった。

その本のタイトルは「谷中《やなか》村滅亡史」。著者は、荒畑寒村《あらはたかんそん》。

荒畑寒村、八四歳でも闘士

「谷中村滅亡史」はさして厚い本ではないが、全編を通じ「明治政府と最先端産業の資本家が結託して谷中村を滅亡に追い込んだ」として、鋭い筆致で痛烈な批判を展開している。それが発売・頒布禁止の理由になった。

明治政府の「富国強兵・殖産興業」方針の下で、渡良瀬川上流の足尾鉱山は生糸に次ぐ有力な輸出品の銅を大増産し、その工程で生じる有毒な廃石や排水を下流に垂れ流した。そのため下流の農村地域には鉱毒による被害が生じた。農業、漁業は壊滅、住民の生命健康は脅かされた。ついには、足尾銅山から八〇キロメートルあまり下流の谷中村が廃村に至る。

谷中村とは、いま渡良瀬遊水地と呼ばれるまさにその地域に、かつて存在した村である。

「谷中村滅亡史」が再び世に出たのは、五六年後の昭和三八年（一九六三年）になってからである。明治文献社が写真復刻した。原本がどこから発見されたのか、詳しい経緯や事情は分からない。ある人の手にほとんど伝説的な本の、貴重な一冊が残されていたのである。そして新泉社版が再版されたのが一九七〇年の秋。

私がその本に出会ったのはまったくの偶然だった。一九七一年三月中旬のことである。書店の棚で、「谷中村滅亡史」を見つけ、何気なく手に取った。立ったままパラパラと読み始めたら止まらなかった。そのまま一気呵成に読み終えた。

いま裏表紙を見ると、「４６．３．２０　了」と書いてある。昭和四六年のことだ。私は、印象に残った本には読み終えた日付を書くことにしていた。相当に感動したのだと思う。当時私は三〇歳、ＮＨＫで科学番組のディレクターとして、札幌局に勤務していた。

科学番組の担当者として、そのころの最大の社会問題として焦点であった「公害」は外せないテーマだったし、個人的にも関心もあった。その気持ちに引き寄せられて「谷中村滅亡史」に出会ったのだと思う。

「谷中村滅亡史」（新泉社版）

偶然は重なるものである。この年の六月、たまたま出張で東京に来ていた私は、群衆のなかの一人として「谷中村滅亡史」の著者の「荒畑寒村」を見、話に耳を傾ける機会を得た。

荒畑寒村、そのときすでに八四歳。明治時代からの日本の社会主義運動の生き証人であり、「闘士」であるという。長身で痩躯、白髪、白いシャツ姿。顔にはその持ち主の人生が反映されるというが、まさに年輪を感じさせる風貌。「両足を棺桶につっこんでいる」と自ら語りつつ、年齢を感じさせない口調の若々しさ、その迫力。

荒畑寒村はジャーナリストの大先輩である。聴衆の一人の私よりも一〇歳も若い時に、それも警察の命令で「即刻発売・頒布禁止」が予想されるなかで、谷中村のルポルタージュを書いた勇気と志。「闘士」であるが同時に「闘志」あるジャーナリスト。その口からほとばしるように出てくる話を聞いて、抜群の記憶力の持ち主であることに感嘆し、内容の豊かさと視点の確かさ、揺るぐことのない自信、そして、ぶれない生き方に正直、心を奪われた。

その日は、一九七一年六月七日。場所は、東京大学工学部大講堂で始まったが、ほどなく会場が超満員になったので、東大のシンボルである安田講堂前の広場に移動した。屋外では少し肌寒い日だったが、内容は熱かった。

表紙が変色した私の取材ノートに、その時のメモ書きの記録が残る。

自主講座「公害原論」

八カ月ほど前の一九七〇年一〇月一二日、東京大学工学部の助手会は、自主講座「公害原論」をスタートさせた。中心になったのは、日本一有名な「助手」だった宇井純である。

宇井純は東大工学部都市工学科の良心と言われた人である。公害問題で御用学者を批判し、東大で出世することなく二一年間「万年助手」を通した。一九八六年に沖縄大学教授に招かれ、その後も環境問題一筋、二〇〇六年に亡くなった。享年七四。

東京大学の職務規定によると、助手の仕事は文字どおり教授と助教授を助けることになっていた。そのため制度上は、助手の身分では講義や実験指導ができない。規定に反することを実現しようとすると、高いハードルが次々とゾンビのように現れて、志を阻む。実現には情熱という名の膨大なエネルギーが要る。東大は、保守的規定の牙城ともいえるところである。

その東大で、なぜ自主講座を開いたのか。

宇井純たちを突き動かした情熱の源泉は、正義が全うできない現実に対する怒りにあった。公害には加害者と被害者がある。しかし、公害に関する限り、東大が築いてきた科学技術は加害者に役立つ科学技術であり、被害者を守る視点に欠けている。東大には被害者の視点から科学技術を講義できる教授、助教授はいない。そこで、助手という身分ではあるが、助手が講義するほかはないということになり、長い交渉の末にようやく、夜間の自主講座開講にこぎつけたのだった。

いま若者たちと話していると、ときどき現実に対する恐るべき無関心を感じる。不条理を変えようと行動することから意識的に距離を置く。現実を批判的する仲間を嘲笑するようなジェスチャーをする。「ダサイ」の一言で切り捨て、それで終わりにしてしまう。

私は、こうした若者たちを不甲斐ないと思うが、だからと言って口うるさく注文をつけて「イヤなジジイだ」と思われるのも……と考えて、黙ることが多い。しかし、矛盾に満ちた体制が変わるとき必ず若者が動いた。その歴史の教訓を思い起こすと、やはりちょっと情けない。

ともあれ、自主講座は開講した。講義が始まるのは夕方の六時から。ふつうの市民の参加できる時間帯が選ばれた。会場は、最初は工学部八二番教室だったが、万年助手による反公害の自主講座という意外性が評判を呼び、マスコミの取材が殺到したこともあって、三回目から大講堂に移動した。それでも、荒畑寒村のようなカリスマ性のある「スター」が登場するときには手狭である。そこで臨機応変、この日は大講堂から安田講堂前広場へ移動しての催しになった。

私はＮＨＫ札幌局という遠隔地の勤務だったし、航空機はまだ交通機関としても料金のうえからも「高嶺の花」的存在で、いまのように自由に行き来できなかったから、毎回の聴講は不可能だった。その代りに、発行される講義録を取り寄せていた。

自主講座の内容は、高度経済成長が公害発生を前提にしているなどの一般的状況、専門バカと揶揄される科学技術者の生態、水俣病、新潟水俣病など日本を公害先進国とした具体的いきさつ、公害の原点と呼ばれ「谷中村滅亡史」の現場となった足尾鉱毒事件……という具合に連続していた。

その延長上に、荒畑寒村からじかに話を聞く会が開かれたわけである。

この日は、主催者の宇井純が荒畑寒村に聞くという、対談形式だった。しかし、宇井純が一言質問すると、それをきっかけに荒畑寒村から流れるように言葉が出てくる。対談というより演説で、なかなか途切れない。それでいて、おもしろい。

私の取材ノートのメモによると、「谷中村滅亡史」を書くにいたったいきさつを、荒畑寒村は次のように述べている。

「谷中村滅亡史」への道

荒畑寒村は、明治二〇年（一八八七年）横浜に生まれた。高等小学校を卒業、一六歳で神奈川県横須賀の海軍造船工廠の職工見習になる。

日露戦争寸前の日本である。国家の存続のためには、満州に大軍をおくロシアと一戦を交えるのもやむなしとする、元気の良い「主戦論」が台頭してきていた。東京帝大の学者、新聞記者、政治家が中心だった。

しかし、「主戦論」の大合唱に対し、「非戦論」もあった。中心は「萬朝報《よろずちょうほう》」という自由主義的新聞。社会主義のパイオニアである幸徳秋水、堺利彦、キリスト教徒の内村鑑三が、同紙の花形記者として「非戦論」を書いていた。

しかし、長続きはしなかった。読者は勢いのある「主戦論」を好む。政府が「主戦論」を採ることがはっきりすると、新聞は読者や政府の意向には逆らえない。古来の美風「長いものには巻かれろ」の考えに経営上の理由が加わり、「萬朝報」は一八〇度の方向転換をして「主戦論」に転じた。

社論の転換に抗議して、幸徳秋水ら三人は、「国家間の戦争で犠牲になるのは、両国の人民である」と退社の辞を書き、非戦論を貫いて「萬朝報」を去る。

荒畑寒村は、「萬朝報」の紙面で、内村鑑三による評論を好んで読んでいた。そこで自然に幸徳秋水、堺利彦らの文章に触れる機会も増え、「社会主義」に惹かれるようになっていた。

掲載された退社の辞に感動したのをきっかけに、荒畑寒村は「社会主義者として生きる」道を選ぶ。それまでは報効義会という国家主義的な愛国青年団体に加盟していたのだから、荒畑寒村にとっても一八〇度の転換であった。

しかし、「社会主義者として生きる」といっても、そもそも当時「社会主義」について、世の中に共通の理解があったわけではない。荒畑寒村が、後に日本を代表する社会主義者になっていったことは確かだが、二十歳にもならない若者にはっきりした「社会主義者」のイメージがあったとは到底思えない。それでも、戦争が大多数の国民に不幸をもたらす。権力と金力のある強者が、弱い立場にあるものに強いる社会の不正義を見過ごせない。そんな衝動に突き動かされた。政治的立場というよりは、自分の価値観、倫理から許せないという気持ち。それを端的に表現したのだろう。ただ、行動に結びつけたところが荒畑寒村の個性、「ジャーナリストとしての志」がある。

ともあれ、「社会主義者として生きる」とは、言論に生きることである。そのためには新聞、雑誌、出版のメディアに掲載してもらわなければならない。受け入れるメディアがなければ、仲間でメディアをつくりださなければならない。そのなかで同志の主張を世の中に訴え、合わせて生活の糧も得る。このとき荒畑寒村は、ジャーナリストとしての一歩を踏み出した。

言論にとっては厳しい冬の時代である。政府の方針を批判すればそのまま警察に連行される。それだけに、幸徳秋水らの勇気ある「非戦論」は、いっそう荒畑青年の心を揺り動かした。臆する気持もあったに違いないが、ここで自分の人生の方向を決めたのだった。

荒畑寒村は、海軍工廠を辞めて、横浜で同志と「平民結社」をつくる。そして、幸徳秋水と堺利彦の「平民社」が発行する週刊「平民新聞」を売りながら、社会主義の宣伝に従事するようになる。

明治三七年（一九〇四年）、社会主義者の間に伝道行商が始まる。伝道行商というのは、赤い箱車を引いて各地を旅しながら、箱に詰めてある社会主義の宣伝冊子を売り、同志を増やす運動である。伝道行商の「伝道」という言葉からは、キリスト教の匂いが感じられる。内村鑑三のようなキリスト者が、日本の社会主義の創世期に大いにかかわっていたことと関係があるのだろう。

社会主義といえば大衆運動を連想するが、当時は「小衆運動」に過ぎなかった。運動の参加者は、簡単に指折り数えることができるほどしかいなかった。それに「社会主義」といっても雑多で、もちろん唯物論者はいたが、キリスト教の人道主義を信奉する人、欧米の自由、平等、博愛の民主主義こそ大切と言う人など、さまざまな立場の人々が、非戦というただ一点で一致結束していただけだった。

荒畑寒村も伝道行商に参加し、たった一人、東京を離れて東北地方をめざした。

その途中、明治三八年（一九〇五年）、谷中村に立ち寄る。耳にはしていた田中正造という、足尾銅山の鉱毒問題で政府を糾弾している中心人物にいちど会いたいとの思いからの、予定の行動だったという。

このとき田中正造は、「髪は総髪、粗末な木綿の黒い着物、古武士のような風采」であった。その夜、二人は民家に泊まり、荒畑寒村は徹夜で鉱毒問題の歴史を聞くことになった。

田中正造は倦むことなく、まるで「蚕が糸をはくが如くに」語り続けた。出来事の年月日、繰り返された洪水の規模、話はきわめて具体的で微に入り細にわたった。その一語一語を、荒畑寒村は鉛筆で筆記したが、手が疲れて痛くなった。それでも話は果てしなく続いた。田中正造の頭の中は鉱毒問題に溢れている――。荒畑寒村は感動した。

このころ足尾銅山を発生源とする鉱毒問題は、鉱毒そのものは深刻さを増す一方で、社会的事件としては最終局面に向いつつあり、焦点は谷中村の遊水地化に絞られていた。そして五年後の明治四〇年（一九〇七年）、田中正造と最後まで残った村民の激しい抵抗運動を力で押し潰す形で、谷中村はついに廃村になる。

廃村の報を聞いた荒畑寒村は、正義を踏みにじる政治に対する怒りをエネルギーにして、「谷中村滅亡史」を著わした。新泉社版では、一四八ページの本である。信じられない話だが、聞き書きのノートと自ら歩き回って集めた資料をもとに、わずか一週間の間に不眠不休で書き終えたという。

荒畑寒村、このとき弱冠二十歳。しかし、「谷中村滅亡史」は、現代にもなお通用する歴史的な、代表的なルポルタージュであると思う。

「谷中村滅亡史」概略

明治十四年、時の栃木県知事藤川為親氏が、渡良瀬川の魚類を食う事を禁じて、鉱毒問題の先鋒に叫んで、不幸島根県に追われてより、年を閲《けみ》することここに二十有六年、鉱毒の被害の激甚地として、はたまた瀦水池《ちょすいち》問題の紛争地として、多年紛糾錯綜の渦中に投ぜられ、いつ解決せらるべしとも見えざりし、栃木県下都賀郡谷中村は、明治四十年七月五日、遂に政府の兇暴無残なる毒手に破壊せられ終んぬ。

なかなか読点に到達しない文語体の長い文章である。先鋒や瀦水池のように、いまは使わない難読漢字もある。「谷中村滅亡史」は、話し言葉と書き言葉が統一される、いわゆる言文一致前の、伝統的文語文だ。

わずか二十歳の若者がこのような文章を書く。明治に生きた人の言葉に関する教養の深さに、素直に驚く。声に出して読むとリズム感あふれる名調子だ。しかし、残念ながら口語文に慣れた現代の読者にはいささかなじみが薄い。そこで、名調子を犠牲にすることには寛容をお願いして、上述の「緒言」、「第一」から「第二十六」の各章、そして「結論」までの、それぞれの章の大意を現代文で紹介することにしたい。

さらに併せて、背景となるデータや当時の状況を書き加えたい。読者の理解に役立てば幸いである。

まずは「緒言」である。五ページにわたる。上記に掲げた書き出しに続く要旨は次のようなものだ。

晩年の田中正造
（NPO法人足尾鉱毒事件田中正造記念館）

（緒言）

谷中村は滅亡し去るのだろうか。20年の間政府を批判してきた老義人田中正造翁の熱意は渡良瀬川の水泡と消えるのだろうか。住み慣れた墳墓の地を去る村民の苦しみは、支流の巴波《うずま》川の波とともに消え去るのだろうか。

しかし、谷中村が滅亡しても、田中翁が死んでも、村民が四方に離散しても、人類に言葉がある限り、谷中村で起きたことが消えることはない。政府の権力と資本家の資力が一つの村を滅亡させたのである。

荒畑寒村はこのあと、谷中村の鉱毒問題とその結末に至る経過の概略をまとめている。そして、谷中村村民に悲惨な結末をもたらした政府と資本家に対する怒りが執筆に駆り立てたことを述べた文章で結ぶ。

私はこれまでに何度か谷中村を訪れ、谷中村の状況を社会に訴えてもきた。しかし、ついに谷中村廃村という事態にいたった。いまさら何を言ったらいいのか。だが、黙ってやり過ごす気持ちにはなれない。

そこで「谷中村滅亡史」を著わすことにした。天にみなぎる権力者の大罪悪を、未来永劫に滅びることのない宇宙の歴史に刻むために、正義の鉄筆になるかどうか、読者各位は以下の各章を追って欲しい。

第一章の「起因」、第二章の「第一期」

荒畑寒村は「谷中村滅亡史」で、これまでのいきさつを要領良くまとめている。ジャーナリストの一つの役割は、複雑な関係を分かりやすく整理することにある。そのとき整理の基準になるのは、因果関係、事柄の軽重、優先順位など。つまり、ジャーナリストとしての視点が重要である。逆に言うと、分かりにくい記述は視点が不明確なためである。

ニュースを見聞きしていて、何かを伝えているらしいが主旨が良く分からないことがある。中身のない内容に化粧を施し、もっともらしいニュースに仕立てる。あるいは政治家や官僚が得意とする「言語明瞭意味不明」の記事にする。各方面に配慮するあまりに、語尾を二重否定にする。八方美人が透けて見えるような記事を書いてジャーナリストを自称するのはやめてほしいと思うことが、残念ながら少なくない。

ジャーナリストにとって、視点は命である。視点に沿って記述することにジャーナリストの存在意義がある。プロとしての役割がある。

これは年齢の問題ではない。二十歳の若者だった荒畑寒村は、類まれなしっかりした視点をすでに備えていたようだ。第一章（三ページにわたる。以下同）と第二章（五ページ）の大意は以下の通りである。

（第一　鉱毒問題の起因）

いま当面の問題は貯水池であるが、問題の発端は鉱毒問題である。

そもそも鉱毒の発生源は足尾銅山である。東京から北へ一二〇キロメートル、栃木県と群馬県を流れる渡良瀬川上流の足尾で慶長一五年（一六一〇年）に銅が発見された。それから二五〇年余、徳川幕府の直轄地であったが、明治政府は明治一〇年（一八七七年）、古河市兵衛に払い下げた。

古河市兵衛は巨額の資本を投じて規模を拡大し、設備を更新した。しかしながら、生産のための経営には力を入れたが、それに伴う鉱毒予防の設備をまったく計画しなかった。監督する政府もまた鉱毒予防を顧みることはなかった。世の中が雄大な規模や生産高を賛美し喝採しているとき、その裏で、鉱毒の被害が広がっていた。

後にも述べるが、「鉱毒予防の設備をまったく計画しなかった」という記述は正しくない。明治三〇年（一八九七年）には大規模な鉱毒予防工事が行われている。その後、廃石の流失と銅を含んだ坑内水処理については、かなり改善されたとみられる。

しかし、下流への配慮なしに生産拡大が始まったことは確かである。

その原因について、荒畑寒村は次のように書き記す。

精銅（精錬した純粋な銅）が製造された後には、廃石や鉱屑の山が残る。廃石には鉱物が残留し、鉱毒となって土地を荒らし、人畜に被害を及ぼす可能性がある。足尾銅山では、年々増えるばかりの廃石捨て場が不足した。トロッコの線路を次々に延長して運び、いたるところの渓谷、凹地に捨て、埋めた。それでも、費用がかさむことから、会社は渡良瀬川に直接捨てるようになった。鉱毒を含む廃石、鉱屑、坑口から流れ出る毒水は、渓谷を埋め、渡良瀬川を流れ下るようになった。

さらに鉱業が発達するにつれて、必要な木材を近くの山林を伐採して乱費した。精錬工場から出る有毒な排煙は八キロメートル四方の山林を岩石がむき出しの不毛の禿山にした。このためいったん豪雨があれば、谷川は溢れるばかりに増水し、土砂を巻き込み、奔流となって下流に向かう。

下流の川床は、上流からの土砂が溜まって浅くなった。水勢が衰えると、逆流が起きる。

堤防が決壊すれば、両岸の田園地帯は鉱毒の海となる。度重なる洪水は、常に大量の鉱毒を運び、渡良瀬川、利根川流域一帯の地を荒廃させた。

最初に鉱毒の被害を受けたのは沿岸の漁民である。漁獲高が激減し、大量の雑魚が死んだ。漁業は渡良瀬川流域の主要な産業であった。コイ、フナ、ナマズ、アユ、サケ、マスの宝庫だったが、急減したのは一八九〇年代の半ばからで、その後瞬く間に漁業は壊滅した。

魚類は自然の恵みで、地元で消費したばかりではなく、「ぼてふり」と呼ばれた行商人が周辺の町村で売り歩いた。谷中村一帯は湿地が多く農業には不向きな土地も多かったが、その代わりに漁業や湿地に生えるヨシやマコモを材料にした菅笠《すげがさ》やすだれの生産が、富をもたらしていた。豊かではないが、決して貧しくはない農村だった。

（第二　鉱毒問題第一期）

明治二一年（一八八八年）の大洪水が原因となって、翌明治二二年、栃木県下の足利から下都賀郡一帯は不作に見舞われた。鉱毒は両岸の水路を通って田畑を浸潤し、生活用水に混入し、作物を枯らし、人畜を斃した。汚染地域はほぼ五万ヘクタール、被害民は三〇万人あまりに上った。

人々は最初は被害を耐え忍んだ。しかし、明治二三年（一八九〇年）八月と二四年九月の二回の大洪水に忍耐も限度に達した。一二月、栃木県の二五町村、群馬県の二六町村、茨城県の二三町村、埼玉県の二村、千葉県の七町村の、八三町村は連署して政府に請願書を提出した。内容は、「速やかに鉱毒除害し、もしできないなら、鉱業を停止させよ」というものだった。同時に、田中正造代議士は、第二回帝国議会で「足尾銅山鉱毒加害の儀につき質問書」を出し、政府の答弁を求めた。これが、鉱毒問題が社会に明らかになった最初である。

田中正造代議士が政府に答弁を求めた質問書は、鉱毒被害をこれまで放置した理由、被害救済の対策、将来の予防策の三点であった。

しかし、議会解散があり、農商務大臣陸奥宗光はかなり時間がたってから答弁書を発表した。答弁書は次の三点を挙げている。官僚答弁の典型であった。

一、被害のあることは確かだが、原因は不明である。

二、原因は、現在専門家が調査中である。

三、鉱業者は予防対策を進め、欧米から粉鉱採集器を購入して、流出防止の準備をしている。

足尾銅山に鉱毒の責任があるとみているような、しかし責任はないというような、一時しのぎの妙な答弁である。いずれにせよ、すぐには何の対策も実施しないという意思ははっきりしている。

その理由の一つを、荒畑寒村は政財の癒着に見ている。足尾銅山の経営者の古河市兵衛と、農商務大臣の陸奥宗光は、利権と姻戚で結びついているというわけである。

陸奥宗光の次男の潤吉は古河市兵衛の娘婿、つまり両者は姻戚関係にある。被害民は憤激して「姻戚である古河の利益擁護のため態度を曖昧にした」と指摘した。筆者も、不幸にして、政府と財閥の組織的罪悪の端緒はここにある、と断ぜざるを得ないのが悲しい。

第三章の「第二期」

第三章は四ページにわたる。

（第三　鉱毒問題第二期）

政府の干渉に打ち勝ち、明治二五年（一八九二年）の総選挙で田中正造は再選を果たし、さっそく議会で鉱毒問題の再質問を行った。これより先、専門家による調査報告書が公にされた。

大学教授丹波敬三氏は、「……田園被害の原因は土中の毒であり、その毒は足尾銅山にある……」とした。

農科大学の報告書は「……渡良瀬川の川底の泥は、植物に有害な物質を含み、その泥は明らかに洪水時に流入したものであり、足尾銅山から渡良瀬川に流入する排水に毒が含まれることは事実である……」とした。

先の政府答弁のように、もはや毒の原因は不明ではない。政府は鉱業条例五九条にあるように「鉱業に危険があり、また公益を害するときは、鉱業人に予防を命じ、あるいは鉱業を停止する」ための方策を講じるべきである。しかし、陸奥宗光を継いだ河野敏鎌農商務大臣は言を左右して責任を逃れている。

河野敏鎌農商務大臣による新しい答弁は次のような四項目であった。
一、足尾の鉱毒被害は存在するが、公共の安寧を危険に曝してはいない。
二、損害に関して、行政には原因者処分の権限がない。
三、鉱業人は予防のための粉鉱採集器を準備している。
四、ほかにも予防のための沈殿池などを自費で建設するように準備中である。
率直な感想を述べるならば、今も昔も変わらぬ官僚答弁である。

まず被害を認めない。認めれば責任が生じるからである。対策を立て実施する気もない。対策を実行すれば、責任を認めることになるからである。予防策はもっぱら当事者が進んで行っているという形をとる。

荒畑寒村の筆は火を噴くばかり。鋭く政府を批判する。


被害住民三〇万人、被害地域五万ヘクタールというのに、被害は公共の安寧を損なわないというなら、いったい何が公共の安寧を危険にさらすといえるのか。予防策の粉鉱採集器は、鉱毒防止のためではなく、鉱業人が利益を上げるために設置するものである。予防に効果があるというのは、技術者がウソの報告をしたということか。行政官に職権がないと言うにいたっては、冷淡、無情、人民を蔑視愚弄するものだ。被害地住民の怨嗟憤激は察するにあまりある。

第四章の「第三期」

現に鉱毒はあり、その被害が出ている。政府は言を左右して責任逃れをしてきたが、「見ざる聞かざる言わざる」で通し、現実を無視することはやはり不可能である。そこで出てきたのが示談金による解決策だった。

この時期を荒畑寒村は、鉱毒問題の第三期と位置付け一一ページを割き、鋭く追及する。

（第四　鉱毒問題第三期）

古河市兵衛は示談で問題解決を図ろうとした。これに協力したのが県知事、各郡村長、役人たちである。役人が人民の被害を顧みず、官職の権威を利用し、無知の民衆に圧力を加えて屈服させ、鉱業者のために示談成立をめざす。それも中央政府の意を受けての暴挙であった。

その実例を見よ、ということで、この章には、古河市兵衛と総代という立場の被害地域住民代表との間で結ばれた明治二五年（一八九二年）と明治二九年の契約書が、資料として掲載されている。

契約書は、鉱毒の原因は足尾銅山からの粉鉱の流出にあること、古河市兵衛は防止対策として粉鉱採集器を設置すること、当事者の和睦のために徳義上示談金を出すこと、示談金を支払われた後は一切苦情を申し立てないことなどが、各条項に書かれている。

一言で言えば、粉鉱採集器の設置という「予防技術」によって鉱毒問題のすべてが解決することを前提に、古河市兵衛は示談金を支払い、被害地域の住民は、示談金を受け取るからには、政府、議会、裁判所に対して請願や訴えをせず、永久に苦情を申し立てない、というものである。

荒畑寒村は、足尾銅山の一事務員が「六合雑誌」第二三二号に寄せた別の資料を引用して、契約書に書かれた粉鉱が鉱毒の原因という認識に誤りがあると指摘している。

つまり、鉱毒は人為的な原因によって引き起こされているという。「引用」の骨子は次のようなものだ。

大量の鉱石が毎日採掘されるようになった。銅成分の少ない捨石の「ズリ」が激増した。ズリはみるみる谷を埋めた。ズリの堆積はしだいに凝結して固い岩になる。三〇メートルの高さになっても崩れない。豪雨が来ても崩れにくい。ズリを地盤に家屋の建設が行われているほどだ。そこで、いったん嵐が来るとわかると、昼夜を問わずに人夫を非常招集し、鉄棒とダイナマイトで固いズリの堆積を突き崩しては、渡良瀬川に投棄した。

これが鉱毒の原因なのだ。明治二九年（一八九六年）には大洪水が連続した。それまで五年近く大洪水がなかったためにズリは山となっていたが、それを崩すことを計画した。まず七月二一日、人夫にボーナスを出して集め、一部を渡良瀬川に投棄した。八月一七日には、人夫を数倍にし、ダイナマイトで堆積を粉砕した。さらに九月八日には、一〇〇メートルと三〇〇メートル四方、深さ二〇メートルという堆積をすべて渡良瀬川に投棄した。これが下流に運ばれて農作物に激甚の被害をもたらすことになる。

要するに鉱毒の原因は、人為的であり、沿岸三〇万人の住民に対する被害と五万ヘクタールの農地荒廃の責任は、古河が負うべきものである。

以上を引用した後に、荒畑寒村は続けて書く。

鉱業人の罪悪はこのように明らかである。それにもかかわらず、粉鉱が鉱毒の原因であるとし、わずかな金銭で被害民を黙らせる。その手段は陰険である。この事実を知らずに政府が示談を斡旋したとすれば、不明の罪から逃れられない。知ってのうえだったら、政府自ら詐欺の片棒を担いだことになる。

かくして被害民は、政府に騙され、役人に脅かされ、些少な金銭に心を奪われて、永久に損害請求権を売り、あるいは若干の金で我慢するはめになった。

第五章の「第四期」

先の引用にあるように、明治二九年は大洪水の連続した年である。

渡良瀬川の水かさは、六・六メートルを越えた。住民は流れに漂った。鉱毒は地層深く浸み込み、農作物は枯れ、人も家畜も鉱毒に苦しんだ。

渡良瀬川の大量の水のために、利根川が、さらには江戸川が溢れ、東京の本所、深川両区が広く浸水した。本所小梅に住んでいた農商務大臣榎本武揚《たけあき》の屋敷も水に浸った。

翌明治三〇年（一八九七年）二月、田中正造代議士は政府にまたまた質問書を提出する。浸水被害を受けていた榎本武揚大臣であったが、樺山資紀《すけのり》内務大臣と共同の三月一八日の答弁書は、「すでに示談が成立している」というものだった。政府の責任はなく、当事者同士の民法上の問題というのである。

第五章は五ページである。

（第五　鉱毒問題第四期）

政府には鉱業者を監督し鉱毒を予防する意思はない。答弁書を見た被害民は憤慨した。三月二三日、被害民は死を覚悟して上京し、請願を行おうとしたが、警察に阻まれ大量検挙されることになった。政府は慌てて鉱毒調査会の設置を決め、併せて被害民の租税免除を発表した。決死の運動が、わずかとはいえ政府を動かした。

五月二七日、初めて古河市兵衛に対して、鉱毒予防命令が発せられた。

鉱毒予防命令と租税免除に、どれほどの意味があったのか。予防工事で将来の鉱毒は軽減されることはあっても、すでに発生している鉱毒被害については何の手も打たれなかった。かえって事態はいっそう悪くなったと、荒畑寒村は厳しく切り捨てる。

私はここで鉱毒予防命令に基づく除害工事の効果があったかどうか詳しく論じる余裕はない。しかし、工事によって鉱毒がなくなることはなかった。アユ、サケ、マスは姿を消した。漁業を生業とする者も十分の一に減った。水田の水口近くの苗は枯れ、他所より生育は悪く、刈り取ったわらを焼くと灰の中に多量の鉱物が検出される。

租税免除で国庫は毎年三〇万円の収入を失うことになった。しかも、国庫の損害より国民の損害はさらに大である。

当時の選挙権は、現在とは大きく異なる。選挙権は、一定額以上の祖税を負担している者に限定されていた。祖税免除は、そのまま選挙権の喪失につながった。そして、選挙権の喪失は権利を主張する機会の喪失につながった。

荒畑寒村は、祖税免除前後の比較表を載せている。

郡名	免祖前選挙有権者数	免祖後選挙有権者数
足利	八二六	三九九
山田	六八八	二六四
新田	一、〇七五	四六一
邑楽	九四六	一五六
安蘇	七八九	七六三

町村の自治への影響は甚だしい。公民の数が減少したことにより、谷中村などの自治制度は壊滅した。

一時しのぎの祖税免除はかえって村民の権利を削ることになった。被害民の利益をいっそう損なう結果になった。

二・鉱毒問題、社会の注目を集める

深刻な鉱毒不害があるのに、報道されなければ世間の目は被害民の惨状に向くことはない。報道されて初めてニュースになるという現象は、いまも昔も同じである。そして報道のきっかけになるのは、つねに「事件」である。

第六章の「川俣事件」

明治三一年（一八九八年）九月一七日、またもや堤防をはるかに超える大洪水が起こった。ついに農民の辛抱は限界に達し、怒りが沸騰する。荒畑寒村は五ページにわたりその顛末を述べている。

（第六　凶徒嘯集《しょうしゅう》事件起る）

渡良瀬川一帯は毒の海と化した。被害民の窮状は日増しに深刻になった。この年の統計によれば、全国無害の地では、出生者六名に対して死者二名であるのに対し、出生者二名に対して死者六名と逆転している。出生者二名も、毒を食らい、毒を飲むことになるので、やがては毒で死ぬ薄幸の運命にある。家屋の軒は傾き、壁は破れ、寝るところもない。人生の惨事はここに極まるという状況だ。

しかし、古河市兵衛は豪華な邸宅に住み、巨万の富を擁し、日夜酒色に溺れ、被害民の惨状を知ることはない。

被害民の憤怒は頂点に達し、ついに破裂する時がきた。

川俣《かわまた》事件と呼ばれる。被害民と国家権力との、力と力の激突である。

明治三三年（一九〇〇年）二月一二日から一三日にかけてのことであった。

現在の群馬県佐野市早川田にある雲龍寺に被害民が参集したところから事件は始まる。雲龍寺は、渡良瀬川の堤防にごく近いところにある。

雲龍寺の梵鐘が晩冬の荒野に響きわたった。蓑笠姿の被害民三〇〇〇人が集まった。みな口々に鉱毒歌を唄った。

「……人の体は毒に染み、孕めるものは流産し、育つも乳は不足なし、二つ三つまで育つとも、毒の障りでみな斃れ、……悲惨の数は限りなく……」

前年から密かに計画したことであったが、大挙して上京し、惨状を国務大臣に請願すると計画であった。

一三日午前一〇時、館林市に向かって移動し始めた時、被害民の数は一万二〇〇〇人に上っていた。途中、巡査と小競り合いを繰り返しながら、利根川河畔の川俣に至ったが、ここには大勢の巡査と憲兵が待ち構えていた。

大衝突が起きた。戦場のようであった。憲兵と巡査は被害民を追い散らした。突き倒し、踏みにじり、帯剣で乱打し、ある老人は五人の巡査によって水中に投げ込まれ、捕えられたある者は両眼に泥を塗られ、口中に土砂を押し込められ、流血は数キロにわたって続いた。

大乱闘の挙句、武器を持たない被害民の壮挙は失敗に終わった。追い打ちをかけるように、主なリーダーたちが捕縛された。容疑は、凶徒嘯集罪。たがいに呼応して暴動のために集合したという罪である。

新聞各紙は川俣事件を詳しく伝えた。ここまできて鉱毒問題はようやくメディアの注目を集めるようになったのである。

たとえば、「毎日新聞」の記者、木下尚江は次のような内容の「鉱毒飛沫」と題する長文の報告を書いている。

——利根河畔で、憲兵警察は力で被害民を解散させた。被害民たちが逃げ帰る途中にいたっても暴力を行使した——。

荒畑寒村が書いた上記の憲兵警察による暴力を、被害民が逃げ帰る途中のできごととして挙げている。荒畑寒村は現場に居合わせたわけではないので、「谷中村滅亡史」の記述は、木下尚江らの記事を参考にしたというべきだろう。

被害民はここ雲龍寺から出発した

――逃げる被害民を追って警察の弾圧はさらに続いた。被害民が空腹の余り飲食店に立ち寄ったのを見ると、店から引き出して追い払った。強制解散が成功したと判断した警察は、一同集まって万歳を叫んだ。雲龍寺でも被害民への殴打がなされた。これらは、職務を逸脱した蛮行である。

一五、六日には首謀者とみなされた容疑者の逮捕が始まった。家宅捜索が行われ、信書印刷物が押収された。多く拘引状が警察の手にあり、現地の人心は不安に満ちている。このようなことで一時的な鎮圧に成功しても、最後の手段に出ようとする被害民は少なくない。これでは国が滅びるのも遠くない。この被害民の思いを、私（筆者註、木下尚江）は国民と政府に伝える責任がある。

田中正造議員が足尾鉱毒問題を議会で質問したのは明治二四年である。それから十年たって、被害民の鉱業停止要求はますます強硬になった。その責任の半分は政府にある。政府の曖昧な政策が今日の悲劇を招いた。被害民はいう。「政府は己等をいかになさんとの御思召しにや」と。その思いを汲み取るべきではないか。

地方官吏で直に被害民に接する者は、被害地と被害民の惨状に同情せざるをえない。それにもかかわらず、中央の官吏は被害民の哀訴、嘆願をウソとみなすなど誤解がある。中央と地方、またそれぞれの役所の中に情報の上下不通があることを、私は懸念している。

被害民は、（筆者註、江戸幕府の）専制政治と異なる現政府を尊重している。したがって、政府が鉱毒問題の解決を図れば、意外に円滑な終結をむかえることができるかもしれない。政府は広い心で人民に臨むのでなければ、国を治めることはできない——。

最後の一節は、日常的に検閲が行われ、警察の判断で発行禁止を命令できる状況をかいくぐる「知恵」の文章であろう。荒畑寒村の記述は直球勝負だが、木村尚江の記事は変化球である。警察という打者が力まかせにバットを振れないような配慮がされている。

ともあれ、「毎日新聞」に掲載された記事は、読者の間に鉱毒問題を知りたいという関心が高まっていたことを推測させる。

第七章「田中正造、天皇に直訴」

明治三四年（一九〇一年）一二月、さらに大きな世間の耳目を集める大事件が発生した。田中正造の天皇直訴事件である。帝国議会での初質問から一貫して被害者の立場に立って政府を糾弾してきたが、事態は悪化の一途をたどっていることに業を煮やし、最後の手段として敢行したものである。

直訴に先立ち、田中正造は所属する憲政党を脱し、衆議院議員も辞任していた。決行する前には、死を決意し、カツ夫人には離縁状を送っている。第七章はこの事件に六ページを割く。

である。

（第七　田中翁の直訴）

第一六議会の開会式に行幸した天皇の一行が、帰途に日比谷公園そばにさしかかったときである。

「お願いがあります」と大声で叫びながら飛び出した男がいた。田中正造である。しかし、田中はたちまち警官に取り押さえられた。佐倉の義民、宗五郎が幕府に直訴して妻子ともども磔になったことはあったが、憲法ができ、議会が開かれている時代に、天皇直訴は破天候の怪事件である。しかし、田中正造翁は当たり前のやり方では鉱毒問題は改善されないとの思いから、決行したのである。

田中正造は「謹奏表」と題する一文を手にしていた。名文家として知られていた幸徳秋水に依頼して書いてもらったという。幸徳秋水は「萬朝報」の看板記者の一人であった。

荒畑寒村は「谷中村滅亡史」に、「謹奏表」のかなり長い全文を資料として掲載している。

「謹奏表」は、「草莽の微臣田中正造誠恐誠惶《せいせい》頓首頓首謹みて奏す、伏して惟《おもんみ》るに臣田間の匹夫、敢えて規を踰《こ》え法を犯して……」に始まる、

いま「謹奏表」を見ると、天皇に対する失礼がないようにという配慮からともいうが、やはり他人に託したことによるニュアンスの違いがあったのだろうか、幸徳秋水の原文に田中正造自身が追加の書き込みをしていることが分かる。

「謹奏表」では、足尾銅山の鉱毒によるこれまでの経緯と被害の実情を述べ、政府の無策と怠慢を非難し、天皇に何とか慈悲をもって被害民を救ってほしいと懇願する。

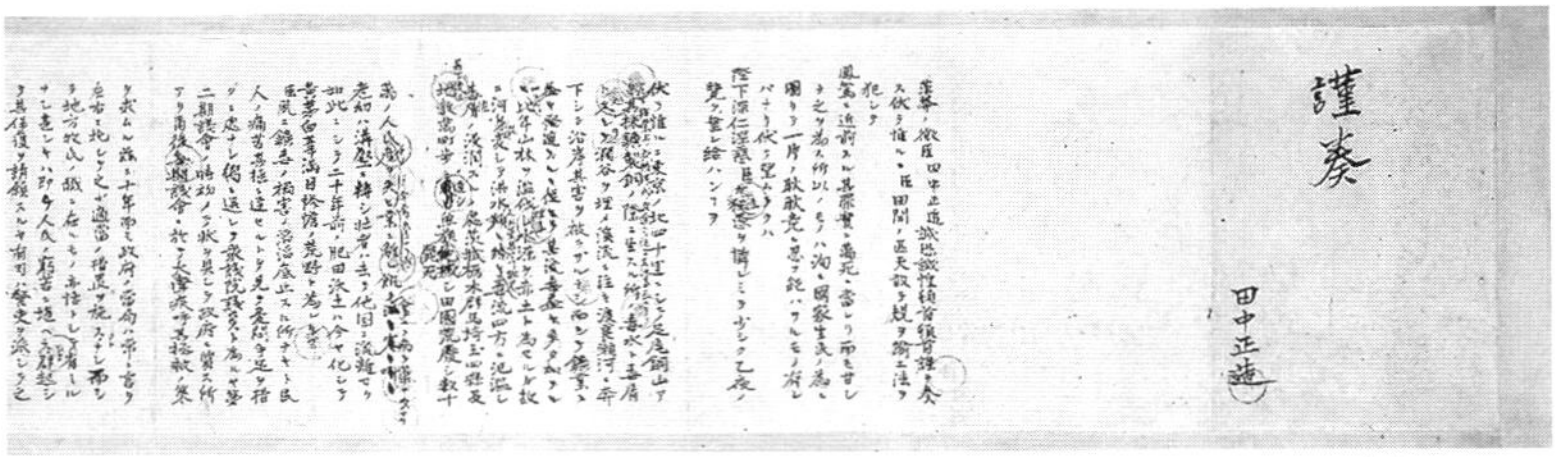

田中正造の直訴状（謹奏表）。幸徳秋水の手になり、正造がさらに補筆している
（佐野市郷土博物館）

さすが幸徳秋水というべきか、心打つ名文である。渡良瀬川流域の被害民をはじめ臣民は等しく天皇の一家、天皇の赤子ではないか。天皇の御心をもって、政府が責任を果たすようにし向けて欲しいと訴える。

具体的には、六項目。

一、渡良瀬川の水源を清くする。

二、破壊された川の流れを天然の状態に戻す。

三、毒に染まった土壌を除去する。

四、魚類などの天然の産物を回復する。

五、荒廃した町村を回復する。

六、毒水、毒屑の排出を根絶する。

「謹奏表」は、次のように訴えて終わる。

「臣年六十一而して老病日に迫る。念うに余命幾ばくもなし。唯万一の報効を期して一身を以て利害を計らず、故に鉄鉞《てつえつ》の誅を冒して以て聞す、情切に事急にして涕泣言う所を知らず、伏して望むらくは　聖明矜察《きょうさつ》を垂れ給わんことを、臣痛絶呼号の至りに任《た》うるなし」

死を覚悟してお耳に入れます、どうぞお察しください、という悲痛な叫びで結ぶ。

天皇直訴は世間の常識を越える行動という意味で大事件である。田中正造に世間の注目が集まり、鉱毒問題に対する関心は一気に盛り上がっ

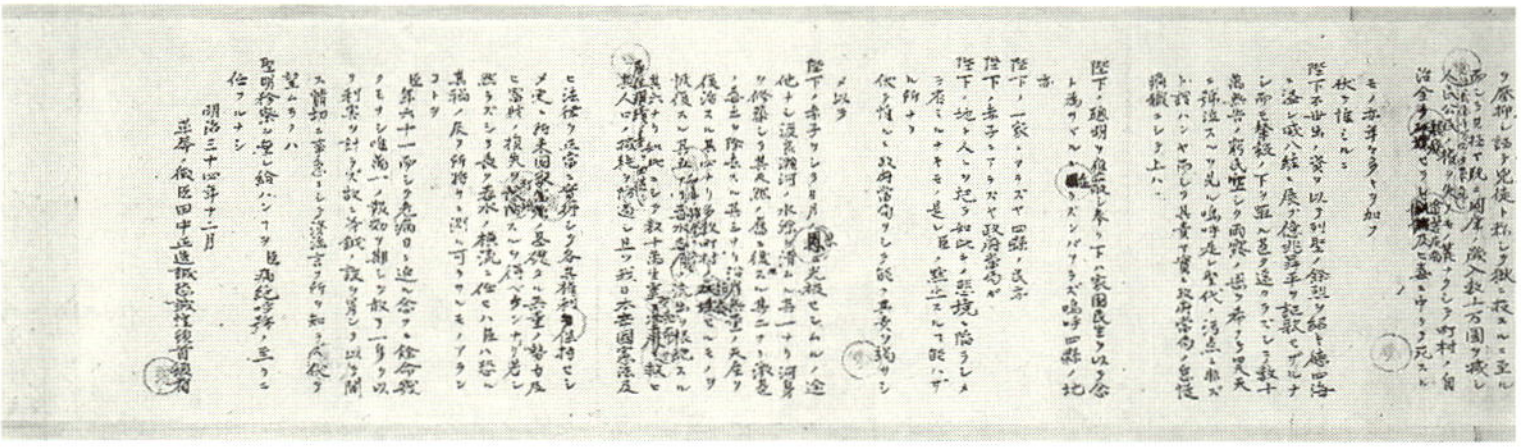

た。しかし、田中正造のねらいは成功したと言えるものだったろうか。荒畑寒村は失敗と見ている。

> 政府は田中翁の直訴に仰天した。そこで採った対策は、「田中正造は狂人である」として、うやむやのうちに事件をなかったことにするやり方である。田中翁の切羽詰まった処置は哀れなことだ。政府の厚顔無恥は、唾を吐きかけてやりたい思いだ。

政府は田中正造を無視し、直訴の影響をできるだけ少なくしようと図った。つまり、直訴を不敬罪とせず、その代りに、「謹奏表」の内容を取り上げなかった。不敬罪に問えば裁判になる。裁判になれば法廷で田中正造が政府を糾弾するのを許すことになる。それが反政府的な世論の高まりになったら困る。罪に問わないことで、世の中に被害民の惨状を訴える機会を奪う。「変人の空振り」を演出したのだった。

「人の噂も七五日」である。政府の思惑は成功した。

直訴という並はずれた行動は、当初こそ世論に大きな反響を呼んだものの、すぐに人々の関心は薄れていった。

さらに、鉱毒よりも大きな、日本国の存亡を賭ける「事件」が起きようとしていた。

日本とロシアの間の緊張はしだいに臨界点に近付いている。国内では「戦争やむなし」の主戦論が勢いを増す。戦争という国家の大事件の前には、国内の、しかも局地的な鉱毒事件の影は薄い。

「影は薄い」という意味は、報道する側にとっても、報道を聞く側にとっても、である。ある瞬間に伝える情報、伝えられる情報は、つねに相対的なものだ。相対的「大ニュース」が、その時々に世の中に伝えられる情報のほとんどを占めてしまう。受け手の側も相対的「大ニュース」に耳目を奪われてしまい、他への関心は低くなる。そのため、絶対的に重要な事件であっても、それが相対的「小ニュース」だと、報道から消えてしまいがちである。

現代のメディアにあぶくのように現れては瞬く間に消え去るニュース事情と同じである。

直訴を演出したジャーナリストたち

ところで、田中正造の天皇直訴は孤独な決断ではなかった。思いつきでも、追い詰められての哀訴ではなく、戦略的な準備を重ねたうえでの計画的行動であり、その背後には、何人かのジャーナリストがいた。

田中正造は直訴状の執筆を「萬朝報」の評論を掲載し名文家で知られる記者の幸徳秋水に依頼した。この幸徳秋水と田中正造を結びつけたのは、「毎日新聞」(筆者註:現在の毎日新聞社とは別会社)の主筆を務めていた石川半山(一八七二~一九二五)という。

石川半山と幸徳秋水は、日本に人権の思想を導入した中江兆民の門下生だったころからの友人同士であった。幸徳秋水は後に、検察がでっち上げた大逆事件の首謀者として処刑されるが、その時まで二人は親しい関係にあった。言うまでもなく幸徳秋水も石川半山もジャーナリストである。

石川半山は、明治三一年（一八九八年）に「毎日新聞」の主筆になり、「当世人物評」を連載して好評を得た。この石川半山こそが、田中正造天皇直訴の発案者だったという。

「石川半山日記」によると、明治三四年（一九〇一年）六月八日、石川半山は田中正造と出会い、夕食を共にした。そのとき、以下のような会話があったという。

半山「鉱毒問題を解決する方策はたった一つだ。君がその方策を行わないのが残念だ」

正造「何ですか」

半山「簡単には言えないよ」

正造「どうか教えてください」

半山「君が実行するというなら、教えよう。君は佐倉宗五郎になればいいのだ」

佐倉宗五郎は、重税に苦しむ農民の実状を将軍に直訴して処刑された「義民」である。石川半山は田中正造に天皇に直訴し死ぬことを勧めたのである。そうすれば一気に世論を動かすことができ、被害者に有利な方向で鉱毒問題を解決する展望が開けるとの計算であった。

石川半山（佐野市郷土博物館）

田中正造は死ぬ気で直訴したことは確かだろう。しかし、世論への影響を恐れた政府は、「とりあわない」ことによって影響を最小限にする選択をした。夜には田中正造を放免している。直訴はしたが死ななかった。その田中正造に対し、石川半山は「失敗だ」を三度繰り返したという。
半山「一太刀受けるか殺されるかしなければ、ものにならない」
正造「弱りました」
半山「いや、何もしないよりは良かった」
石川半山は、「毎日新聞」の編集責任者をしていた。その立場からして、新聞の論説を通じて鉱毒被害民救済の世論をつくりだそうとしていた。その論調を続けることで「毎日新聞」の発行部数が伸び、経営に役立っていたという事情もあった。そこで、政界に顔のきく島田三郎、若手で上り坂の記者木下尚江、女性記者で「鉱毒地の惨状」を連載した松本英子など、エースと目されるジャーナリストを集めて鉱毒報道を展開していたのである。
それにしても、田中正造に火をつけ、その行動を報道するという、いわばマッチ・ポンプ的な石川半山の行動はジャーナリストの仕事だろうか。

報道の原則、今昔

ジャーナリストの役割は当時と今とは大きく違う。

現在のジャーナリストは客観報道主義を基本にしている。事件を公正中立の立場で客観的な報道をするのが原則というわけだ。

新聞を見れば、客観報道主義のサンプルを見ることができる。

「〇九年度の国内新車販売台数で、トヨタのハイブリッド車プリウスがトップになった。消費者の低燃費志向や、エコカー減税などが追い風になった――と、日本自動車販売協会連合会が発表した」

「〇九年八月の中間連結決算で、一四六億円の純損失だった――と、総合スーパーのイオンが発表した」

「米国ダラスから成田空港に到着した航空機で、実弾入り拳銃を国内に持ち込んだ五〇代の米国人男性を、銃刀法違反と関税法違反で現行犯逮捕した――千葉県警などへの取材で分かった」

テレビも同じである。マイクを持った記者がカメラに向かって話す。

「福井県の小浜湾でドラム缶に入った遺体が見つかった事件で、男三人と高校生ら少女三人の計六人を死体遺棄容疑で逮捕した――と、大阪府警と福井県警が発表しました」

ただし、もう一言、おまけがつく。

「大阪府警前からお伝えしました」

発表された現場は警察だから間違ってはいないが、警察の建物を中継して見せることにさしたる意味はない。

もちろんテレビにも新聞にも背景説明の解説欄はある。特に新聞には社説がある。それでも伝えるニュースの大半は「〇〇が発表した」出来事で書いている。「取材で分かった」というのも、警察関係者からのリークだったということである。

ニュースを客観的に伝えていることは確かである。「発表された」、「発表した」、「聞いた」ことをそのまま伝えているのだから、確かに客観的である。つまり、客観報道主義の立場に立てば、発表されたことを伝えるのが記者の仕事、ジャーナリストの仕事ということになる。客観報道主義は、現在の発表ジャーナリズムの基本をなしている。

このような客観報道主義を現在の原則とすれば、天皇直訴事件当時の原則はまったく異なる。新聞は見解発表のツールであった。それも主として政治的見解を述べる。簡単に言うなら、新聞はもともと党派の機関紙から出発している。発行部数もささやかなものだった。記者は「出来事」と同時に「出来事の評価」を表明し、賛同者を広げる。いうなればオピニオンリーダーとして、人々の心を動かし世の中を動かすのが仕事である。そこで、記者は記事を書くだけではなく、演説会にも頻繁に登壇している。

仕事の性質は政治家に近い。そのため、ときには政治家、ときにはジャーナリスト、ときには両方を兼務したという人物は少なくない。田中正造に天皇直訴を勧めた石川半山も、後に憲政会所属の衆議院議員になった。「毎日新聞」の上司の島田三郎は立憲改進党の衆議院議員だった。そもそも主役の田中正造自身、栃木県の「下野新聞」に健筆をふるった経験があり、その後に衆議院議員になっている。

百年以上たった現在も新聞社の社主をしながら時の政権に強い影響を与えてきた人、その仲間と目される人々がいるが、このころからの「伝統」を継ぐ流れの上にいると見ることができる。

要するにこの当時の新聞は、党派の活動の一部だった。ジャーナリストは「出来事の評価」をする言論の人、そして言論の人である以上、その「主観」に賭けた。「出来事」を伝えるだけではなく、ときには「出来事」を画策することも辞さなかった。鉱毒被害民を救済する目的のために、天皇直訴をしかける。それも「主観」を広める目的の延長上にある。

それでは、なぜ現在は客観報道主義をとるようになったのか。また、発表ジャーナリズムの依存する主要なシステムとして、「記者クラブ」があるが、どのような機能を果たしているのか。

この点についてはしばらく後に検討することにして、いったん「谷中村滅亡史」の本筋に戻ろう。

第八章と第九章の「鉱毒の真因」

第七章までは被害の原因と被害の拡大、被害地の惨状と農民の請願をまとめているが、第八章からは、鉱毒問題終結を目指した政府の政策により、谷中村が滅亡するという「谷中村滅亡史」のメインテーマに入る。第八章と第九章として、それぞれ四ページに記している。

（第八　鉱毒問題の埋没）

鉱毒問題発生から二〇年あまり、病気、飢餓、不作の連続に被害民の気力も萎えてきた。請願行動が下火になったことを、政府は、鉱毒が絶滅した証拠と言う。

政府は、ふたたび鉱毒に対する世論の高まることがないようにと、貯水池を計画するにいたった。渡良瀬川の氾濫の被害が激甚な谷中村を買収して水底に沈める。被害民の困窮と政府資本家の罪悪を葬る企てである。

鉱毒問題が議会に出てから一六年を過ぎ、陸奥宗光、古河市兵衛、陸奥の次男で市兵衛の養子になった潤吉も、故人になった。しかし陸奥が計画した鉱毒地の埋葬計画は、陸奥の子分であり古河の雇い人である内務大臣原敬《たかし》によって、実現されることになった。

原敬は潤吉の後見役として、古河鉱業の副社長を務めた。後に内務大臣となり、谷中村貯水池化計画を進める最高責任者になった。大正七年（一九一八年）には総理大臣。初の政党内閣で、「平民宰相」と呼ばれた人物である。

計画を進める時に、政府はアメとムチを使う。アメは被害民ではなく、計画を進める裕福な地元民と地方官吏に与えられた。ムチは、鉱毒の被害民に対して、もっぱら谷中村を徹底的に疲弊させるために振るわれた。

このような荒畑寒村の文脈から読者が予期するのは、原敬が強行した谷中村貯水池化計画の具体的内容だろうが、「谷中村滅亡史」の荒畑寒村の文脈は少々それて、山林の乱伐が鉱毒の広りの背景にあり、乱伐が乱費を生んだという点をまず強調し、次に利根川の洪水が東京にも被害を出すようになったことから、貯水池計画が浮上したと説明する。

（第九　官林の払い下げ）

明治二一年（一八八八年）から二二年にかけて、政府は足尾銅山付近の国有林七六〇〇ヘクタールを古河市兵衛に、三七〇〇ヘクタールを栃木県下都賀郡長の安生《あんじょう》順四郎に、合計一万一三〇〇ヘクタールをわずか一万一一〇〇円の値段で払い下げた。

古河、安生は乱伐を開始、たちまちのうちに鬱蒼たる森林は丸裸にされ、切り立った山の斜面は大木の根を残すのみ。豪雨が来れば山腹の土砂が一時に洗い流されて、それが渡良瀬川沿岸一帯に鉱毒を運んだ。洪水のたびに、渡良瀬川、利根川の川床は高くなり、鉱毒が広がった。

渡良瀬川、利根川は、栃木、群馬、埼玉、茨城の四県にまたがる。被害が甚だしい栃木県は、洪水対策のために一〇八万円の県債を起こさなければならなかった。

明治三〇年（一八九七年）、政府は九万六〇〇〇円を投じて一万一三〇〇ヘクタールの禿山に苗木を植え、今後も植林に六八万円を出す予定である。

明治二九年（一八九六年）の洪水は、東京にまでおよび、政府は河川改修費として六五〇〇万円を支出した。

しかし実効はなかった。政府の費やした八〇〇〇万円余りは、露と消えた。


第十章と第十一章の「谷中村貯水池化計画」

第十章と第十一章は、それぞれ四ページと三ページである。

山林の木々は、銅山の坑道の支柱や精錬用の燃料として、また、足尾に集まった人々の暖房や炊事などの生活の燃料として、鉱山開発に不可欠の資源だった。

政府と栃木県は、山林を安値で払い下げる一方で、膨大な資金を投じて乱伐対策を立てざるを得なくなった。そのきっかけになったのは、渡良瀬川が流入する利根川の洪水が、関東の四県だけではなく、関宿で分岐する江戸川を通じて東京にまで浸水の被害をもたらし、しかも頻繁に繰り返されるようになったからである。

明治二九年（一八九六年）の洪水では、農商務大臣榎本武揚の本所深川の屋敷も浸水の被害を受けた。

しかし、東京の洪水の原因がどこにあるか、世間が分かっていたわけではないようだ。東京人にとって、足尾ははるかに遠いところにある。

（第十　谷中村買収の口実）

洪水の原因は深山にあり世間の目に入らない。山林の乱伐にあることは分からない。日光の東照宮を知る人は大谷川を知っているだろう。大谷川に架かる神橋が明治三五年（一九〇二年）に流失したことは、多くの人が知っている。だが、この氾濫が実は足尾銅山による森林の乱伐にあると知る人は少ない。

江戸川が氾濫すれば、東京の住民を巻き込む。一地方の問題だった鉱毒問題が、爆発する可能性がある。そこで、政府は江戸川への流入を減じるために関宿の分岐口を狭める工事を行った。かつて川幅は四七メートルほどあったのが、二五メートル足らずになった。

しかし江戸川への分岐口の縮小は、そのまま利根川の川水を停滞させ、逆流させることになる。

ここにいたって、政府は谷中村を貯水池にするという対策を打ち出したのである。利根川の洪水対策として、谷中貯水池計画は政府にとっては切羽詰まった選択であった。

谷中村の誕生は明治二二年（一八八九年）。渡良瀬川、思川、巴波川、赤麻村に囲まれた三つの村、内野村、恵下野村、下宮村が合併して誕生した。当初は三六七戸。生活、文化ともに一体感のある村だった。

貯水池として藤岡町に吸収され廃村になったのは明治三九年（一九〇六年）。行政単位としては、わずかに一七年間だけ存在したに過ぎない。

しかし、「谷中村」は短かったが、住民は長期間この土地で暮らしを営んできた。これからも「谷中村」は歴史上のシンボルとして生き続けていくことになる。

荒畑寒村はその谷中村の価値について言及している。


（第十一　日本無比の沃土）


封建時代はしばしば水害に見舞われたことから、この地域は「厄介村」と呼ばれていた。水害が三年に一度の割合で襲い、そのたびに武士も農民も堤防の修復に働いたという。

明治になってからは堤防建設が進み、水害が減り、一時は稲の収穫が一反あたり一二俵半に達する年も出るほどになった。地価も上昇した。明治初年には一反わずかに一円だったのが、明治一七、八年ころには四〇円くらいになった。

ところが鉱毒被害が広まるにつれて、地価は下落した。かつて一二俵生産できたところが、八、九俵に減じた。鉱毒がなければ、谷中村は、一五〇〇万円から三〇〇〇万円の価値がある。それなのに、官吏は鉱毒を理由に村を安値で買い叩いた。

第十二章と第十三章の「買収のアメとムチ」

「鉱毒事件」の裏を知れば知るほど、若い荒畑寒村には許せない事実が見えてくる。第十二章の四ページ、第十三章の四ページには、告発の文章が続く。

農民はもちろん住民にとっては、先祖から受け継いだ土地を捨てるなどは、想像を絶する考えである。谷中村貯水池化計画に対し、もちろん大反対である。

しかし、谷中村を貯水池にする方針の下、中央と地方の政官財は一体になって、手を変え品を変え住民を疲弊させ、追い詰め、追い出すための、さまざまな策を実行する。

荒畑寒村は、その「アメとムチ」について詳しく述べ、糾弾してやまない。まずはじめは排水器問題である。

陸奥宗光や古河市兵衛と密接な関係のある栃木県下都賀郡の旧郡長であった安生順四郎は、排水器を買い入れて谷中村に設置し、谷中村民と五年間でその代金を支払うという契約を結ぶ。


（第十二　安生の奸計）


安生は、排水器は四万二〇〇〇円と称したが、実際は中古で馬力不足の排水器を買い入れた。もとより効果はない。ところが契約書の第二条二項は「堤防破壊などが原因で実効がない時は、村民は債務を支払う」となっていた。そこで安生と村民の間で効果がないのは「不可抗力」か「排水器の不備」かの論争になった。

古河鉱業と栃木県は安生の奴隷であった。堤防の波除けに育てた数百株の柳を伐った。堤防が堅牢なところを故意に削った。堤防工事と称して、実際は堤防を破壊した。「不可抗力」を演出したのである。


明治二九年（一八九六年）、三一年に大洪水が続く。安生は重ねて谷中村を食い物にした。谷中村はますます疲弊した。

荒畑寒村の記述から、いまの時代にあってもしばしば耳にする政官財癒着の利権構造を連想してしまう。不幸なことだ。

（第十三　醜類、法廷に争う）

明治三一年（一八九八年）、安生は村会を動かして一〇万円の村債を起こすことを決めた。しかし出資者がいない。翌年になって、勧業銀行から「村債」を発行したとして五万円を得て、それを自分の懐に入れた。事実上は、安生個人の負債だった。ところが政府は、無効だった排水器を、資本金に利子を加えた七万五〇〇〇円で買い上げ、その「村債」を支払えるようにした。

詐欺的な排水器の資本を弁償し、個人の負債を救済した。重んじるべきは、多数の村民の権利、福祉ではないのか。この不公平のもとは、安生が政財界と近く、村民は高位顕官に知り合いがいないうえに、政府要人に賄賂を贈らないためだろう。

安生は他にもやり口を変えては蓄財に努めている。仲間の裏切りを法廷で争い、示談で終わった一件もある。人類ならぬ醜類が、法廷で争ったものだ。

谷中村村民は憐れである。私は、谷中村の名を口にするとき、唖然として笑い、次には涙の流れるのを止めることができない。

三．谷中村、水面下に沈む

第十四章と第十五章は、各五ページを使って、ついに権力が谷中村の貯水池化を強行することに、腹の底からの怒りをぶちまけている

第十四章と第十五章の「権力の無法」

明治三五年（一九〇二年）九月、新たな洪水が起こった。谷中村北方の赤麻沼の堤防が一八〇メートル余りにわたって決壊した。年々の洪水は、もはや珍しくはなかった。ここにいたって県知事の溝部惟幾は、谷中村買収案をはじめて議会に提出したが、別の疑獄事件のために頓挫してしまった。そこで県庁はやむなく堤防修理工事を始めることになった。しかし、である。

（第十四　政府、堤防を破壊す）

堤防の修理工事は、破壊の内命を受けた者たちによる見せかけの工事であった。明治三五年（一九〇二年）と三七年の工事で、一八〇メートルほどの決壊個所を二倍以上の四〇〇メートル近くに切り広げた。徳川時代から築いてきた堤防の石垣を崩し石材を売り払った。最

も危険な八月の洪水期に石垣を積み替えた。波よけの柳を伐り払い、芝草をはぎ取り、堤防を直接に波に打たせるようにした。明治三七年の洪水が押し寄せたときには、慌てて逃げ去る始末だった。

内命を受けた者たちとは、堤防修理の経験者ではなく、巡査上がりと博徒無頼漢であった。ある役人は、人夫を叱責し、堤防の修復箇所に、まず竹束、葦、藁を埋めてその上に土を載せた。洪水時、そこは浮き上がって流失した。

彼らは村人のヤル気を削ぐことに精を出した。多数の村人を不要と追い返し、雨が降ると休み、賃金を安くし、不払いもあった。女が土運びに来れば男より高額の賃金を払い、仕事はさせずにテントの酒宴で酌をさせ、寵愛する女をえこひいきし、舟遊びの相手をさせるというありさま。

この間の費用一一万円という。私が見るに、せいぜい多く見積もっても二万円である。

（第十五　谷中村の運命決す）

明治三七年（一九〇四年）の洪水を奇貨として、栃木県知事白仁《しらに》武は上京し、内務大臣芳川顕正に面会、「二年間かけ一一万円を投じても洪水は防げない、完全な堤防を築くには一二〇万円、さらに維持のために毎年六万円かかる」と述べ、「一地方のために出費はできない、よきに計らえ」との言質を得た。白仁知事は、意図通りになったと喜び、谷中村の買収準備を開始した。

一二月一九日には、県会議員一同を供応し、二〇日夜八時、非公開の議会を開き、谷中村買収と堤防修理の中止を議決した。

谷中村を買収する。できるだけ少ない補償金で村民をよそに移住させようとする。だが、村民の土地への執着は強い。土地は先祖から受け継いだ生活の基盤である。血と汗の浸みこんだ墳墓の地である。政府や栃木県の、逆らえば恐ろしい「お上」の命令だからといって、簡単に承諾するわけにはいかない。

買収反対の声は大きくなった。買収する側には強大な権力がある。警察力がある。法律を都合よく解釈しても司法の後ろ盾がある。資金力がある。他方、買収される側の村民には何もない。新聞と世論は、ほとんど力にはならない。ついには、悲劇的な展望のない抵抗を残すのみになる。しかしそれでも、この段階になっても、谷中村に残る村民は、当面堤防を維持するという努力を惜しまなかった。

やむを得ず村民は、お金を出し合って二七五〇円をつくり、寄付金一五〇〇円を得、また埼玉県から七〇〇〇人もの人夫の応援を受けて、政府が三年間放置していた赤麻沼の仮堤防三八〇メートルを築いた。この堤防のおかげで谷中村の村民はこの年、七万円の収入を上げることができた。

白仁知事が、「二年間かけ一一万円を投じても洪水は防げない、完全にするには一二〇万円と維持に毎年六万円かかる」とした同じ場所での仮堤防。鉱毒をもたらす洪水さえなかったら、谷中村が決して荒廃した土地ではないことを示したわけである。
しかし、仮堤防はやはり仮堤防に過ぎない。田んぼのあぜ道ていどの出来だった。本格的洪水が来ればひとたまりもない。村民は上京して内務省に堤防建設を請願することにした。

田中正造翁にしたがって一〇人が上京したが、上野駅で警察に拘引され、翌日追い返された。その後も上京するグループはことごとく警察によって同じ目に遭った。東京で、宿なく、食なく、涙にむせんだ。警察の干渉によって、内務省にたどり着くことはできなかった。警察は政府と資本家の道具なのだ。

そうこうしているうちに、八月一六日、仮堤防は決壊してしまった。

第十六章と第十七章の「金の亡者の陰謀」

第十六章の四ページ、第十七章の五ページの荒畑寒村の記述は、谷中村村民を食い物にしてはばからない金の亡者に激しい怒りをぶつける。ふたたび排水器にまつわる不祥事である。谷中村の買収を決定した時、排水器の買収予定価格は一万円であった。ところが、秘密裏に、あやしげな処理が行われたと指摘する。

金もうけに目がくらんでモラルが崩壊する。「金がすべて」という考えが横行する社会の仕組みに憤りを抑えられない荒畑寒村の、煮えかえるような気持ちが文章に表れている。

（第十六　排水器の買い上げ）

買収予定価格一万円の排水器を、栃木県知事白仁武は、七万五〇〇〇円で買い上げた。そのうち五万円は、村債の支払いとして勧業銀行に返済したが、残った二万五〇〇〇円は使途不明である。そのうえに七万五〇〇〇円の価値があるはずの排水器を、東京の商人に、わずかに七六〇〇円の安値で払い下げた。

このように書くだけでも、怒りがこみ上げてくる。人民の血と脂で私腹を肥やす。私たちが戴く政府は、法律という爪と、権力という牙によって、軍と警察の庇護の下、力の弱い人類を食う怪物なのである。

谷中村を貯水池の底に沈めることは、単に鉱毒、洪水対策ではなかったのである。一連の出来事のなかで生じた数々の不祥事をことごとく貯水池の底に沈め痕跡を消す。不祥事の「火消し対策」の意味合いがある。完成すれば、不祥事はもとよりあらゆることがご破算になり忘れ去られてしまう。金の亡者たちは丸儲けできる。

反対に、もし建設中止になれば、不祥事が明るみに出る。その事態を避けるためには、貯水池化計画は何が何でもやり抜かなければならない。硬直した「公共事業」である。あるいは硬直せざるを得ない「公共事業」の原型をここに見る。

明治三八年（一九〇五年）から三九年にかけての、政府のなりふり構わぬ計画推進について、荒畑寒村は、こうした背景から来た手練手管と断じている。

（第十七　政府、人民を苦しむ）

県庁は、百人余りの無頼漢を古道具屋として谷中村に送り込んだ。村民が家財道具を売り払って立ち退くのを進めるためである。

村民が自費で築いた仮堤防を破壊させた。他の村の素行の悪い者を唆して、村民の漁具を盗ませた。みな警察の庇護の下で行われた。畑の排水口を釘付けにして水浸しにし、麦まきを不可能にした。周辺の村に、谷中村の水防の応援に入ることを禁じた。

谷中村に残留している村民が堤防修理の届を出すと、願書にせよと却下され、願書を出すと、様式が違うと却下された。

巡査を派遣して、早期に立ち退かないと家屋の強制破壊もあると村民を脅迫した。

第十八章と第十九章と第二十章の「地域社会の崩壊」

強権的な立ち退き強制の一方で、甘言を用いて村民に移住を強いた。

反対運動のリーダーと目する者には、誘惑によって人生を誤らせ、それを口実に所有地の買収に応じるよう強要した。

第十八章の五ページに実例を記している。

（第十八　買収の悲劇）

茂呂忠造という買収反対の真面目な若者がいたが、県庁はついにこの若者を落とすことに成功した。

まず賭博を教えた。古河町の遊郭に誘い、娼妓に言い含めて溺れさせ、あげくは多額の借金をさせて落籍させ、こんどは借金取りによる厳しい取り立てをさせる一方で、家財道具の売却を勧めた。ついに忠造は村を棄てて東京に出てしまった。

谷中村買収計画が進められていた明治三七年（一九〇四年）二月、日露戦争が始まった。戦争は翌明治三八年九月まで続く。全国から多数の農民が徴兵されて戦地に赴いた。谷中村も例外ではない。五〇人余りの若者が兵士として大陸で戦った。

川島平四郎という青年がいた。陸軍歩兵上等兵。満州で戦死した。遺族は、四〇〇円の一時金を下付されることになったが、役場は買収に応じるなら下付するとした。借金があり、立ち退きを迫られ、とうとう遺族は根負けして買収に応じ、ようやく下付金を得ることができた。

生き残って凱旋した兵士にも悲劇が待っていた。大勢の郷党に囲まれて村を目指したが、不満があった。迎えのなかに父母兄弟がいなかったからである。それでも懐かしい山河が見えるだろう、みな喜ぶだろうと、その瞬間を思いながら家に急いだ。

谷中村を囲む堤防に登って故郷を目にした時、復員兵士は愕然とした。田園はなく、荒廃した葦原のみ。出征のとき彼を送った人はみな谷中村を去っていた。

わが家の場所に来たが、家はなく土台が残るだけ。欠け茶碗、古下駄が散乱するのみ。生家は買収されてすでになく、家族は移住してしまっていた。

兵士は、「なぜ死んで故郷に戻らなかったのだろう」と嘆くだけだった。

移住を決意して谷中村を去った村民には、さらなる苦労が待ち構えていた。移住先は好条件の土地と示されていた。「開墾地、及び開墾に要する農具、肥料、苗種、また建築費、食料一年間等は、無代」という具合である。

しかし、買収に応じた村民が、家財を整理し一家をたたんでその地へ行ってみれば、ことごとくウソであった。画に描いた餅そのままに、天と地ほどの差があった。

荒畑寒村は、第十九章に四ページにわたってエピソードを複数並べているが、ここでは一つだけにとどめる。


（第十九　政府、人民を欺むく）

九人の村民は栃木県塩谷郡の移住地に行った。移住するとすぐに「土地は谷中村より肥沃」という書面を提出させられたが、実は痩せた土地だった。そのうえ、他の約束も履行されなかった。地代、肥料、建築費が、谷中村での財産を売り払った代金から差し引かれた。あまりの落差に谷中村に逃げ帰る者がいたが、こんどは県庁との約束に背いたとして移住地に追い返された。

どの移住者の場合も、土地家屋の買収費や移転料は、ことごとく消えうせて、飢餓に瀕している。

荒畑寒村は、栃木県知事は代々、金にまつわる不祥事まみれと告発している。調査すると使途不明金、用途外使用金、非合理な使用金があるとして、具体的数字を挙げて言及している。明治三五年（一九〇二年）から三七年の三年の間に、溝部惟幾、菅井清美、白仁武の三代の知事が、不祥事に深くかかわっているとする。第二十章の三ページ分はその告発である。

（第二十　罪悪の受け継ぎ）

溝部惟幾知事は谷中村買収案を公にし、災害土木費として一〇八万円の県債を起こすことを計画、後任の菅井清美知事がこれを議会で可決させた。菅井知事は一〇八万円中の四一万円を銀行に預けた。県債という借金を銀行に預け、県民は借金の利子六万円を払う。驚くほかはない。

白仁武知事になると、銀行から四一万円を引き出し、国庫から得た災害土木補助費の一部と合わせた四八万円を、谷中村買収費とした。もともとの使途を無視した乱脈さである。

さらに、県庁は、この資金を遊興費に使い、県庁と関係深い個人の弁済に使用するなど、悪業の限りを尽くした。

呪われた谷中村。いたましい犠牲。

谷中村に住み続けるのを難しくする。やむを得ず移住してしまえば、人口が減り、地域社会は疲弊する。人間関係は悪化し、村として存在する意味がなくなる。あとは荒廃した空き地になる。そこを貯水池にしてしまう。過去をすべて水の下に葬り去ることができる。方針を決めた政府とその方針にそって直接手を下す県の政策は、この一点に集中していたことが分かる。

明治三九年（一九〇六年）、貯水池予定地に残る七六戸に対し、村債支払い名目で高額の税が課された。「課税を拒否すれば家財差し押え、移住をすれば差し押さえ免除」という条件。選択の余地はない。もはや抵抗は絶望的になった。残っていた村民は、移住を受け入れる以外に生きる道のないところに追い込まれた。

谷中村の運命は風前の灯となった。

第二十一章と第二十二章の「滅亡へのステップ」

そして、谷中村滅亡の最終段階がついに訪れた。

荒畑寒村は第二十一章で、谷中村が廃村への階段を一歩ずつ下りてゆく過程を、長い資料を並べて記録している。そのためこの章は九ページに達している。

明治三九年（一九〇六年）四月一五日、谷中村村会が召集された。白仁武知事による諮問が議案で、内容は、「谷中村の大半は買収し終わり、村民は移住したので、村として成り立たなくなったことから、隣町の藤岡町に合併する件は如何」というものであった。諮問の日付は四月一四日、答申期限はわずかに二日後の一六日。


（第二十一　谷中村の合併）

四月一五日午前九時ころ、村会召集状が発せられ、直後に再召集状が発せられた。集まった少数の議員に対し、村当局は「再召集なので出席が法定数に足らなくても議事に着手する」

とした。

町村制第四三条に但し書きがあって、再召集の場合は法定数の三分の二に足らない時でも議決できることになっていた。この但し書き条項を乱用して、初めて開く村会を再召集の村会に偽装したのである。


村の合併といえば地域社会の大問題である。法律手続きを無視したやり方に、さすがに村会議員はこの諮問に拒否の答申をした。

しかし、答申は無視され、七月一日、谷中村は藤岡町に合併されることになった。合併まで二カ月半の猶予を残すのみであった。

「谷中村滅亡史」の時間経過の記述が、このあたりに来ると少々乱暴になる。入手した資料を並べているようなところもあって、筋道が少し混乱する。書き手の荒畑寒村は、迸るエネルギーを叩きつけるように、短時間で「谷中村滅亡史」を書き上げたという。原稿用紙を埋める作業に費やした時間は、それほど多くないことは書きぶりからも分かる。第二十一章あたりに来た時には、さすがの若い荒畑寒村も疲労困憊だったのかもしれない。

しかし、何かを成し遂げるには感情が必要だ。荒畑寒村に憤りの感情があればこそ、「谷中村滅亡史」を書きあげて世に問うという行為が生まれたと言える。感情だけでは何もできないが、感情なくして何もできない。それも確かである。

さて、話の順序からすれば、白仁知事の諮問に「拒否」を回答したことで何が起きたかにつながるはずなのだが、それをいったん脇に置いて、「谷中村滅亡史」の記述は少し先に進む。

行政上谷中村が存在しなくなった七月以降の出来事である。七月一九日、嶋田政五郎ほか三七名は「谷中村民訴願書」を谷中村の合併先である藤岡町の町長に提出した。嶋田は七月一日に家屋の強制破壊を受けている。「訴願書」は、先に村民に発せられた「村債分を税金として徴収する」という命令に対する異議申し立てである。

「谷中村滅亡史」第二十一章の五ページにわたり、訴願書の全文が掲載されている。これまでのいきさつと債権債務のかかわり、そして根拠のない徴税であるとする異議申し立ての内容は、公平に見て説得力がある。

しかし、この異議申し立ては、やはり無視されただけに終わった。

さてそこで話はふたたび、白仁知事の「藤岡町との合併」諮問を村民が拒否した四月一五日に戻る。時は春、麦の穂が出る時期、そして雪解けによる渡良瀬川増水の時期である。

続いて、第二十二章の四ページ。

（第二十二　政府、堤防を破壊す）

村民の拒否によって、政府はむき出しの暴力を振るうことになった。

四月一七日、政府は栃木県庁に対して、村民が自費と寄付金、人夫の応援を得て築いた、赤麻沼仮堤防の破壊命令を発した。

「二七日までに仮堤防を破壊せよ。さもなければ、官が破壊し、費用は村民から徴収する」

村民はこの命令を拒否した。そこで三〇日、政府と県は堤防破壊を強行した。

四月一七日には、もう一つの命令書が出ている。官有地を借地している村民は二五日までに立ち退けというのである。借地の村民はすでに官有地の借用の継続を出願していたにもかかわらず、理由不明のまま却下されていた。その経緯と無関係に、「借地使用の出願がなされていない」ことが立ち退き命令の理由であった。

世間は田中正造翁の告発はあまりに極端で信用できないとして、冷笑しがちである。このような事実を前に、それでも田中翁はウソつきと言えるだろうか。さらに、法律の存在は、無法律の状態よりも、さらに危険ということにならないか。

第二十三章と第二十四章と第二十五章の「公共工事批判」

第二十三章と第二十四章の四ページは、貯水池の意味を問うている。

谷中村最期のとき、かつて四五〇戸人口二七〇〇人の村は、貯水池予定地の堤防内にはわずかに一七戸を残すだけになっていた。人の気配はまったく絶えていた。しかし田中正造は、残留農民のリーダーとして谷中村に留まっていた。

公共事業として貯水池を建設する名目は、大増水の時に渡良瀬川・思川と利根川の流れが衝突すると、逆流を起こし一帯に大洪水をもたらす。増水を一時的に貯水池に導いて溜めれば、洪水の緩和になり、氾濫の被害を緩和することができるというものだった。

しかし、本当にその名目通りになるのだろうか。荒畑寒村はその点を衝いている。

（第二十三　瀦水池無効の実例）

貯水池によって得る利益はないと言える。明治三九年（一九〇六年）の洪水の時、隣村の被害を見れば分かる。

隣村の経験によれば、谷中村一帯に氾濫した水が流れ込んだために、その分だけ洪水量は減少した。しかし、せいぜい一〇センチメートルだった。そのうえ、一時的に浸水が緩和することはあったが、水が引きにくくなった。七日間ですむ浸水が一〇日間になり、水浸しになった農作物は腐ってしまった。桑葉の収穫は皆無になった。

明治三八年から、谷中村に近接する群馬、埼玉、茨城、栃木の町村は、効果の期待できない貯水池建設に反対し、廃止の請願を行ってきた。

数字のうえから見て、栃木県域の洪水を谷中村貯水池で緩和できるとは言えない。静岡県選出の河合重蔵代議士は、治水地の効果を数字のうえから検討した。荒畑寒村は、その結果をかつて「平民新聞」に掲載していたが、「谷中村滅亡史」に転載して貯水池は無謀な計画であると論じている。

(第二十四　瀦水池設計の無謀)

政府は「谷中村を貯水池にすれば、一億立方メートル（一億トン）強の水を蓄えることができる」としている。そうだとすれば三〇〇〇ヘクタールの土地が必要だ。しかし、谷中村は九三〇ヘクタールしかない。高さ五メートルから七メートルの堤防を築いて谷中村を囲み、水をいっぱいに満たしたとしても、五〇〇〇億トン弱にしかならない。一億トンを容れようとすれば、堤防をさらに高く一二メートルに、堤防内を二〇〇〇ヘクタールにしなければならない。

それにもかかわらず、政府は「堤防の高さは三メートルで十分」という。これはもう詐欺に等しい。

明治三二年（一八九九年）に和歌山県で発生したような、異常な出水があれば、栃木県全域を貯水池にしても足りない。水源地の乱伐、荒廃の原因を放置して枝葉に過ぎない貯水池建設を強行する為政者の考えには、もはや驚くほかはない。


第二十五章の六ページは、政府によるとどめの一撃を記す。


（第二十五　土地収用法出づ）

金力と権力は社会におけるもっとも強大な勢力である。それにも増して強いのは正義の力である。政府の金力と金力の行使に抵抗し耐え抜いたのは谷中村村民の正義であった。

明治四〇年（一九〇七年）二月、政府はついに県庁に対し土地収用法の適用を認可した。陸奥宗光の子分で古河鉱業所の顧問である内務大臣原敬は、首相の西園寺公望《きんもち》に泣きついて認可を了承してもらったという。

土地収用法に村民は怒った。しかし、収用法が出ても村民はなお農耕に励んでいた。栃木県は警察署に村民を召喚し、巡査刑事の居並ぶ前に引き据え、「買収に応じるか、拘留に処せられるか」を二者択一をせまるなど、脅迫を行った。

必死の抵抗を止めない村民に最後の打撃を与えたのは、豪雨である。洪水でようやく築いた仮堤防が切れた。人為の迫害と天為の災害が、村民を呑みこんだ。

第二十六章の「谷中村滅亡報告」

明治四〇年（一九〇七年）七月一日の藤岡町との合併に先立つ二日前の六月二九日。堤防内に残り続ける村民の家屋強制破壊、強制退去命令が執行された。

荒畑寒村は「ああ、記憶せよ万邦の民、明治四〇年六月二九日は、これ日本政府が谷中村を滅ぼせし日なるを」と悲憤慷慨し、強制執行の模様を詳しく述べている。現場に行ったわけではなく新聞の報道を読んで書いたものだが、何度も地元に通って土地勘があり、田中正造とも接触が深かっただけに、強制執行の様子を目の当たりに見るようである。

以下は、強制破壊の最初の対象になった佐山宅破壊の状況である。村民は事前に、「強制破壊は不当な処置だが抵抗はしない」と決めていた。田中正造と深い関係のあった毎日新聞の記者、木下尚江もその現場にいた。二十六章は九ページに及ぶ。

（第二十六　谷中村の滅亡）

ついに二九日が来た。植松第四部長の率いる破壊隊二〇〇人余りは、午前八時恵毛野佐山梅吉宅より着手、家財道具は雷電神社跡に運び、家屋を破壊した。この時梅吉は中津川保安課長に対し「役人は人民の家屋を破壊し土地を没収するのが仕事か」と言って家から動かない。田中翁と木下尚江の説得でようやく承諾し、妻子とともに家を出て堤防の上から住み慣れた家が破壊されていく光景を見守っていた。

その時田中翁は破壊隊の中に県の役人、柴田四郎のいることを見つけた。

「それそこにいる土木の柴田、アレが谷中村を水に浸し人民を苦しめ村の独立を破壊した。村民は彼の肉を食らい骨をしゃぶっても恨みは尽きない。その柴田がブッこわしの先頭で押し寄せてきた。先日から木下さんたちの勧告で村民は役人が勝手に家を壊すのを許すことにしてはいたが、柴田の野郎の大泥棒、大詐欺師を見ては喧嘩せざるを得ない。ふつうの人間なら泥棒や詐欺をしたところには、二度と足を踏み入れないのが人情というものだ。柴田の野郎、一度ならず二度ならず足を踏み入れてなお足らずに、家をなくした村民が泣くのを見に来た。人情も何もない犬畜生だ」

田中翁は涙を流しながら怒号した。

木下尚江氏は、梅吉の長男千代次の頭をなでながら、「六月二九日を忘れるな」と言い、さらに周りの人々に次のように語った。

「無政府政党は滅亡した谷中村から生まれるだろう。暴法暴政は、村民をして政府を恐れず信頼もしない無政府党にした。村民は、迫害に慣れ、辛苦を恐れず、住み家を奪われても平然としている。恐るべきことではないか」

佐山宅の破壊に続き、小川長三郎宅、川島伊勢五郎宅を破壊。六月二九日には、三戸一五名が家を失った。

六月三〇日、四八〇年この地に暮らしてきた旧家、茂呂松右衛門宅を破壊した。

渡辺長輔宅

佐山梅吉宅

洪水前の雷電神社

破壊後の染宮与三郎宅

洪水で没した雷電神社（この頁の写真は5点とも佐野市郷土博物館）

七月一日には、島田熊吉宅。二日には、嶋田政五郎、水野彦一、染宮与三郎宅。三日には、水野常三郎、間明田粂次郎、間明田千弥宅。四日には、竹沢勇吉、竹沢駒造、竹沢房造宅。五日には、渡辺長輔、宮内勇次宅。これで全部の破壊を終了した。

強制破壊はそう簡単にはいかない。申し合わせがあってもやはり激しく抵抗する村民もいた。老婆が「殺せ、殺せ」と泣き叫ぶ。家にこもって動かない夫婦を、巡査が手取り足取り屋外に放り出す。乱暴な破壊に田中正造が猛然と抗議する。そのような日々が七日間続いた。荒畑寒村はその状況を見事に伝えている。

最終章、六ページの「結論」

荒畑寒村の舌鋒は鋭い。

鉱毒被害を洪水対策に切り替えて埋没を図った政府の計画は成功を収めた。憲法と法律に依らず、さまざまな悪知恵を用いて、権力と金力を駆使して目標を達成した。しかし、政府の影には、ブルジョアジーである資本家がいる。谷中村の一連の出来事は、ひとえに階級的な対立であると指摘する。

（結論）

谷中村の滅亡が世間に教えるものは何か。正義と人道は頼りにならないということか。そうではない。資本家は平民階級の仇敵であり、政府は資本家の奴隷に過ぎないこと。それは谷中村がもたらした最も大きな教訓である。

字七軒の堤上から見た廃村後の谷中村（佐野市郷土博物館）

こうした罪悪は谷中村にとどまらない。現代社会のすべての貧民弱者は、谷中村村民と同じ運命にある。平民階級が生み出す富は資本家のものになり、政府、議会、憲法、法律は、ことごとく資本家の手足、奴隷である。黄金万能の時代はまさに呪うべきものである。

さらに、谷中村を記憶する者は、田中正造の存在を忘れてはならないとする。二十歳の荒畑寒村は説く。

翁はすでに七〇歳を越えている。それでもなお、正義と人道のために、迫害され嘲笑されながら悪戦苦闘している。

第二回の議会で、代議士として、鉱毒問題の質問書を提出した。以来一六年、寝食を忘れて東奔西走した。明治三七年七月には谷中村の村民になり、一日として休むことなく奮闘した。十年も家を顧みることができなかった。

しかし、人生をかけたことも、志空しく終わった。老義人の心情は、さぞや悲しいことであろう。

四．明治時代の人権感覚と言論の自由

一週間で書いたのか？

東大安田講堂前の講演会で、荒畑寒村は、「強制破壊の報を聞き、一週間で書き上げた」と述べている。聞いていた私も、ワープロのない時代にあって、そのペンの速さと馬力とに単純に驚嘆したものである。

新泉社版の一ページは、四三字一六行、本文はそれで一四一ページ。全ページが文字で埋まっているわけではないが、ざっと見積もって四〇〇字詰め原稿用紙に換算すると、二四〇枚強になる。一週間、七日間とすると、一日に約三〇数枚。驚くべき集中力である。

改めて読み返してみると、確かにあれこれ思い悩みながら推敲を重ねて書いた印象はない。全体を通じて鉱毒問題隠ぺいのために一つの村を貯水池の底に沈めるという、政府の暴挙に対する怒りがエネルギーとなり、村民と田中正造の立場から糾弾し、悲憤慷慨しているところが各所にある。そこには内容の重複があるし、あまり整理されていない。荒さが目立つ。一週間に不眠不

休で一気に書いたと言えば、そうかもしれないという気もする。

また、ところどころには資料がそのまま掲載されている。田中正造が天皇に直訴した時の「謹奏表」、谷中村村民の「訴願書」などだ。こうした資料は「滅亡史」のなかで貴重な資料である。このような資料をつなぎながら書いていることをみると、仮に書く作業は一週間であっても、資料を集め、整理して分析し、滅亡史全体について頭の中で構想を練り、というような準備は、書き始める前に着々と進めてきていたことがよく分かる。一部分は、すでに「平民新聞」紙上に「谷中村の強奪」というタイトルで連載をしていた記事も含まれている。

その意味では、強制破壊のニュースは、弱冠二十歳の若い荒畑寒村に「書け」という天の声となったに過ぎないのかもしれない。

「谷中村滅亡史」の発行は明治四〇年八月二五日である。強制破壊は六月二九日。出版の常識からすれば、ほとんど直後といってよい。「一週間」は、ちょっと無理で誇張があるにしても、「短期間」の仕事であることは間違いない。もとより、一週間か短期間かはどうでもいいことであって、それによって仕事の価値が変わるというものではない。

ともあれ、荒畑寒村は行動の人である。俗な言い方をするなら尻が軽い。それはジャーナリストの重要な資質の一つである。

先に書いたように、明治三六年（一九〇三年）、荒畑寒村一六歳の時、「萬朝報」の花形記者だった堺利彦と幸徳秋水が、日露戦争に反対して退社した。紙上に掲載された二人の「退社の辞」を読み、その反戦行動に感激して「社会主義」を信条に生きることを決意した。

翌年には堺を訪ねて横浜平民結社を創立する。一九〇五年には、社会主義を宣伝する東北伝道行商に二回出かけ、二回目の途中に田中正造に会っている。この年に「忘れられた谷中村」を「直言」誌に執筆した。こうして荒畑寒村は、ジャーナリストとしての道に踏みこんだ。

明治四〇年（一九〇七年）、二十歳のときには、「平民新聞」の記者として春には足尾暴動を取材する。かたわら六月末の谷中村残留農家の家屋強制破壊を聞き、八月に平民書房から「谷中村滅亡史」を出版したという経緯になる。

ジャーナリスト寒村の志

私は、「谷中村滅亡史」は迫真のルポルタージュ、出色の現地報告であると思う。出色の現地報告だと思う最大の理由は、荒畑寒村のジャーナリストとして発する主観的メッセージにある。私は、ジャーナリストの仕事は、単に目にしたこと耳にしたことに忠実に、「公正中立」に伝えることだけではない、と考える。客観報道主義はジャーナリストの仕事の一部であって、むしろ客観報道主義を仕事の怠慢の口実にしているように見えることがしばしばある。「谷中村滅亡史」の一九七〇年の改版にあたって、荒畑寒村は「年少客気の作」と謙遜しながらも、次のように書いている。

「私は官憲の谷中村破却が鉱毒問題を水底ふかく埋没して、世人の記憶から永久に抹殺し去らんとする政府と資本家の、共謀による組織的罪悪だという断定だけは改める理由を見ない」

この文章に、私は荒畑寒村の志を感じる。志をもとに、仕事を通じてメッセージを発することこそジャーナリストの本分であると、私は思う。この志の上に立つ仮説を、現場を取材することで検証を重ね、谷中村強制破壊を機に著作にまとめたわけである。

「谷中村滅亡史」は寒村の処女作である。そして、谷中村は、荒畑寒村のジャーナリストとしての出発点になった場所と言える。

荒畑寒村はまた、明治から昭和の時代を生きた筋金入りの社会主義者である。しかし、「谷中村滅亡史」のころの荒畑は、まだ若く、社会主義者としては駆け出しの新人にすぎなかった。その意味では、谷中村が荒畑寒村を育てたと言えるかもしれない。

「谷中村滅亡史」全一四八ページの、結びの言葉は激烈である。原文のまま転載する。

　ああ谷中村を記憶し、谷中村民を記憶し、田中正造翁を記憶する者は、また谷中村をして今日あるに至らしめし、明治政府と、資本家古河某を記憶せざるべからず。しかして、他日必ずや彼等に対っ《ママ》て、彼等が谷中村民になせしと同じき、方法手段を以て復讐する時あるを期せよ。ああ悪虐なる政府と、暴戻なる資本家階級とを絶滅せよ、平民の膏血を以て彩られたる、彼等の主権者の冠を破砕せよ。しかして復讐の冠を以て、その頭を飾らしめよ。

「谷中村滅亡史」は発行と同時に、まさに発行のその日に発禁を命じられた。「谷中村滅亡史」のメッセージには、社会主義的単語がそここに散りばめられている。それが発禁の理由になった。

しかし、このような文章の多くは、人道と正義に反する圧政と不条理に対する怒りから来るものとみるのが妥当だろう。

「社会主義」を信条に生きることを決意したとはいえ、二十歳の若者寒村が、このときすでに社会主義のすべてを理解し納得していたわけではないだろう。常識的に考えて、戦争に向かおうとする大きな流れに逆らって反戦を唱える正義と勇気に感動し、好ましく思って、その道を歩もうと決意したというところだろう。

翌明治四一年(一九〇八年)、荒畑寒村二一歳のとき「赤旗事件」に巻きこまれた。神田で同志の山口孤剣出獄歓迎会のときに警官と衝突、検挙され、裁判で懲役一年半の判決となり、九月から千葉監獄で服役を余儀なくされる。しかし、荒畑寒村は獄中生活も有効活用した。英語を独学、進化論、ロシア文学、ロシア革命運動史など、書物を読みふける。不運な状況の中でも向学心を燃やし続ける意志の強さは驚嘆する。社会主義の理論に磨きをかけただけではなく、人間としての幅と奥行きを深くする。その後も何度となく獄中生活を強いられる。決して快適な環境であるはずはないのだが、そのたびに自分をリニューアルしていったことだけでも、尊敬に値する。

荒畑寒村は、L・H・モルガンの「古代社会(改造社、一九三一)」、A・ワイスベルクの「被告──ソヴィエト大粛清の内幕(早川書房、一九五三)」、J・デグラスの「コミンテルン・ドキュメント(一)(論争社、一九六一)」などの多数の翻訳書を出版しているが、語学の勉強を始めたのは獄中という。もちろん、多数の論文をはじめ、日本の社会主義運動史を知るうえで不可欠の「寒村自伝(論争社、一九六〇、筑摩書房、一九六五)」などの著作は山なすほどある。獄中生活を、その基礎になった知識と、同房になった貧しい人々の経験知を学ぶ機会に利用したのだった。

さて、ここでは二つのことを見ておきたい。

一つは、当時の人権感覚、あるいは生命観。もう一つは、やはり当時の、ジャーナリズムのもっとも重要な基本的条件と言える言論の自由についてである。

藩閥政府の権力が一方的に農民の生活、健康、生命を蹂躙したわけだが、その背景にあったのは何だろうか。

それに関連して、言論を封殺する発禁処分がまかり通っていたことの、その背景にあったのは何だろうか。

荒畑寒村と著作

北海道の白地図を貼った

ＮＨＫ札幌に転勤になった一九六六年（昭和四一年）、最初に買ったのが北海道の白地図である。家財道具が少なかったのが幸いで、自宅の壁に広々とした空間があった。その真ん中にしっかりと貼り付けた。

ディレクターとして科学番組を制作するのが仕事だったが、北海道の場合、科学といえばほとんど自然が対象だった。科学や技術や産業の話題がないわけではないけれど、やはり圧倒的な大自然の前には影が薄い。特に北海道発の全国放送ともなると、視聴者のほうもまずは豊かな自然を期待するところがある。

テレビの自然番組の取材といえば、絶対に現場に行かざるを得ない。しかし、鉄道で行けるところは限られている。ランドクルーザー、略してランクルと呼ぶオフロード専用のクルマ、つまり馬力があって四輪駆動で、大量の機材が積めて、整備されていない道でも多少のところは苦にならないのが特徴のクルマを利用する。

札幌局の地下ガレージを出て、国道から道道（県道と同じ。北海道なので道道）、さらに道なき道を踏破して現地に行き、何日間か何週間の取材が終わったらまた長旅をして、泥まみれになって札幌に戻る。

北海道は広い。面積は東北地方に新潟県を足し合わせたほどもある。実際に取材に出かけてみると、想像した以上に広かった。取材地にもよるが、一回出かけると、全行程数百キロから千キロ近くになる。私は、取材の時に通った道を、壁に貼り付けた白地図に赤鉛筆で塗りつぶして記録することにした。

いまは北海道に故郷の親近感がある。世の中の一切のしがらみがなかったら、北海道はいちばん住みたいところだ。夏は爽やかだし、冬はスキーが楽しめるしと、恋心に近い思いがあるが、転勤した時は違っていた。

生まれて初めての北海道だった。正直に白状すると、東京生まれで東京育ちの私には、北海道は具体的なイメージの湧かない遥かな遠い土地だった。転勤を希望したわけでもなかった。とんでもない僻地の勤務を命じられたものだと、内心不満がなかったわけではない。そんな北海道に何年いることになるか分からない。本音ではブルーな気分だった。ところが白地図が気分を一新してくれた。眺めているうちに、白地図が真っ赤になるほど北海道を取材して回るぞという気になった。我ながら単純で呆れるばかりだ。

各地に出かけるうちに北海道の暮らしがすっかり好きになり、札幌オリンピックもあったことから、転勤族としては長目の五年間を過ごすことになったのだが、しかし、白地図は真っ赤にはならなかった。サハリンを望む宗谷岬、稚内、サロベツや浜頓別《はまとんべつ》の湿原、オホーツクの流氷の海、網走、知床、野付《のづけ》半島、根室、釧路、その広大な湿原、襟裳岬、噴火湾沿岸の苫小牧、伊達、函館、日本海側の江差、島牧、小樽、積丹半島、石狩、留萌……と、取材先をつなぐと北海道を一周する。内陸の、夕張や三笠の炭鉱地帯、さらに旭川、大雪山系の山々、富良野に近い東大演習林、十勝岳、帯広、阿寒湖、屈斜路湖、標茶《しべちゃ》、硫黄山、摩周湖……と、ずいぶん多くのところに行ったものだ。

それでも白地図の上に通った道の記録が血管のように残っただけだった。線は残ったが広がりのある面にはならなかった。北海道の海岸線をすべて塗り潰したかったが、まだ道路の開通していないとか、行き止まりというところもあちこちにあって、それもできなかった。ついに白地図を真っ赤にする野望は実現しないままに終わった。

とはいえ、いまなお目に浮かぶ鮮明な記憶が残ったことは大きな収穫だった。

果てしなき一直線の道。丘を越えて続いている。はるか彼方に対向車が見えて、それがいったん坂道を下ったらしく丘の影に隠れて見えなくなり、ふたたび丘の頂上に浮かび上がってきたかと思うと、また見えなくなり、もういちど浮かび上がってきてようやくすれ違う。日本では多分北海道以外にはない風景にびっくり。それだけでも感激したものである。

四季折々の、特に日の出と日の入りの、わずかな時間に千変万化する大自然の表情はいまなお強い印象となって残る。

しかし、素晴らしいから忘れられないというところだけではなかった。忘れてしまっては困る、忘れてはならないという風景もあった。

その一つに、「囚人道路」がある。

囚人道路と呼ばれる国道

囚人道路とは、明治時代に囚人による生き地獄さながらの強制労働で建設された「北海道中央道路」のことをいう。

網走と北見を結ぶ国道三九号線沿いの北見市端野《たんの》町緋牛内《ひうしない》に「鎖塚」という慰霊の碑がある。昭和五一年（一〇七六年）に建立され、地蔵尊が祭られている。

建立されたとき、私は札幌局から再び東京へ転勤になっていたが、何しろ惚れ込んだ北海道のこと、口実を設けては取材に来ていた。そんなある日、この碑を見る機会を得た。

碑文に、次のような内容の文章が刻まれていた。

明治二四年（一八九一年）、時の北海道庁長官永山武四郎は、一年間の突貫工事による網走・旭川間の国道開削を命じ、網走監獄と空知《そらち》監獄の囚人およそ一一〇〇人による強制労働を強行した。冬期間には工事ができない。そこで、五月から一二月までの短期間に、延長一六〇キロ余りの道路を建設しなければならなかった。完成した道路が北海道の開拓に貢献したことは言うまでもないが、工事の際に二〇〇人以上の囚人が死亡し、路傍にそのまま埋葬された。囚人は二人一組で鎖でつながれていた。埋葬された墓に、鎖が残された。人々はここを「鎖塚」と呼ぶようになった——。

鎖を墓に残したのは、囚人であることを示すためという。死んでもなお、見せしめの鎖を外さなかったのだ。病気やけがで死亡した者も多かったろうが、看守らの暴力に斃《たお》れた者が少なくなかった。鎖塚には、まさに北海道開拓の歴史の暗黒面が刻まれている。慰霊碑の前で、しばし、言葉を失ったことを覚えている。

八カ月というわずかの期間の労働に、従事した囚人の二〇％以上が死亡するとは、いったいどのような過酷な労働が強制された結果だったのか。囚人はどのような境遇に置かれていたのか。だれが「囚人」の五人に一人が死亡する過酷な労働を強制したのか。そして、そもそもだれが「囚人」だったのか。

次々に疑問が湧いたが、頭の中を探ってもほとんど答えが見つからなかった。北海道開拓といえば、北大に銅像の残るクラーク博士の「ボーイズ・ビ・アンビシャス（少年よ、大志を抱け）」に象徴されるように、未開のフロンティアを果敢に開いていった人々の、英雄的物語ばかりが強調されている。しかし、その実態については、私はほとんど知らない。知らないことに愕然として、ある日、図書館に籠って、北海道開拓の裏面を記録する資料を読みふけった。

そこで知ったことを箇条書きにノートに書きぬいて整理した。

なぜ囚人だったのか

（一）政府は北海道開拓を急いだ

明治政府はロシアの東進政策に危機感を持っていた。北海道は東進を阻止する最前線と考え、政府はそれまでほとんど手つかずの状態にあった北海道の開拓を急務とした。

エネルギー源である石炭の採掘、輸出用の硫黄の採掘などの可能性もあった。

そこで、開拓に不可欠のインフラとしての、輸送の動脈となる道路の建設を、時間との競争で進める必要に迫られていた。

(二) 北海道は人手不足だった

労働力不足が、囚人を使役するという発想の生まれた理由の一つである。

北海道は広いうえに人口が少ない。原住民のアイヌの人々は、居住地を追われ、各地に数百人規模の小規模な集団が残るだけになっていた。それに追い打ちをかける伝染病。「内地」から持ち込まれたコレラ、天然痘、結核。免疫力がないために次々に罹患し、さらなる人口減少につながった。

「内地」から移民を送り込むには膨大な費用がかかる。士族出身の屯田《とんでん》兵は、開拓と防衛を目的にしていたが、開拓のインフラをつくるような道路建設のためには、人数も足らず、力にはならなかった。

「内地」からの流入人口は労働需要には及ばない。そこで、慢性的な労働力不足。だが、開拓が急がれる。

(三)「内地」には大量の囚人がいた

囚人激増、それによる財政ひっ迫。この問題の解消が、囚人の使役の発想を生んだもう一つの理由である。

明治政府のスローガン「富国強兵」、「殖産興業」は農民の犠牲の上に築かれた。

明治六年(一八七三年)地租改正条例が公布された。徴兵制度が導入されたのもこの年である。

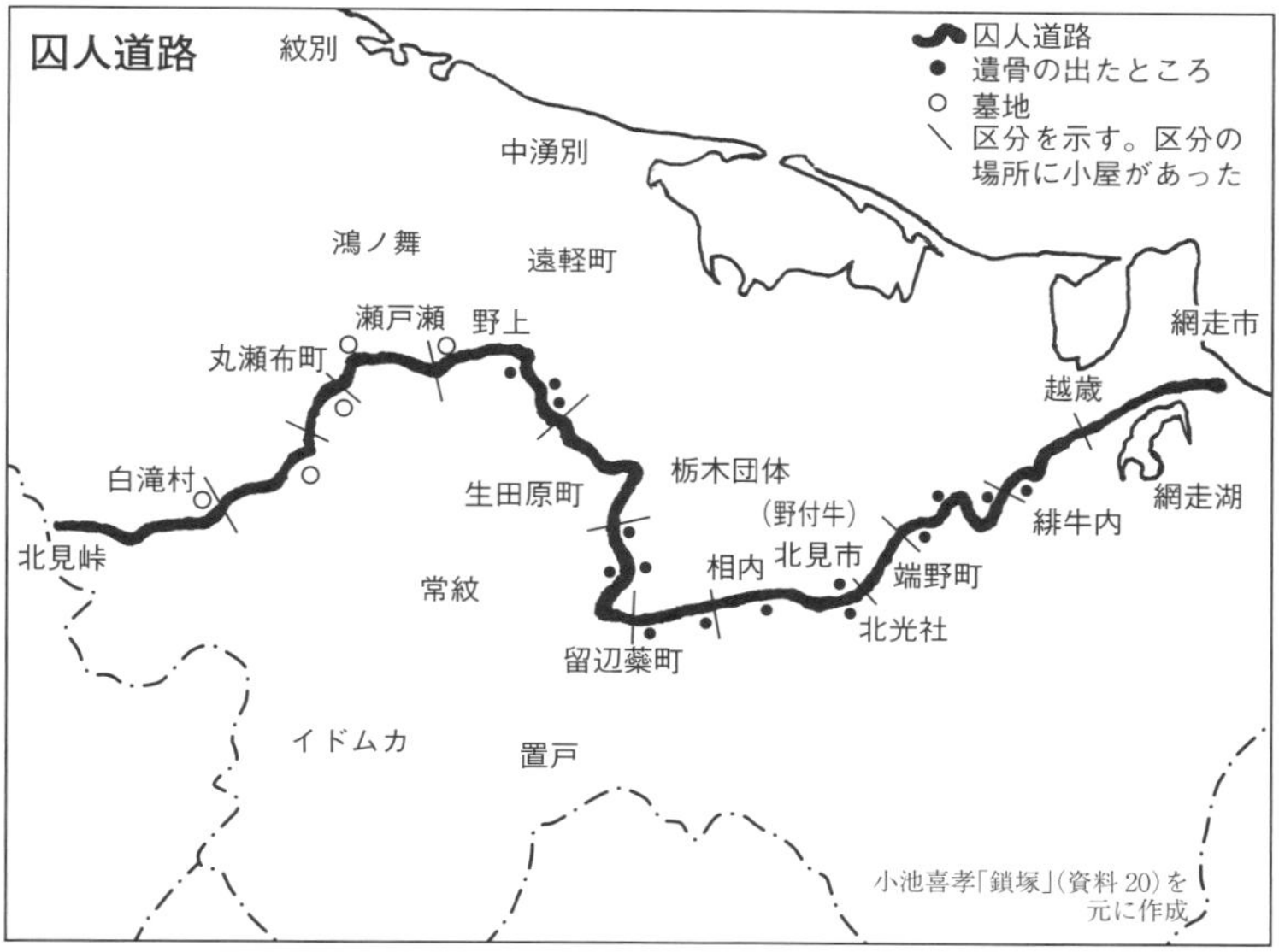

小池喜孝「鎖塚」（資料20）を元に作成

網走湖沿い道道104号（北海道札幌市 岩渕晃二）

監獄則図面から再現した網走監獄正門（博物館網走監獄）

北見市緋牛内の鎖塚（岩渕晃二）

大蔵卿松方正義は政府所有の鉱山、工場の「民営化」を推進、政商に払い下げた。低金利で政商を優遇した。政商も政治家との連携を強めた。政界と財界の利権構造がつくられた。

一方では、地方税間接税を大幅に引き上げた。農村は深刻な不況に陥る。農業生産だけではなく、小規模な産業は次々に破綻した。

大資本家は肥え太り、農民中心の大多数は痩せる。経済の二極分化が起き、格差が拡大した。出身身分と経済力の両方の、おそるべき格差社会になっていた。その結果、明治一六年（一八八三年）ころから、農民の抵抗が目立つようになる。農民は、借金の利子減免、村費軽減、小作料免除を、地主、高利貸、村役場、県庁、政府に要求する。

明治一〇年（一八七七年）ころから、自由民権運動が高揚する。政府の中核をなす大地主、資本家、政治家、官僚に対して、「民権」を求め、憲法制定と議会開設をめざす運動である。中心になったのは自由党だった。

不満が煮詰まり、沸騰した。急進派を中心に、地方から政府打倒の烽火が上がる。

明治一七年（一八八四年）五月、群馬事件。自由党員の蜂起。

同年九月、の加波山《かばさん》事件。これも自由党員の蜂起。

同年一一月、秩父事件。大規模な農民の蜂起。

政府は、そのすべてを警察力、憲兵、軍隊によって弾圧する。

最大規模の秩父事件では、蜂起した農民は一万人ともいう。しかし、戦死者多数、首謀者死刑、逮捕者数千という結果に終わり、農民の抵抗は露と消えた。この後、日本全国で農村共同体は崩壊し、農民は貧窮のどん底に沈み、流民化が進んだ。

こうしたなかで囚人が大量に生じる。明治一六年には五万二〇〇〇人、二年後には八万五〇〇〇人という勢いだった。

囚人には、民権運動に賛同する思想犯がいた。民権運動関係者を些細な罪を口実に取り締まり、一方的な裁判で懲役刑の囚人とした。だが、大多数はわずかな罪を犯して監獄につながれた貧しい農民だった。

当時、犯罪は厳罰によって発生を防止するという考えが主流だった。重大な犯罪の「窃盗」が、実は他人の畑から餓える妻子に食べさせるために数本の芋を盗んだ罪、「山林盗伐」が実は地主の山で燃料用の枯れ木を拾った罪、などの事例もあったという。

格差拡大による社会の混乱、治安の悪化。その結果としての囚人の増加は、監獄費激増となってはね返る。政府は治安と節約のために、「内地」の囚人を減らそうともくろんだ。

(四) 囚人使役は「一挙両得の政策」

初めて囚人使役を提案したのは伊藤博文。明治一二年（一八七九年）、長期の受刑者を使役し、出獄後は人口の少ない北海道で自立更生させるとした。

これを受けて明治一四年、樺戸《かばと》集治監がつくられた。労働でいちばん辛いのは森林を切り拓くことにある。機械と言えるものはなくすべて人力に頼らなければならない当時、特に伐木、伐根は苦役の最たるものだった。

しかし、囚人の自力更生を使役の目的のなかに数えていた伊藤博文の提案は、まだ温情的だった。

明治一八年（一八八五年）、内閣制度が制定されてスタートした伊藤博文内閣で内務大臣になった山県有朋は、苦役本分論を主張した。監獄の本分は懲戒にあり、囚人に耐え難い労苦えることで、ふたたび罪を犯さないようにするべきである、とした。囚人を人間としてみる目が酷薄になってきたことが分かる。山県有朋は派閥づくりの名人と言われていただけに、山県と同じ思想が増幅されて仲間に受け継がれて行く。

そこに加えて、囚人を使い捨ての安価な労働力という視点を持ち込んだのが、金子堅太郎である。

金子堅太郎は伊藤博文の秘書を務めていた。伊藤の命を受けて北海道を視察し、北海道開拓の具体的構想を復命した。

その一つは北海道庁の設置である。北海道庁構想は明治一九年（一八八六年）に実現し、内務大臣山県有朋の指揮下に入った。設置のポイントは、資本家主導の民営化によって北海道を発展させるという点にあった。

もう一つは囚人の使役である。森林の伐採、谷地の排水などは、耐えがたい労苦であり、労働者を雇うと賃金の支出が増える。そこに安い囚人を使うというのである。

囚人は「暴戻の悪徒なれば、……また今日の如く重罪犯人の多くして、いたずらに国庫支出の監獄費を増加するの際なれば、もしこれ（使役）に堪えず斃れ死して、その人員を減少するは、……万止むを得ざる政略なり」

賃金を比較すると、「尋常の工夫一日四〇銭より下らず。囚徒はわずかに一日一八銭をうるものなり。開削工事の賃金において、過半数以上の減額を見るならん。これ一挙両得の策というべきなり」

資本の論理。利益のためには、囚人である前に人間であることは考えない。微罪も重罪も無関係である。思想犯と破廉恥犯の区別もない。犯罪者は奴隷ということか。いや、奴隷であれば所有者の財産だから、死なせはしないはずである。斃れ死ぬことを一挙両得と期待していることからすれば、囚人を奴隷以下と見ていることになる。

非情な人間観がここに凝縮している。

（五）囚人道路の突貫工事

金子堅太郎の提案は、北海道庁長官によって忠実に遂行された。

陸軍の北辺防備計画では、屯田兵村を展開することにしていたが、そのためにはまず道路が必要だった。

明治二四年（一八九一年）四月、後に「囚人道路」と呼ばれることになる道路の建設工事が開始された。すでに建設の終わった石狩道路と網走道路につなぐことができれば、北海道の中央道路が完成する。

北海道庁長官永山武四郎は、雪解けを待って始まった工事を秋に雪が来る前までに完成させよと厳命していた。せいぜい八カ月間の集中工事である。そのとおりに実行するとすれば、通常の四倍強のスピードで工事する必要があった。

労働力は網走集治監の一一〇〇人の囚人を使役によるとした。区間は、網走から北見峠までの一六〇キロメートルあまり。これを一二から一四キロの小区間に分け、全部で一三区間とし、区間の終点に囚人小屋を設けた。

囚人は二人一組、錘のついた鎖でつながれていた。早い時には朝三時に作業が始まった。夜も松明をつけて行い、深夜に及んだ。看守が鞭をふるって囚人たちを叱咤した。

過酷な使役に耐えかねて、毎日のように逃走する者が出た。しかし、鎖はあまりに重い。二人はすぐに捕まった。抵抗すれば斬殺された。看守の判断で「拒捕斬殺」ができた。捕まった時に抵抗すれば、切り殺しても構わないということである。抵抗しなくても、残虐な拷問と刑罰が待っていた。逃亡者の死者は埋葬のときも鎖を外さなかった。死者といえども自由放免はない。見せしめのためである。

負傷者、病者が続出した。病囚は寒気迫る屋外に捨てられ、冷たい風雨にさらされた。

八月からは雨が続いた。一〇月も雨だった。特に水腫病が続発した。しかし医者はいないのと同然だった。

水腫病とは脚気のことである。ビタミンB_1の欠乏で起きる。主に精米ばかりを食べ、そこに野菜不足が重なると発症する。手足の末梢神経が侵されて、感覚がなくなり震えが来る。足の筋肉が委縮し、やがて手に及ぶ。心臓が肥大し、浮腫が起きる。心不全で死に至る。

囚人の水腫病の死者は一〇〇名を超えた。看守も数名、水腫病で死亡した。工事現場は、火山灰地で物資の輸送は困難を極めた。過労と野菜不足。悪疫の流行。日夜繰り返される暴力支配。現場は、囚徒の怨嗟の声が充満し、雪は囚人の血に染まり、生き地獄さながらであったという。

記者が無法を見過ごしたわけ

囚人道路を調べるにつれて、当時の為政者の人権感覚、あるいは人間観が、だんだん見えてきた。

「谷中村滅亡史」の中で荒畑寒村が、「人民の血と脂で私腹を肥やす。私たちが戴く政府は、法律という爪と、権力という牙を以て、軍と警察の庇護の下、力の弱い人類を食う怪物なのである」という意味のことを繰り返し述べているが、なぜそのような無法が横行していたのか。政府の権力が一方的に人々の生活、健康、生命を蹂躙したわけだが、その背景にあったのは何であったのか。

囚人という極端な境遇に置かれた人々の上に、極端なかたちで強行されたといえる囚人道路建設に、その理由がもっとも鮮明に表れているように思う。人権のないところ、人権の無視されるところでは、生命の浪費が日常的なあいさつのように、常習的に行われる。

まさに、谷中村滅亡にいたる一連の出来事に共通するイメージである。谷中村で行われた無法は、実は特別ではなかったのである。国家の前には人間は虫けらにすぎなかったのだ。

しかし、それにしても、当時のジャーナリズムは、なぜこのような人権無視の非道に沈黙していたのだろうか。

「谷中村滅亡史」も発行のその日に発売禁止・頒布禁止になったが、言論の自由はどのような状態にあったのか。

言論封殺がまかり通っていたことの、その背景にあったのは何だったのだろうか。

ジャーナリストが沈黙していた理由でまず考えられるのは、北海道という遠方の僻地の出来事で、目が届く限界を超えていたという点である。インターネットで一瞬のうちにほとんど世界のどこでもつながる今とは全く異なる世界だったのだ。

東京から健脚ならば日帰りも可能だったという谷中村にさえ、記者が頻繁に取材に出かけたわけではない。栃木県選出の国会議員、田中正造による世間の目を惹くさまざまなパフォーマンスがあり、大規模な洪水の被害があって、ほとんどの記者は初めて現地を踏み、その惨状に驚いている。谷中村が世間に知られるようになったのは「事件」が続発してからのことであった。

そのうえ、同じテーマを追い続けるのは、今も昔も変わらぬ新聞記者の不得手とするところで、継続的に取材し続けたのは、ごく少数の記者に限られていた。

一般的には、谷中村ですら遠いところだった。まして開拓のフロンティアである北海道のような僻地は、囚人の家族や関係者を別とすれば、いっそう関心の外にあったと言ってよいだろう。

遠隔の地であるために情報が少ない。情報がなければ何が起きているか分からない。いわゆる「情報の透明性」がない。「情報の透明性」がないところでは、暴力と無法は容易に隠ぺいされる。だれにも分からない。記者たちも知らない。当然、世間は無関心である。恐るべき情報のブラックボックス。

情報までの距離と透明性は反比例する。情報の透明性がないところで独善的支配者が権力を行使するとき、想像を絶する非道がまかり通る。そこに悲劇が起きる。

谷中村で起きた村民いじめも、北海道ほどではなかったが、やはり情報のブラックボックスで起きたと言えるだろう。そして、留意しておきたいのは、情報のブラックボックスは遠隔地だけに生じるものではないことだ。

著書発禁の根拠

ジャーナリストが取り上げなかった第二の理由は、記者という職業集団を支える「言論の自由」

の認識、感覚がなかった、という点である。「言論の自由」は人権の基礎である。

明治時代になっても情報の上意下達は続いていた。政府は必要と考える情報以外は公表しない。公表する時に新聞を利用することはあったが、お触書の高札を建てるのと精神において変わりはなかった。情報とは、支配する者が下々の民に独占的に流すものだった。

しかし、明治六年（一八七三年）六月には徴兵令、七月には地租改正条例が公布される。国家意識を植え付けるために、日本人の義務として、報国、愛国などそれまで聞いたこともない概念が強制される。ところが義務を強制するのに政治参加の権利に制限がある。これでは義務と権利のバランスに欠ける。自由民権運動はこうした社会的背景のなか育った。

「自由」と「民権」は人々の心に響く。夢がある。各地に自由民権に共鳴する人々が結社をつくり、結社は機関紙を創刊した。この結社の機関紙が、やがて新聞へと発展する。そこで当然の結果として、新聞は反政府の色彩を帯びる。これに対して政府は力による弾圧で応じた。

明治八年（一八七五年）六月、新聞紙条例と讒謗律《ざんぼうりつ》が制定された。新聞だけでなく雑誌、雑報をも対象にしていた。

新聞紙条例では、新聞発行を許可制にするとともに、記事には住所と本名を記すことを義務付け、国家の転覆を論じるような記事、他人を教唆扇動する記事を禁止した。

讒謗律では、一言でいえば名誉毀損を処罰するという法律である。事実のあるなしには関係なく、他人の名誉を損なう出来事を暴くような記事や風刺画を禁じた。讒謗とは、漢字検定上級に登場するような難しい単語であるが、讒も謗もそれぞれ「他人を非難する」という意味を持つ。

新聞紙条例も讒謗律も、天皇、皇族をはじめ、政治家や政府の役人に対する批判を一切禁止する。言論の自由などの片鱗すら見られない。支配者に一方的に有利な法律であった。

反政府的な言動や著作物は発禁処分になり、関係者は罰金、禁固、懲役に付せられる。政府はこれらの法律で、自由民権の言論封殺を図ったわけである。

規則を強制する権力は警察にあった。警察が出版物を検閲し、発行の可否を指示した。都合が悪いと思われるものは、問答無用で発禁処分にした。演説会には立会警察官がいて、「弁士中止」の一言で演説を封殺する。

新聞紙条例と讒謗律は、そうした権限を行使する根拠を政府に与えたもので、これによって少しでも都合の悪い言論活動は、思うままに弾圧することができた。反社会的法律であっても、それを根拠に犯罪者にされ、危害を加えられ身体の自由を束縛される。「もの言えば唇寒し」どころではない悪法であった。

さらに追い打ちをかけるように明治二〇年（一八八七年）一二月二六日、保安条例が発布され、即日施行された。秘密の結社、集会を禁じ、民権派は陰謀を計画し、教唆扇動し、治安を妨害するとの理由で、皇居から一二キロ以遠に退去させられたうえ、その圏内への立ち入りと居住を三年間禁止された。江戸時代の犯罪者の「所払い」と同じである。即日施行という乱暴なもので、一二月二六日から三日の間に何と五七〇人が強制退去になった。一人ひとり監視の警察官が付いて、退去を確認したという。自由民権運動の理論的指導者だった中江兆民らも強制退去者のなかにいる。

このような言論弾圧は、対自由民権論者に止まらない。西欧の人権思想を学んだ学者や運動家、キリスト者、社会主義者、ただ正義感からの反政府主義者、あるいは政策の恩恵にあずかれない反政府主義者、言論を仕事にする者など。

言論の自由の第一の担い手である記者も例外ではなかった。記者は、「社会の木鐸」などと呑気なことを言ってはいられない。職業的使命を果たすには、相当の勇気と信念がなければならなかった。「剣はペンよりも強し」だったのだ。

明治二二年（一八八九年）二月一一日、大日本帝国憲法が発布される。言論の自由は条文にあるだろうか。

前文に、「天皇が現在及将来の臣民ニ対シ此ノ不磨ノ大典ヲ宣布ス」とある。「臣民」とは、明治憲法のもとで天皇、皇公族を除く日本人民を意味する。出身が武士の士族、出身が農工商の平民の両方をまとめて表すのが「臣民」である。主語が天皇である点が特徴である。つまり、天皇が日本人民に重大な法典を広く知らしめる、という趣旨である。

憲法は自由民権派が求めたものだった。その成果であったのだが、しかし、帝国憲法が成立して、状況に変化は起きただろうか。

大日本帝国憲法第一章は「天皇」である。その後に、「第一條、大日本帝國ハ万世一系ノ天皇之ヲ統治ス」、「第三條、天皇ハ神聖ニシテ侵スヘカラス」、「第十一條、天皇ハ陸海軍ヲ統帥ス」、など、有名な條文が続く。

そして第十八條から第三十二條の第二章に、「臣民権利義務」が列記されている。

第二十條には兵役の義務、第二十一條には納税の義務など、まず義務規定が並ぶ。それに続いて、権利規定もある。問題の「言論の自由」については、第二十九條にある。

「第二十九條、日本臣民ハ法律ノ範囲内ニ於テ言論著作印行集會及結社ノ自由ヲ有ス」

条文の中の「法律ノ範囲内ニ於テ」が曲者である。新聞条令、讒謗律、保安条例などの「法律ノ範囲内ニ於テ」言論の自由があるということになる。言論の自由優先ではなくすでに存在する法律の規定優先、したがって言論弾圧の法律は違憲とはならないというしくみである。

つまり、明治憲法の「言論の自由」は画に描いた餅であり、記者という職業の活動を保障するものではなかった。そのため、弾圧の恐怖で自己規制し、知ってはいても、書けないことも多々あったに違いない。権力の脅迫に対して屈することのない信念を持ち行動できる人間は、いつの世でも少数派である。

政府が記者を取り込んだ

ジャーナリストが死者の数という一点をとっても谷中村を超える北辺の権力の非道という大事件を見過ごしてしまった第三の理由は、記者という職業集団の「日本化」につながるシステムができ始めたことに関係がある。

現在の記者クラブの原形である。このシステムがつくられていく過程で、記者の志は萎え、大切な取材力が衰えるという、重大な結果が生じることとなった。

政府は力で反政府的な言論を封殺したが、一方では、民意をまとめるためには上意下達の御用新聞は必要だった。多少は反政府的でも、読者の多い新聞は政策を広めるうえで効果があり無視できなかった。一方、新聞にとって政府は重要な取材源である。読者も政府の発表や内幕を知りたい。そこで各紙の記者たちは、政府発表を記事にする必要に迫られていた。両者の利害は一致した。政府は発表をスムーズに各紙の記者に伝達でき、各紙の記者は発表を漏れなく受け取れるようにする。そのほうが便利だ。

前に書いたように、政治家と記者の距離は極めて近い。政治的な立場を同じくする者が結社をつくり、結社の機関紙が新聞になり、論客の記者が議会開設で政治家になったという経緯がある。だから政治家には多数の記者経験者がいた。記者出身の政治家は、新聞各紙の記者の行動パターンを知っていた。記者を味方につける扱い方、新聞の役割を熟知していた。記者のほうも政治家の口から出るニュースは貴重だったし、政治に関与している高揚感を味わうことができた。ここでも相互依存、相互利益の関係が生じる。

そうした暗黙の了解、阿吽の呼吸が一つのシステムを生みだす。

「控え室」という名の「記者クラブ」の原型が誕生した。

明治一〇年（一八七七年）の内国勧業博覧会にあたって、政府は取材に来る記者たちの便宜を図るため一時的に「控え室」を設けた。

明治一五年（一八八二年）、政府は国会開設を約束したが、これに合わせるように政治記者の「控え室」を常設した。事件ニュースの発表が多い警視庁にも翌年に「控え室」ができた。当初「控え室」は、文字通り記者たちの溜まり場だったが、しだいに掲示板に「発表」が貼られるようになり、記者はそれを見てニュース原稿を書くようになる。

やがて記者はいつでも「控え室」に集うようになる。しだいに「控え室」は、各紙の記者が発表待ちをする溜まり場になり、ときには情報や意見を交換し合うクラブ的色彩を帯びるようになる。

明治二二年（一八八九年）議会の開会。議会取材のために、記者たちに傍聴券が二〇枚発行された。この傍聴券を分配するにあたって、「議会出入記者団」が組織された。これが現在の「記者クラブ」の発祥とされている。

現在と同じような記者クラブが完成するのは、明治四三年（一九一〇年）ころの第二次桂太郎内閣のときという。

五．発表ジャーナリズムの誕生

第一次桂内閣の明治三七年（一九〇四年）にはじまった日露戦争の、その後始末としての日露講和条約の締結にあたって、世論を軽視した桂内閣は総退陣の憂き目にあった。その教訓から明治四一年にふたたび首相の座に就いた桂太郎は、世論操作に新聞が不可欠であるとし、積極的に記者クラブを保護育成することにしたという。

保護育成された記者クラブ

政府機関には、例外なく記者クラブが設置された。官吏が進んで記者会を組織したのである。記者クラブの部屋は、大臣室をはじめ幹部の部屋が集中するフロアの一角に設けられた。いす、テーブルはもちろん、茶道具などの備品、碁や将棋など時間つぶしの娯楽用品、使い走りの給仕が配置された。それでいて、部屋の使用料は無料とした。

政府機関を皮切りに、警察、政党、財界、地方官庁…と、どの利害関係者にとっても都合の良いシステムとして、記者クラブはわずかな期間に広がり定着する。

しかし、なぜ急速に普及していったのだろうか。

数々の利点があったからだろうと容易に想像がつく。

政府は同じニュースをいっせいに発表すればすむ。記者に談論の場を提供し酒食のサービスを行ったが、それは記者と親密になり、味方に取り込むことによって、反政府的な記事を封じ、いつしか記者が政府にすり寄って好意的な記事を書くようにしむけるためである。また、政治家は気脈を通じた派閥記者を養った。酒、金、女での懐柔もあったという。いつしか記者は「去勢」され、政府の思惑通りに発表ニュースを書くことに疑問を感じなくなってゆく。発表を見逃さずに記事にすることが記者の主たる仕事になり、先輩から後輩に伝承されていくことになる。

記者クラブは、情報を発表する側には、まことに都合の良い情報伝達システムである。記者クラブに所属する記者をコントロールすれば、世論を操作できる。しかも表に出ないですみ、実態は見えにくい。新聞の読者は、記者の仕事のやり方や記者クラブの機能を知らない。記者クラブの存在そのものを知らない。クラブの記者を通すと安上がりに世論を操作できるのである。

一方、記者にとって、記者クラブは大きなメリットがある。記者クラブに加盟する新聞社、通信社を限定し、加盟社間で協定を結ぶと、そのメリットはさらに増した。クラブ加盟は特権となる。中央の有力紙と通信社は記者クラブに加盟して記者を常駐させたが、中小の新聞社、地方紙や雑誌社などのメディアは排除された。

後の話になるが、テレビ時代が始まったとき、テレビ局の記者がクラブ加盟を許可されるまでに相当な苦労があったという。ＮＨＫも例外ではなかった。いまでも記者クラブには序列がある。有力新聞社、通信社、そのあとにテレビ局という順序。ディレクター出身で記者経験がない私は、解説委員になったとき高級官僚との懇談会に臨んで序列を無視して発言し、気まずい視線を浴びた経験がある。記者クラブの排他性は、長い歴史の遺物を引きずっている。

しかし、記者経験者の中には、記者が力を合わせて隠された情報を引き出し権力を監視する上で、記者クラブは大きな意味があるという人がいる。確かに、そうしたメリットがないとは言えない。しかし、私はいささか疑わしいと思う。記者にとってのメリットが、そのまま読者のメリットとは限らない。社会的な意味でのメリットとデメリットをバランスさせれば、記者クラブはデメリットが大きいのではないか。

いずれにせよ、記者クラブに加盟していることで、「特オチ」がなくなった。自分だけ、自社だけ、能力に依らず特ダネを逃すというリスクがなくなったわけである。しかし、その代りに抜け駆けはしにくくなった。抜け駆けで特ダネを得ようものなら、かえってクラブ協定違反に問われるリスクが生じる。もっとも怖いのは協定違反、発表ニュースこそがニュースということになり、記者の主な仕事はクラブでの待機になる。発表を手際よくまとめ送稿すれば、最低限の仕事は果たしたことになる。

その結果、「○○があった。××が発表した」を原則とする記事が大半を占めるようになる。客観報道主義に基づく、日本独特の発表ジャーナリズムがあたり前の形になる。

こうして政府、権力を持つ側にとっての不利な記事は、おおむねメジャーな新聞紙上から姿を消すことになった。

情報のバレーボール

ところで、私も歳を重ねてきたせいか、ときどきジャーナリスト志望の若い世代に役に立つ話をしてほしいと頼まれることがある。そんな時にしばしば「情報をどのようにして集めるのか？」との質問を受ける。

はっきり言うと、ハウツーに関する質問は嬉しくない。インターネット、国内外の新聞・雑誌・出版物、大学・研究機関・さまざまな団体の出版物、学会など、情報源は無数にある。情報量は膨大である。そのなかから自分の視点で見て必要と思う情報を拾い上げる。それには試行錯誤が欠かせない。成功体験と、さらに重要な失敗体験を重ねる以外にないと思う。したがってせっかくの質問にも、残念ながらハウツーで答えられない。

しかしそれでは恰好がつかない。そこで「新情報を集めるのに必要なのは、人脈だ」と答えることにしている。「自分独自の人脈を築くことが必要です」と言う。

人脈を築くカギは、やはり情報である。どんな人でも新情報、耳よりの情報には興味がある。そこで、物々交換と同じ精神の「情報交換」をするわけだ。お土産として新情報を持参して取材先に行く。そのお土産の見返りに情報をもらう。

このように書くと、きわめて打算が過ぎるのではと批判されそうであるが、情報は交換を重ねることで内容を確かめることができ、一段階深まった情報になるのである。問題点が明らかになり、新しい概念が生まれることもある。私はこれを「情報のバレーボール」と呼んでいる。

打ち込むボールはストレートだけではない。微妙に変化するクセ球である。返ってくるのも同じで、ブロックもある。ボールは同じでもボールの性質は千変万化する。千変万化のしかたこそが情報となる。

バレーボールだから、相手は一人ではなく複数である。強い相手と競うことでこちらも磨かれる。切磋琢磨が可能になる。相手のチームも千差万別、多種多様。それぞれに特色のあるチームの選手とどれだけ厳しいバレーボールのゲームができるか。それがジャーナリストの生命と思う。だから、「人脈を築くことが必要」なのだ。

だが、落とし穴がある。同じタイプのチームとばかりバレーボールをしていると、いつしか同化してしまうという点である。その意識がない情報のバレーボールは世の中のためにならない。

記者クラブで待機するのが記者の主たる仕事になってしまったところはあるが、それでも志ある記者たちは、担当する組織の重要人物から新情報を得るために「夜討ち、朝駆け」をしている。その時に有効なのも「情報のバレーボール」の原理である。新情報というボールを打ち込めば、相手も打ち返してくる。変化球を打ち込めば、相手は受け損なうか、さらなる変化球が返ってくるか。それを、もう一度打ち込む……、全過程が新情報と言える。「これまでの取材で分かった」という記述のある記事には、こうして得られた情報もある。

情報仲間の落とし穴

情報のバレーボールで築いた人間関係にも落とし穴がある。無意識のうちに嵌まってしまう穴だ。人間同士、情報を共有していると親近感がわく。そのうち相手のペースにはまってしまい、いつしか情報発信者と同一の立場に立つ「仲間」になってしまう恐れがあるのだ。

「高官が私にこっそり耳打ちをしてくれたところによると……」という決まり文句を得意とし

た大記者を私は知っている。高官と親しいということで自分の価値を評価してくれということかもしれないが、実は記者に情報をリークして何かの結果を得ようとする高官の情報操作に加担してしまっている危険を感じる。

二〇〇〇年四月から一年あまり在任した森喜朗総理大臣は、「日本は神の国」など失言を繰り返し、ついには資質を問われるなどして、支持率一ケタ台に低迷していた。そのときにマスメディアへの対応を伝授しようとした記者がいた。ある記者クラブのコピー機に対応のコツを記した原紙が残っていたことから発覚したという。大失態である。事件はウヤムヤにされてしまったが、これに関与したと思われる記者は、森首相と長い間親密な関係にあったという。自分の立場を忘れた情報仲間になっていたのである。

落とし穴に関する私の体験談を一つだけ記しておこう。

ＮＨＫ札幌放送局に勤務していた時だから、かれこれ四〇年も前のことである。私がまだ新人に近いころである。

「五〇〇万人の課題」という北海道管内向け特集番組を担当することになった。五〇〇万人というのは、そのころの北海道民の数である。テーマは「雪と氷のシビルミニマム」。厳しい北海道の冬ではあるが、そのなかで市民が生き生きと暮らせる条件は何か、その条件をどのように整備していくか。かなり長時間の視聴者参加番組であった。ちなみに「シビルミニマム」とは、市民の最低の生活基準という意味で、東京初の革新系知事になった美濃部亮吉のスローガンの一つ。流行語になっていたのを拝借したのだった。

この番組に北海道の企画部長に出演を依頼したところ、なぜか先輩のＮＨＫのＡ記者が私に電話をしてきた。開口一番、「俺の了解もなく企画部長に出演依頼などするな」という注文だった。駆け出しディレクターの私としては、そんな「習慣」は知らない。それでも同じ放送局の仕事を記者が知らないのは立場上具合が悪いのかと善意に解釈して、「失礼しました」と謝った。すると、「番組の中でどんな質問をするのか、質問の内容を教えろ」と言う。いささか高圧的なのにむっとしたが、それでも「習慣」なのかと思ってメモをつくって送った。するとしばらくしてまた電話がかかってきた。私が書き送った質問の細かいことは忘れたが、A記者は「こんな質問をしても企画部長が困るだけだ。答えられない」という。ここまできては、若かった私は戦闘態勢になる。「それは企画部長がそう言うのですか。それだったら、なお番組に出演してもらいたい」、「企画部長ではない。俺がそう言うんだから間違いない」、「何を言っているんだ。あんたは、NHKの記者か、道庁の役人か」。売り言葉に買い言葉。今のようにみんなが紳士的な雰囲気の時代ではない。筋が通らなければ、後輩であっても先輩に文句を言うのは珍しいことではなかった。その後、紆余曲折はあったが、人間的に良くできた別の先輩アナウンサーの仲介のお陰で、最終的には企画部長に出演をしてもらうことには成功した。

A記者と企画部長は、いわゆるツーカーの関係にあったという。A記者は北海道庁の情報に精通していた。きっと企画部長と情報のバレーボールを繰り返しているうちに、本来の立場を見失ってしまったのではないかと思う。

三方、一両得

話を本筋に戻そう。

記者クラブに関して、もう一つ重要なポイントがある。新聞経営者にとっても、記者クラブにはメリットがあったという点である。

中央紙の独占が進み、記者クラブ加盟社とそれ以外の社との競争が減った。そもそも記者クラブでの発表を待てばいいのだから、取材の経費がかからない。記者の数は少数ですみ、人件費が安くすむ。発表ニュースを伝える限り「発禁・頒布の禁止」はない。独自取材で発禁となれば、損失はまるごと新聞社が被ることになるが、そのリスクがない。経営者は部数を伸ばしたい。小説など娯楽に特色を出し、ときには景品付き販売をするほうが、読者が増加し収入が伸びる。ニュース取材にエネルギーを割かずにすむのはむしろ幸運であった。

日本のメディアは、新聞もテレビもラジオも「不偏不党」を建前にしている。客観報道主義の一つの側面でもある。この「不偏不党」も明治時代の終わり頃に定着した。

日露戦争の頃から、新聞は言論より速報を重視するようになった。言論に「不偏不党」はあり得ない。程度の差こそあれ、批判するか支援するか、どちらかである。確かに著名な記者の言論が魅力的でないこともなかったが、発行部数を伸ばすにはスピード感のある報道のほうが効果的で、取材経費の安い記者クラブの発表を流す報道は経営者にとって魅力的だった。

それに、客観報道主義は「不偏不党」に合っていた。記者クラブの発表を客観的に報道することは、そのまま「不偏不党」の報道をしていることに置き換わった。発表の内容ではなく、客観的に報道しているから不偏不党という意識なのである。

軍部の発表するニュースは、常識的に考えれば「不偏不党」のはずはない。しかし、軍部が記者クラブで発表したことは、「不偏不党」のニュースとして報道されるようになった。

日本人はまわりと同じであることを確認し安心するという文化がある。特定の意見を持つ者と見られることを嫌う。そのため「不偏不党」に安心感を覚える。多少の批判は爽快な気分になれるから好むのだが、徹底的な批判や論争には巻き込まれないよう避ける傾向が強い。したがって、むしろ党派色のない新聞の方が読者には歓迎される。

「不偏不党」を看板にすれば購読者が増える。部数が伸びる。部数が伸びるので、いっそう「不偏不党」であることを強調する。こうして実際に「不偏不党」かどうかとは無関係の循環ができあがった。

発行部数の多い「不偏不党」の新聞に、政治家も政府の役人も喜んだ。発表ニュースも、「不偏不党」の新聞が掲載するのだから、「不偏不党」に見える。その結果、政府に有利な世論形成ができる。ステークホルダーの利益が相和《あいわ》して、いつしか日本の「不偏不党」の大新聞は、どれも世界でも珍しいほどの発行部数を誇るほどに成長した。販売戦略は成功を収めた。

新聞も記者も世界に類のない極めて日本独特の存在になる。極論すれば、世界的な意味で「ジャーナリズム」と言えるのかどうか、それすらあやしい。私はこれを「日本化したジャーナリズム」と呼びたい。

「日本化したジャーナリズム」のなかでは、谷中村の滅亡、北海道の囚人使役、その後に続く、監獄部屋、タコ部屋の労働者搾取など、その現場で繰り広げられた人権無視に目を向け、そのために職業生命を賭けて記事を書くような記者は、悲しいことにしだいに「絶滅危惧種」になっていった。

でっちあげの大逆事件

その「絶滅危惧種」にさらに打撃を与えたのが、明治四三年（一九一〇年）の大逆事件である。天皇暗殺計画の共謀を理由に、刑法七三条違反容疑で大量検挙が行われ、二六名が起訴された。刑法七三条は、天皇、皇后、太皇太后、皇太后、皇太子、皇太孫に対して危害を加え、あるいは加えんとした者は死刑に処す、というものである。計画をしただけで死刑にできるという恐るべき法律であった。

起訴された二六名の首謀者とされたのは、幸徳秋水（一八七一―一九一一）である。日露戦争前は「萬朝報」で論説を担当する名文家として知られていた。田中正造が天皇に直訴したときに携えていた謹奏表も、正造に依頼されて幸徳秋水が書いたことは前に述べた。

幸徳秋水は、社会主義者、無政府主義者として、いつも身辺に複数の警察官が尾いていた。検察は、幸徳秋水らを、「天皇を殺害し暴力革命を図ろうとした一味を計画段階で逮捕した」とし、「関係者は大逆罪に当たる」とした。言うまでもなく、いまでは社会主義者、無政府主義者を弾圧するための、政府によるでっち上げ事件として知られる。

政治権力を持つ者は、古来、国や地域を問わず、政敵をでっち上げや言いがかり、あるいはささいなミスをフレームアップすることで葬ろうとする。権力者の常套手段である。別に珍しいことではない。世間は犯罪を嫌う。犯罪者は悪人という世間の固定したイメージを利用する。敵対者に犯罪者の汚名を着せて抹殺する。

青年が革命の必要性を説いていたからといって、具体的な天皇暗殺計画が進行していたわけではなかった。官選弁護人は「大多数の被告は不敬罪にすぎなかった」とし、「判決に納得できない」

としている。不当な警察権の行使が事件を醸成する、との批判もしている。それにもかかわらず、裁判では二四名に死刑の判決がくだされ、幸徳秋水をはじめ一二名が処刑された。

「谷中村滅亡史」の著者荒畑寒村は、事件のとき獄中にあった。無政府主義者の集会で赤旗を掲げたという「犯罪」のためであったが、そのために大逆事件に巻き込まれることはなく、生き延びることができた。

後の大正一四年（一九二五年）に公布される悪名高い治安維持法は、反政府的な言論、思想を極刑をもって取り締まる法律であるが、それに先立つ大逆事件の判決は、言論を職業とする者に沈黙を強制するうえで絶大な効果を及ぼすことになった。

正直なところ、ジャーナリズムに属していた私自身、自問自答してみるとよく分からない。このような社会的雰囲気のなかで、自分の志を貫けたかどうか。「絶滅危惧種」にならないように、大勢の向くほうに流されてしまったかもしれない。

しかし、それでもジャーナリストの志を失わなかった勇気ある少数者がいた。その一人が、荒畑寒村だったと言えるだろう。

新聞社の方針転換

「日本化したジャーナリズム」の姿が見える歴史の事例がもう一つある。

「朝日新聞」の「新聞と戦争」取材班は、第二次大戦の発端になった満州事変勃発に合わせ「朝日新聞」が社論を転換したことについて、反省を込めて取材、同紙に連載記事として掲載した。

新聞はなぜあっさりと軍部独走を許してしまったのか、軍部に対して沈黙したばかりではなく、なぜ積極的に戦争に向かうよう世論を誘導したのか。連載は「戦争と報道」という出版物として発行されている。

　昭和六年（一九三一年）九月一八日。中国東北部（満州）の現在の瀋陽（奉天）郊外の柳条湖で、南満州鉄道の線路が爆破された。日本帝国陸軍の関東軍による自作自演であった。しかし、関東軍は爆破を中国軍の仕業として、自衛を名目に奉天を占領、そのまま満州全土に侵攻した。

　これが満州事変であり、昭和二〇年（一九四五年）の広島・長崎への原爆投下、惨敗の終戦へと至る十五年戦争の出発点となった。

　満州事変まで、朝日は社論として「軍縮」を主唱していた。しかし、事変後には社論を一転させた。その裏には複数の要因があったとしている。

　第一には、外部からの圧力。

　軍は、「軍縮の主張は国家国論に不利な言論宣伝」であるとして、「謬論《びゅうろん》の是正」を求めていた。

　軍は憲兵隊と特高警察を連れて新聞社に乗り込み、「執筆者を出せ」とせまることもあった。幹部が師団に呼ばれ脅迫された。

　軍は右翼を利用していた。右翼の大物が社の幹部を呼んで「注意」をするなどした。

　満州青年連盟は、「満蒙の危機」を訴えていた。「朝日は平和主義で軍を牽制している」として、不買運動を行っていた。

　在郷軍人会にも、不買運動の動きがあった。

「対暴力の方法なし、やむを得ず豹変」。朝日の幹部会議発言記録に残る。

　第二には、情報源の必要性。

満州事変が軍の謀略という疑いはあっても証拠がない。発表された情報は「中国兵が爆破」であった。それ以外の情報はない。

日本を代表する新聞との立場から来る対外的な配慮も要る。国論が割れては国益に反する、背後から鉄砲は打てない、という配慮だった。

戦況が進むにしたがって、軍の発表がほとんど唯一の情報源になった。大本営以外のニュース源がなくなった。

第三には、新市場への期待。

明治四三年（一九一〇年）に植民地にした朝鮮で日本語教育が普及していた。満州への日本人移民が増加していた。国内発行部数は一〇〇万部を超えたあたりで低迷していたから、新しい市場が広がることは経営上歓迎すべきことだった。

国内で開催された従軍記者の演説会は盛況だった。勇ましい報告が大衆の喝采を浴びていた。世論から孤立しては新聞の存立が危うくなる。むしろ、世論に迎合したほうが抵抗がない。

新聞が世論をあおり、世論が新聞を引っ張る。そんな相互作用が始まった。

意外なほどあっさりした社論の転換は、明治以来の「ジャーナリズムの日本化」が大きく影響していたと思われる。転換に不満な記者は沈黙するか、社を去った。会社組織の存続のために信念の主張を止める。何人かの記者を除いて、会社の事情を理由にした。職業的使命よりも会社の存続を優先した。

政権交代でジャーナリズムは変わるか？

二〇〇九年の政権交代は、これまで引き継がれた社会の構造を変えるかもしれない。そんな期待がある。

第二次大戦後のアメリカの占領下にあった時期を除いても五〇年以上、事実上一つの政権が今日まで続いてきた。政権交代は民主主義の国では当たり前のことだから、これほどの長期政権は奇跡に近い。その間に、マイナーチェンジはあったが、基本的には一つの構造がかたちづくられてきた。

明治時代に始まった発表ジャーナリズムの歴史もまたその構造の中にぴったりはまった位置を占めてきたと言える。

しかし、積もり積もってきた矛盾と利権による腐敗が政権交代を呼びよせたように、発表ジャーナリズムもまた変革の圧力にさらされることになった。この圧力、むしろ千載一遇のチャンスではないか。

私は、日本の発表ジャーナリズムが、この際、進化することを切に願う。

その兆しはすでに生まれている。記者クラブを例にとると、閉鎖的な情報独占が徐々にではあるが破られつつある。記者会見のオープン化である。

官庁の記者会見は、記者クラブ所属の記者に対して行われるものであったが、ごく一部とはいえ外国人記者、フリーの記者を含め、登録すればクラブメンバー以外のジャーナリストが会見場に参加することができるようになった。いうまでもなく伝統と習慣を改めることに抵抗は強い。記者クラブでは、加盟社によって記者会見オープン化に賛成から反対までさまざまな意見がある。

しかし、世の中の常識からすれば、記者クラブで加盟社限定の閉鎖的な記者会見が長く行われてきたという事実のほうが、驚くべきことではないだろうか。

アメリカやイギリスで、政府高官の記者会見を取材したことがあるが、日本で取材するよりもはるかに簡単だった。記者ではない私でも、撮影クルーと一緒に会見場に入り、自由に撮影できた。質問も自由だった。これこそメディアの在り方と痛感したものだ。

人脈を通じての取材も同様である。海外で政府高官に取材するときに、他のメディア関係者から横やりが入ったという経験はない。取材相手の私たちに対する応対にも軽重は感じられない。それが普通である。普通というのは、それが言論の自由として定着しているという意味である。

ところが日本では妙なことが起きる。

解説委員をしていたある年、毎年恒例の原子力白書の原案が配布された。白書は閣議で承認後に公表されるという手続き上の問題で「原案」になっているが、そのまま世に出て行く。妙なことというのは、原案と同時に、解説文書が主要各社の記者向けに配布されることである。解説文書の内容は、「白書にはこれこれと書いてあるが、その真意はかくかくである」というものだ。役人が書いた文章の読み方を親切に解説してくれる文書なのである。立場をよく理解した情報仲間、情報友だち同士が共有する「真意」であって、記者はそれをもとに記事を書く。

記者レク、懇談などの名称で、発表ニュースの真意を聞き、話し合う会合はしばしば開かれる。記者クラブの特権である。事柄の核心に迫ることはもちろん重要だ。しかし、このような特権を伴う構造の中で、職業上のお友だち関係が醸成され、緊張関係が失われ、同じ立場から発表を伝達することになりがちである。言論の自由はこうして損なわれる。

ジャーナリストがなすべき職業上の義務の一つは、「権力の監視」ということになっている。職業上のお友だち関係に安住するのは、その義務を放棄することにならないだろうか。こうした関係にあったら、「仮説の検証」など、到底期待することは不可能である。

第三章　小野崎一徳

——フォト・ジャーナリストのパイオニア

一・足尾銅山：渡良瀬川上流のヤマへ

国土地理院発行の二〇万分の一の地図、「宇都宮」を開く。中央のやや右下に、渡良瀬遊水地がある。遊水地中央を貫いて北から南に流れるのが渡良瀬川で、遊水地の南端で思川の水を受け入れ、その六キロメートルほど下流で利根川に合流する。その合流点が渡良瀬川の終わるところになる。

渡良瀬川を遡ると……

始まりはどこか。ということで、渡良瀬川を上流に向かってたどる。渡良瀬川は遊水地から急に角度を変えて、西北西に向かう。北側に日光へと続く山々の遠くに望みながら、関東平野の、ほとんど傾斜の感じられない平坦な広々とした水田地帯を行く。

関東平野には、丘陵があれば平坦地もある。私にとっての関東平野のイメージはかなり起伏に富むというものだ。育った環境のせいである。高校までは東京の山の手。その後は武蔵野。いま住んでいる町田市。地図の上では山の手も、武蔵野も、町田も、みな関東平野に属するが共通して坂道が多い。つまり、いずれも緩やかな丘がうねって続く地形なのだ。個人的には、それが関東平野の心象風景になっている。だから、渡良瀬川が流れる関東平野北部の平坦な水田地帯は、私にとってはけっこう珍しい眺めである。

そして平坦なだけに渡良瀬川の急流が上流から運んでくる土砂は、流れが緩やかになるにしたがって、一斉に沈降し川底に積もったことであろう。農民にとって、大洪水は困るが適度な氾濫は豊かさの元にもなったはずである。山土には栄養分があるから、洪水の後には肥料分が増えて農作物がよくとれた。しかし川の水が鉱毒を運んでくるとなると、話が違う。鉱毒が土壌に蓄積する。川魚は消え、農作物は枯れる。洪水のたびに広い範囲に甚大な被害の出たことが、現地の風景を見ると自然に納得できる。

その渡良瀬川流域には、上流に向かって藤岡町、佐野市、館林市、足利市、太田市と並んでいる。かつてはそのどこもが、被害の多少はあるにしても、鉱毒被害地であった。

田中正造は、天保一二年（一八四一年）に、現在の佐野市小中村に生まれた。佐野市、館林市は、田中正造をリーダーとする農民反鉱毒運動の中心になったところであり、いたるところに「ゆかりの地」がある。

田中正造の銅像がいくつもある。なかには金バリの像もある。墓地も、分骨されて六カ所に設けられた。郷土館、資料館、博物館、記念館、また、川俣事件で拘束され裁判に付された人々の名前を記載した記念碑など、多数。ＮＰＯが主宰する「田中正造大学」や「田中正造ツアー」も催されている。ほぼ百年前の昔のことにもかかわらず、訪れる人はいまも多い。鉱毒事件が当時の社会を揺り動かした大事件であったことが分かる。「田中正造」の余韻は、この地にいまなお色濃く残る。

それだけに、丹念に歩いてみると、定番の見るべきもの以外にも、サプライズがたくさんある。

たとえば、佐野市にある惣宗寺。むしろ佐野厄除け大師として有名で、善男善女で賑わう名刹だ。その境内に田中正造の墓所の一つがあるが、そこに石川啄木の立派な歌碑が建っている。

夕川に葦は枯れたり　血にまとう民の叫びの　など悲しきや

盛岡中学三年生の時の作という。

明治三四年（一九〇一年）一二月一〇日、田中正造は明治天皇の馬車に駆け寄り、鉱毒被害に苦しむ農民の窮状を訴えた。新聞各社はこの直訴を大きく取り上げた。一身を賭しての直訴は、古風ではあったが、庶民の心を打つ。テレビのワイドショーのない時代だが、新聞の影響力は大きい。田中正造の「義人」イメージは盛り上がり、一時的にはせよ、鉱毒問題に人々の注目が集った。遠く盛岡で田中正造の果敢な行動を伝え聞いた石川啄木の若い血が騒ぎ、田中正造の心意気に深く感動したのだろう。

日本最古の学校

文化が生まれるには経済的な豊かさというバックグラウンドが不可欠である。食べられるかどうかぎりぎりというのでは、そんな余裕がないからだ。ある時代の最高の知識人を育てる「学校」は、文化と経済力の確かさを最も象徴する設備であり、制度である。

渡良瀬川を遡り、足利市に入るころになると、北側から山が迫ってくる。南側にも傾斜地が見えてくる。流域はしだいに狭まってくる。しかし、両岸の平坦なところはまだ鉱毒被害を受けた地域だ。

その足利市には、国の指定史跡になっている足利学校がある。日本最古の学校である。一五五〇年、フランシスコ・ザビエルは「日本国中最も大にして、もっとも有名な坂東の大学」とヨーロッパに書き送った。当時三〇〇〇人の学生が学んでいたと伝えられる。いつごろ創立されたのかは、実は定かでない。奈良時代、平安時代の説もあるが、室町時代中期の一四〇〇年代半ばに、学校としての体制が確立された。上杉憲実による。武将でありながら、歴史、文化、教育の意味を知っていたのだろう。

足利学校では儒学を教えた。政治と道徳の学である。智、仁、礼、義、楽を重んじた。庭園には廟があり、学生たちが師と仰いだ孔子像が今に残る。各地から留学してくるエリート学生たちは、ここで論語を深く学び、庭を逍遥しながら漢詩を唱え、また易学の講義を受けた。江戸時代になると各藩に「藩校」ができてそれぞれの人材養成システムができあがる。それまで足利学校では、各藩の知恵袋となるような人材を送り出した。

入場料四〇〇円を払うと、「足利学校入学証」と書かれた手札のような入場券が手渡される。「入学」して一巡する。

教科の内容もさることながら、足利学校を支える豊かな地域経済の存在したことが分かる。豊かでなければ教育施設や文化施設はできない。早い話が、生産に携わらない教職員、学生など数千の人々を養うだけの余剰がこの地域にあったという証である。そんな往時に思いを馳せることができる。

足利市と接するのは太田市。太田市毛里田《もりた》には、「土」の字を模した「祈念鉱毒根絶碑」が建つ。

昭和四九年（一九七四年）、鉱毒の発生源であった古河鉱業と被害農民の間にある調停が成立した。古河鉱業が初めて加害責任を認め賠償の支払いに応じることになった、その記念碑であるが、あえて「祈念碑」とした。足尾銅山の公害はまだ終わってはいないという意味を「祈念」の二文字に込めたという。

この祈念碑、「土」の形もさることながら、碑文の長さが普通ではない。平家の亡霊退散を願って全身に経文を書いた琵琶法師「耳なし芳一」を連想させるほどに、祈念碑にはびっしりと長文が刻み込まれている。そこには鉱毒退散を祈る深い思いがある。

足尾の鉱毒は、昭和二〇年（一九四五年）になっても続いていた。

この年、日本の徹底的敗戦によって日中、日米の十五年戦争は終わったが、戦争中の生産強化のために、鉱毒被害は拡大している。

大雨のたびに渡良瀬川上流から運ばれてくる鉱毒が水田に流れ込んだ。毛里田の水田も例外ではない。鉱毒があるために、米の生産量は一〇アール当たり三〇〇キログラムにしかならず、農民の生活は苦しいばかりではなく、鉱毒対策が農作業そのものという生活を強いられていた。

度重なる被害に加えて昭和三三年（一九五八年）、銅山近くの源五郎沢の堆積場が決壊する。毛里田の苗代田を鉱毒の泥が浸した。それまで組織されては弱体化していた被害者同盟が、新たに毛里田村鉱毒根絶期成同盟を中核として強化される。それでもようやく事態が動き出すのは昭和四一年（一九六六年）になってからである。

昭和四二年（一九六七年）、公害対策基本法が成立。昭和四三年に経済企画庁は農民が要求する数値の三倍を越える値ではあったが、銅の水質基準を〇・〇六ｐｐｍと決めた。さらに昭和四六年（一九七一年）、大きな転機が訪れる。毛里田地区の玄米からカドミウムが検出されたのである。

富山県神通川の下流域の農村婦人は、骨が脆くなって無数の骨折を起こす病気に悩まされていた。治療法もなく、体を貫く激痛に耐えかねて「痛い、痛い」と泣きながら死んでいったということから、イタイイタイ病と呼ばれていた。その原因はカドミウム。神通川上流の神岡鉱山が投棄した廃滓《はいさい》に含まれていた。水に運ばれたカドミウムが米と飲料水を経て体内に入り、もともと骨そしょう症になりがちな中高年女性を中心にイタイイタイ病を発症させたのだった。病気は一九〇〇年代の初め頃からあったらしいが、政府がカドミウムとの因果関係を認めたのは昭和四三年（一九六八年）と、きわめて遅い。それでも発生源の企業に責任がある公害病であることを日本で最初に認めたケースであり、水俣病より四カ月早い。

太田市毛里田の祈念鉱毒根絶碑

一九六〇年代、日本はいまの中国に匹敵するような高度経済成長を遂げたが、同時に各地で公害が激化した。大気汚染、水汚染、騒音、悪臭など、日本は世界に冠たる公害の見本市となった。企業は繁栄したが、被害者が続出する。七〇年代に入ると、ようやく被害者救済を目的とする法律が実現する。公害紛争処理法もその一つだった。

昭和四七年（一九七二年）、九七一名の被害農民が申請人となって中央公害審査会（後の公害等調整委員会）に調停を求めた。

古河鉱業に農作被害の賠償を求めるための調停である。

農作物の被害の有無が争点になった。古河鉱業は農作物の減収という事実はなく問題はすでに解決済みであると主張し、農民は被害の実態を示して反論した。調停には、メディアの後押しがあり、世論も農民支持に傾いた。

調停結果は、昭和四九年（一九七四年）五月に提示された。古河鉱業は加害責任を認め、一五億五〇〇〇万円の支払いに同意した。

毛里田の農民の粘りが、田中正造の時代からこの時までの七〇年の歳月のなかで、初めての勝利をもたらした。古河鉱業は加害者であることを認め、賠償という形で責任を負うことを明らかにした。

とはいえ、もちろん鉱毒が終わったわけではない。だからこそ、記念碑は祈念碑であり、根絶を祈念するものになったわけである。

あかがね街道

さらに上流に向うと桐生《きりゅう》。桐生は絹織物の町である。

桐生まで来ると北側から山が迫る。日光へと連なる険しい山々。渡良瀬川はその裾を巻くようにして北西に向かい、やがて谷間を流れるようになる。平坦な関東平野の眺めは終わり、みどり市大間々あたりになると、渡良瀬川は深い渓谷になる。それとともに流路は北西から北、北から北北東へと変わる。

国道一二二号線。あかがね街道と呼ばれた道である。車では右手に渡良瀬川の渓谷を見下ろしながら行くことになる。曲がりくねってはいるが良い道だ。緩やかではあるが、みるみる標高が上がる。足尾銅山に近づいてきたことが分かる。

「あかがね」とは銅のことである。銅製のヤカンなど、銅製品を見ると、銅が「あかがね」と呼ばれるわけが納得できる。

ちなみに、鉄はくろがね、銀はしろがね、金はこがね。いつのころからこの呼び名があったのだろう。万葉の歌人、山上憶良《やまのうえのおくら》（六六〇―七三三頃）の短歌を思い出す。

しろがねも　く（こ）がねもたまも　何せむに　まされる宝　子にしかめやも

子どもは、金銀、玉よりも、ずっと素晴らしい宝物だという意味だが、「しろがねも、こがねも……」ではなく、「銀も、金も……」では興ざめだ。昔の呼び名は味わいがあって良い。

あかがね街道の起源は慶安二年（一六四九年）。幕府が足尾で生産した銅を江戸に輸送する目的で街道を拓いたことに始まる。

川は上流から見て右岸、左岸とするのがルールで、このルールに従うと、あかがね街道は渡良瀬川の右岸に沿っている。生産した銅の輸送は大間々からまっすぐに南下して、利根川に向かうルートをとった。利根川からは船で江戸に運んだ。あかがね街道は、険しい山道の多い難所続きの道だった。それでもところどころに幕府御用の問屋を置き、江戸の浅草には足尾銅事務取扱の会所をおいた。

足尾銅山は、いまから四〇〇年前の慶長一五年（一六一〇年）、中本村の農民、治部と内蔵の二人が発見したと伝えられている。この時から明治維新までの二五七年間、初期のごく短期間を除いて、徳川幕府が直接に管理する鉱山となった。資源は、いつの時代にあっても戦略的、政治的に貴重である。鉱山は富と権力の源泉という認識のあったことが分かる。

発見からほぼ四〇年後、年間約二〇〇〇トンの銅が生産されていた。勘定奉行配下の代官が管理監督したが、現場の主役は銅山師であった。銅山師は間歩《まぶ》と呼んだ坑道の所有者であり、採鉱する「坑夫」、選鉱や精錬に従事する「鉱夫」らの親方であった。代官は銅山師を監督することで一五〇〇あまりの間歩を管理し、銅山師は「経営者」として生産にあたった。

江戸時代の生産最盛期はきわめて短期間で終わるが、寛文二年（一六六二年）から正徳四年（一七一四年）ころまでは、一年に一三〇〇トンから一五〇〇トンを生産していた。全期間ではないが、長崎のオランダ人を経て生産した銅の五分の一を輸出していたほどである。

いまの日本は資源小国と信じられている。実際、ほとんどの資源を現在は海外に依存している。そのため、経済的には繁栄しているように見えながら、無理やり背伸びしているようで足元は極めてあやしい。そんな感覚が日本人には一般的だ。食料も、エネルギー源も同様である。海外事情を知りたがり、各国に気配りし、大国に流されながら、いささか自信なさげに生きているのは、資源に乏しい地質学的条件によるところ大である。

しかし、世界の歴史を振り返ると、ヨーロッパの国々から日本は資源豊かな憧れの国とみなされていた時もあったことが分かる。

ヴェネツィア共和国の商人で旅行家のマルコ・ポーロ（一二五四―一三二四）。中央アジアを経て元王朝の中国に滞在して見聞を広めた。日本には来ていないが、日本事情を口述、その記録を書き記したという「東方見聞録」の影響は大きかった。

中国大陸の東、二五〇〇キロの海上に浮かぶ島国「ジパング」では、莫大な金を産出し、家々は黄金で造られ、財宝に溢れている。ヨーロッパの冒険家たちの夢は膨らんだ。コロンブスも「東方見聞録」を読んだという。ジパングの黄金伝説は、大航海時代のはじまりを早めたと言える。

銀も日本の輸出品として有名だ。世界遺産に登録された石見銀山は、世界の銀生産の半分近くを占めたこともある。そのほとんどは輸出された。鎖国前のことである。

たとえば、ポルトガルの商人は、中国の生糸を日本に運び、銀と交換し、それで中国の陶磁器、絹織物、東南アジアの香辛料を買ってヨーロッパに持ち帰り高値で売った。この三角貿易で莫大な富を築いたのだが、その分日本から大量の銀が流出したことになる。

同じように、江戸時代初期の足尾で生産された銅は、世界の銅市場の一角を占めている。さらに、あとで詳しく紹介するが、明治時代には貴重な外貨を獲得するために欠かせぬ日本の特産品になる。

江戸時代の足尾銅は、しかし、一七〇〇年代に入ると急速に減少する。年額一〇〇〇トンを超えていたのが、江戸末期には一〇〇トンに満たないレベルにまで落ち込む。鉱脈探査を計画的に行わなかったなど、技術的、人的、制度的なすべての面で限界があったためである。

それでも足尾の歴史には必ず登場するエピソードがある。

宝永五年（一七〇八年）には、江戸城と日光の東照宮の銅瓦を製造した。江戸城分だけで、一二六万六四〇〇枚に上ったという。一枚は片手で持つには少し重い一五〇匁（五六二グラム）。銅板ではあるが、純度は少し落ちるようで、独特の「あかがね色」ではない。しかし、当時の瓦材料としては最高級の製品であった。

江戸時代の足尾は、このころが最盛期で「足尾千軒」という表現が残っている。千軒の家屋に住む人々が足尾に暮らしていた、というわけである。しかし、その後は急速に人口が減る。足尾の銅が早くも底を尽き、不景気が襲ったわけである。人々は困窮した。

そこで足尾の銅山師は幕府に貨幣の鋳造許可を願い出る。享保二年(一七四二年)から五年間、寛永通宝の一文銭を鋳造することになったのは、足尾の地域振興、景気対策の一環としてだった。

足尾銅山観光

渡良瀬川に沿って遡り、足尾の町が近付くと見えてくる大きな看板がある。「足尾銅山観光」とある。

足尾の通洞《つうどう》にある観光施設。トロッコ列車に乗って坑内に入ると、江戸時代からの採掘の様子を再現した展示があり、水びたしの中で行われてきた過酷な坑内労働の雰囲気を感じることができる。今日までの四〇〇年間に掘り抜いたトンネルは総延長一二三四キロメートル。東京から博多までの距離に匹敵する。そのうちのわずかに数百メートルの坑内を体験するだけだが、貴重な産業の遺産、記録ということができるだろう。

足尾銅山観光の一角に鋳銭座という展示館があって、江戸時代の一文銭鋳造を再現した一連のジオラマを見ることができる。

最初のジオラマはショッキングなシーンで始まる。職人が出勤してきたときに全裸になって検査を受ける風景だ。人はみな泥棒という性悪説に立つ検査だが、貨幣鋳造にはとりわけ厳しいチエックが行われたようだ。貨幣は経済の中心だから、幕府の厳重な管理と監視の下にあったことが分かる。

細かい砂でつくった雌型の中空部に溶けた銅を流し込み、冷えるまで待ち、取り出す。木の枝に一文銭の実がなっているようなものができあがる。

プラスチックモデルと同じだ。型枠からパーツを切り離し組み合わせてモデルを組み立てるのと同じように、一文銭だけを切り離し、縁からはみ出した余分なバリはやすりで削り落す。

足尾鉱山観光の再現展示

その後は、竹のたわしで磨いたり、油を塗り込んだり、厳密な計量の上で袋詰めにしたり、鋳銭はかなり細かな神経が必要な、丁寧でなければならない作業のようである。その上、工程のポイントで幕府の役人の目が光る。何度も計量する。一文銭一枚の重さはきっちり八分(三グラム)。厳しい計量管理が行われていたようだ。

一文銭には足尾のブランドが刻まれている。貨幣の表は寛永通宝の四文字だが、裏には「足」の一字が刻まれ、足字銭と呼ばれた。お金のことを「おあし」と言ったが、足字銭がその由来という説がある。お金は、あたかも自前の足があるかのように財布からすぐに消えてしまう。だから「おあし」というようになったという俗説もあるが、どちらも捨てがたい。

ところで、一文銭の原価はいったいいくらだったのか。とても割の合う仕事には見えない。少なくとも一枚つくるのに一文以上かかったことは間違いない。

寛永通宝は、いわば庶民の貨幣であった。全国各地で製造された。いくら物価の安い時でも、一文銭は小銭である。いまの感覚で言うと、「一〇円玉」と言ってよいのではないか。

野村胡堂原作の捕物帳に登場する銭形平次は、投げ銭を得意技とした。懐の小銭を抵抗する悪者に向かって投げる。悪者は不意を突かれ、たちまち降参となるのだが、小銭だから投げられたのだろう。銭形平次も「五〇〇円玉」は投げない、と思う。

ともあれ、足字銭の鋳造は地域振興の景気対策として実施された。

江戸時代、足尾銅山が盛んだったのは一七〇〇年ごろを中心とした五〇年ほどである。最高で年間に一五〇〇トンほどの銅を生産していた。しかし、その後の凋落は著しく、一八〇〇年ごろには五分の一程度に減少している。銅山師も最盛期には四四人もいたが、一八二〇年ころにはたった一人になった。名前を田中彦松という。

田中彦松は、文政四年（一八二一年）に幕府に足尾の救助嘆願書を提出しているが、図らずもその中に鉱毒被害のあったことを明記している。後年に比較すればささやかな操業に過ぎなかったが、それでも環境破壊のあったことが分かる。現代風に書き直すと次のような行がある。

足尾の新梨村と赤沢村には精練所がある。その作業で生じる屑が大雨が降ると畑に流れ込み、肥だめに混じる。畑の土に銅分が増えると、タネをまいて芽が出ても立ち枯れてしまう。

農業が立ちゆかないので農民には銅山での稼ぎが生活に欠かせない、働く場所として何とか鉱業を継続して欲しい。それが救助嘆願の趣旨であった。

部分的とはいえ、二〇〇年前には早くも環境被害が住民を脅かし始めていたことが推測できる。

小野崎敏さんと出会う

同じ通洞地域に、NPO法人の「足尾歴史館」がある。丘の上の二階建。かつては白壁だったと思われる灰色のビル。背後には、銅鉱のあった標高一二六〇メートルの備前楯山が聳える。歴史館を整備し、写真や実物を展示し、メンテナンスをしているのは地域のボランティアだ。スタートして六年が経つ。

足尾歴史館の案内を小野崎敏《さとし》さんにお願いした。博識な人である。足尾銅山の歴史、技術、さらにはゆかりのある実業家、文学者にいたるまで、何でも頭の中に入っているらしい。説明したいことが次々に頭に浮かんでくるようで、そのスピードに負けないように早口で的確に話す。エネルギーとふるさと足尾への愛に溢れている。

小野崎敏さんは一九三四年の足尾生まれ。化学を専攻した。銅ではなかったが、同じ金属の鉄の世界に入った。日鉄鉱業の取締役、釜石鉱山代表取締役を歴任。銅と鉄の違いはあるが、鉄の精錬に携わった専門家である。銅の町、足尾で過ごした少年時代の影響が少なからずあったのだろう。産業史や鉱山史の研究家でもある。足尾歴史館設立のボランティアの一人だ。

最初に二階の窓から見下ろす広場を見ながら、歴史館の建物の由来を聞いた。

「ここは、ズリ山の跡地です。高いズリ山だったのを、昭和二〇年、アメリカ軍が東京の横田に滑走路をつくる基盤材に使用しました。鉄分の多いズリなので好適ということで、鉄道を引きいれて運びました」

山となっていた「ズリ」は、選鉱場から出る廃石である。銅成分は少なく、ズリは積んで山にしておく以外にないという厄介な代物である。鉱山や炭鉱にはつきものの風景をつくる。

「ズリが横田に運び出されて、平らになったので、グラウンドにし、屋外スケート場にしました。ところが、日当たりが良すぎた。冷凍機で冷やすのにお金がかかる。十年で中止になりました。スケート場の管理棟だったところを提供してもらって、足尾歴史館にしました」

建物が灰色なのは、それだけの歴史の反映なのかもしれない。グラウンド、あるいはスケート場と言われてみると、確かにそう見える。グラウンドを一周するレールが敷かれている。

「足尾はトロッコの発祥の地です。鉱石の輸送に採用したのです。いまではトロッコを使うのは当たり前のことですが、かつては何でも人力に頼っていたのですから、革命的な輸送手段でした。トロッコを引いたのは、T型フォードのエンジンを利用したガソリンカーです。そのガソリンカーを復元して走らせるために、レールを敷設しました。これもボランティアが協力してやりました。レールは閉山した鉱山のものでした。客車のほうは、神奈川県の向ヶ丘遊園から、二〇〇二年に閉園したのをきっかけに貰い受けました。私たちで工事をすればタダという条件で」

実行力を伴ったボランティア集団である。

大きなパネルに貼り付けた工夫たちの群衆写真が展示されている。ざっと百人ばかりが抗口に勢ぞろいしたところだ。帽子の者、手ぬぐい頬被りの者、無帽の者もいる。刺し子のような作業着、ロープをたすき掛けにしているのは小物入れだろうか。カメラを見つめる目。うつむいている者はいない。意志を感じさせるまなざしだ。腕組みの者、腰に手を当てている者、手ぬぐいを首に巻いている者、みな若者だ。ちらほらと、明らかに稚なさを残す少年の顔も見える……。百年ほど前の、もちろん白黒写真だが、解像度が素晴らしい。手前の人物から奥の人物まで、どこもピントが合っている。表情がはっきり読み取れる。

小野崎さんの説明は、ここにきて誇らしげである。

「写真の展示もボランティアでしました。このパネルの写真は私がカメラ店で拡大してもらいました。写真を撮ったのは小野崎一徳。一徳はカズノリと読むのでしょうが、ふつうイットクと呼んでいます。一徳は、明治一六年から昭和四年まで、足尾で写真を撮り続けました。実は、一徳は私の祖父です」

小野崎敏さん

祖父は小野崎一徳

小野崎一徳は、古河鉱業の専属写真師である。明治一六年（一八八三年）、二三歳の時に招かれて足尾に来て、昭和四年（一九二九年）六九歳で没するまで、足尾の写真師として、鉱山関係だけではなく、足尾にいた人々の生活から環境破壊までの、足尾に関するあらゆる風景を写真に記録し続けた。総数は数千枚に上るとみられる。

小野崎敏さんは、祖父の一徳を直接には知らない。しかし、鉱山会社に入社して、住友の別子銅山や、小坂、日立の銅山を見学する機会があった。そこで、「足尾はすごい」と思ったという。全操業期間に生産した銅だけを見ても、別子七〇万トン、日立六〇万トン、足尾は八二万トン。足尾は日本一の規模であった。その写真を専属写真師の祖父、一徳が撮影していた。これもすごいことだった。

さらに、十五年戦争中に切ない思い出がある。

足尾の小野崎写真館は、二代目の小野崎嶺《みね》が継いでいた。敏さんは嶺の三男にあたる。写真館には、一徳の撮影した写真の乾板《かんぱん》が保存されていた。

いまはデジカメが普通だが、少し前まではカメラはフィルムを装填して撮影するものだった。小野崎一徳のころのカメラは、フィルム以前であり、乾板を使用していた。乾板はガラス板に銀を含む乳剤を塗ってつくる。露光させ、現像すると、感光したところに銀の薄膜が残る。それがネガになる。ネガを焼付すれば白黒写真ができる。

小野崎一徳の撮影記録である貴重な乾板のネガ。それを日本軍へ供出するよう迫られた。「供出」は戦争遂行のために、庶民に犠牲的寄付を強いる制度であった。

乾板は不要不急、銀を回収し、ガラスそのものも利用する。そんな理由での供出だった。敏さんは、小野崎家の家宝といえる乾板を供出する父親の、無念の表情をいまでもはっきり記憶している。

小野崎一徳の写真は貴重な遺産である。敏さんは仕事の傍ら写真を収集する決心をした。

しかし、写真館には残っていなかった。古河鉱業は、かなりの数の写真を保有しているようだったが、あまり公開に積極的ではなかった。図書館にもほとんど保管されていなかった。そこで古書店に依頼した。時間と費用がかかったが、一〇〇〇枚くらいは集めることができた。

幸いなことに、小野崎一徳の写真は絵葉書になっていた。絵葉書は集めると六〇〇枚ほどになった。合わせて一六〇〇枚。敏さんは一枚一枚に短い説明をつけて写真帖を出版することにした。この段階になって、古河鉱業が八〇〇枚くらいを提供してくれた。

二〇〇六年、敏さんは「小野崎一徳写真帖・足尾銅山」を世に出す。二〇〇〇枚もの写真が掲載されている。敏さんによる解説もつけた。専門家の一文も載せた。

できあがった写真帖の、一枚一枚の写真が素晴らしい。細部まで解像度が良いなど技術的に優れているだけではない。撮影者の視点、撮影に意図が実に明確な写真ばかりだ。写真が見るものに語りかけてくる！

小野崎一徳は、古河鉱業専属写真師ではあったが、それ以上に、フォト・ジャーナリストの先駆者であったと言える。

細尾峠越え

歴史的文化遺産と景勝の地として有名な日光と、鉱山の足尾。ずいぶんかけ離れたイメージがある。ところが地図で見るとそれほど離れていないし、現在、平成の大合併によって足尾町は日光市の一部になった。イメージ上の隔たりは、地形的所産によるところが大きい。日光と足尾の間は険しい山が両方を隔てる。

古河鉱業の専属写真師として足尾に来た時、小野崎一徳は蔵吉と名乗っていた。明治一六年（一八八三年）、二三歳。日光から細尾峠を越えて入ったと思われる。

当時、足尾に行くには、あかがね街道を渡良瀬川に沿って遡るルートと、日光から南へ細尾峠越えをするルートとあったが、後者がメインだった。どちらも難所だったが細尾峠越えのほうが近かった。

いま、日光の街並みを抜けると清滝にいたる。清滝の信号で直進すればいろは坂から中禅寺湖、左折すれば三〇分足らずで足尾にいたる。国道一二二号で、足尾からあかがね街道となり、桐生にいたる道だ。清滝から坂道を登ると、全長二七六五メートルの日足《にっそく》トンネルがある。一九七八年に開通した一直線のトンネルである。

日足トンネルの開通で、それまでメインルートだった細尾峠越えは旧道になった。現在、旧道は道路というよりハイキングコースだ。トンネルの、ざっと三倍の距離がある曲がりくねった道である。かなり急こう配の個所もある。トンネル完成前はトラックも走っていたが、すれ違いの時の、運転手の名人芸と苦労がしのばれる。そもそも道を拓いたのは修験者たちだったという。蔵吉が越えた細尾峠は、まだ人と荷物の移動は主に脚力と腕力中心の強壮な人力が頼りという時代の山道であった。

細尾峠に立って、峠を行き来した人々、日光から登ってきた蔵吉一行の姿、息遣いを想う。

デジカメの現在とは違う。カメラは箱型で大きく重い。カメラを据える三脚もかさばる。三脚は、いまでも撮影に欠かせない機材だが、露光時間数秒という当時、カメラが動かないように固定するための、今以上に不可欠の機材だった。それに、交換用のレンズ。ガラス製のレンズも、同じように重い。

写真作成は、暗室での化学処理が必要である。暗室用の暗幕、薬品の詰まったビン類、必要な器具など。

代替できるものが足尾にあったとは思えない。相当な量の荷物を運びこむ必要があった。蔵吉はボッカの人夫を指揮しながら峠を越えた。

初めて眼下の谷間に足尾銅山を認めた時、二三歳の若者の胸に去来したものは、何だったろうか。緑濃かった深い山奥に、突如出現した工場群。煙突から吐き出される「雲」が工場を包み、家々を隠し、谷間を覆っている。地肌をむき出しにした険しい山々。硫黄の臭いが風に乗って流れてくる。その下にある喧騒と活気に満ちた町。町で暮らす数千の労働者の男たち、そして女たち。方言が耳新しい。労働者は蔵吉と同世代の若者がほとんどだ……。

写真術は最新かつ流行の技術だった。だれも見たこともない写真を工夫して撮れば、写真師が一躍脚光を浴び、スターになれたころである。

初めて足尾の町に立ったときの蔵吉の第一印象は、いまは想像するほかはない。しかし、若者は活気のある場所を好むものだ。蔵吉の胸には、せっかく最先端の写真術を身につけたのに、東京を離れて山奥に来てしまった寂しさと不運を嘆く気持ちもあったのではないか。

あるいは、写真師がまだ誰も踏み込んだことのない足尾銅山で、自分の技術を活かすチャンスが来たと、幸運を喜び、気負っていたのかもしれない。蔵吉は、発展初期にあった時代の写真師たちのパイオニア精神を受け継いでいたはずである。

それとも……と想像は尽きない。不運と幸運がな

「小野崎一徳写真帖・足尾銅山」（新樹社）

いまぜになった気持だったかもしれない。好奇心旺盛な二三歳の若者としては、前途に待つ冒険の地に、何はともあれ血を騒がせていたとしても不思議ではない。

いずれにせよ、この時から六九歳で没するまでの四六年間を「足尾の写真師」として過ごすことになるとは、そのとき考えていたわけではなかったことだろう。

写真術の魅力

蔵吉は、江戸幕府から明治政府への政権交代が迫る激動の時代、文久元年（一八六一年）、大垣藩士、小野崎五右衛門蔵男の子として生まれた。蔵吉が後に写真師をめざすようになるには、大垣藩が、進歩的な藩主をいただく解明的な藩で、写真術が若者を惹きつける最先端技術になっていたという環境も確実に影響している。

もっとも大垣藩だけが写真ブームに沸いていたわけではない。この当時、日本全国で写真術は世間の関心を集めていた。

葛飾北斎は富士山を素材に多くの作品を残している。「赤富士」や「神奈川沖浪裏」などが有名だが、「節穴の不二」という作品がある。雨戸が閉まっている薄暗い民家の屋内。雨戸の節穴から入ってくる光線が障子に倒立の富士山を映し出し、家人がびっくりしているという風景である。

夏の追い茂った木々の葉を通して太陽光が地面に届く。注意してみると、葉の隙間を抜けてきた光線が地面に太陽を写しているのを見ることができる。小学校のころに製作した思い出のある針穴写真機と同じ原理である。二〇〇年も前の作品である「節穴の不二」が、浮世絵になっているくらいだから、普通の人も、針穴の映像を偶然発見して驚くことはあっても、魔法とは思わなかったのだろう。

写真術発明の元には、洋の東西を問わず、人々の身の周りの不思議な発見が源になっているようだ。そして、映し出された映像を固定する工夫に写真術は始まった。

一八三九年、ダゲールは銀板写真を発明した。ダゲールの名をとってダゲレオタイプという。磨き上げた銀板にヨウ素の蒸気を当てて表面にヨウ化銀の膜をつくる。撮影してから水銀蒸気を吹き付けると、やがて画像が現れる。初めは直射日光で一〇分も露光する必要があったが、翌年には性能の良いレンズが使われ、またヨウ素に臭素を混ぜる方法が開発され露光時間が短くなる。それでも二、三分の露光が必要だった。その間被写体になる人はできるだけ動かない。首や体を固定する仕掛けが必要だった。撮影風景を想像すると、いささか漫画的である。

ダゲールの発明からわずか四年後、銀板写真は日本に輸入された。鎖国の時代はまだ続いていたが、日本人は西欧技術に興味津津だったことが分かる。しかし、この時は蛮社の獄に始まる蘭学者を弾圧のさなか、幕府は攘夷を方針として取り締まりを強化していた。そのため正式輸入は嘉永元年（一八四八年）である。この年、長崎に活版印刷機、写真術など西欧の新技術が次々に導入された。

薩摩では、島津斉彬《なりあきら》の指示で銀板写真の改良改善を行った。嘉永三年（一八五〇年）、島津藩は「印影鏡」の製作に成功、安政四年（一八五七年）には、藩主斉彬の肖像写真を撮っている。これが日本最古の写真といわれる。

銀板写真は、原理的に一枚しかできない。しかも左右逆転するという欠点があった。侍は左の腰に刀をさすが、そのまま撮影すると写真は右の腰に刀をさす不自然な姿になる。そこで、着物の合わせを変え、刀を右の腰に差して撮影した者もいる。

左右逆転の画像は何だか都合が悪い。都合が悪いばかりか、少し不気味で気持ちが悪い。それはヨーロッパでも事情は同じで、改良型が登場した。「アンブロタイプ」という。基盤を銀板ではなく透明なガラスにした。ガラスなので裏返して見れば左右が正像になる。この方法でもとれる写真は一枚に限られるが、透明なガラスを使うブレークスルーで、ネガをつくり何枚でもポジをつくるところに、あと一歩に迫った。

さらに、もう一つのブレークスルーは、コロジオン湿板写真の技術である。ニトロセルローズをエーテルとアルコールの混合液に溶かした混合液をコロジオンという。ヨウ化銀を含むコロジオンをガラスに塗ると溶剤が蒸発した後に薄膜が残る。それを硝酸銀溶液に浸すと薄膜内にヨウ化銀の微結晶ができる。そこに感光させる。薄膜が濡れている間に撮影するので、湿板写真といった。

湿板写真によって、画像の解像度は飛躍的に向上し、写真術はまだまだ発展途上ではあったが、これで実用的な段階に入った。

伝来に三ルート

写真術は、撮影と作成の二つのプロセスから成り立っている。日本への伝播も、両方がセットになっていたし、写真術を志す者には、光学と化学の両方の知識と素養が必要だった。結果として、写真術の初期の担い手は、日本各地の知的エリートであった。

日本へは三つのルートで持ち込まれた。長崎ルート、下田ルート、そして北海道ルート。

長崎ルートにつながる上野彦馬（一八三八―一九〇四）は「西のパイオニア」である。長崎の海軍伝習所に軍医として来日していたオランダ人ポンペから、化学の基礎を学んだ。撮影法などは、フランス人ロシェに学んだ。長崎に写真店を開業し、湿板製造法などを図解した本を出版し、写真術の普及に貢献した。多数の後継者を養成している。

北海道ルートは、ロシア領事のゴシケヴィッチの指導で、木津幸吉らに伝わった。開拓時代の北海道各地の写真に、その広がりが推察できる。

下田ルートの下岡蓮杖（一八二三―一九一四）は、「東のパイオニア」と呼ばれる。

日本最古の肖像写真・島津斉彬像（尚古集成館）

下岡蓮杖は、もとはと言えば狩野派の日本画家だった。雅号を董円という。二一歳の時、島津藩邸で写真という文明開化の画像を見て感動、写真を極める決心をした。真実を写し取る写実という点で、伝統的素材を重視する狩野派の日本画ははるかに及ばないと感じたためという。

しかし、写真への情熱は変わらなかったが、絵師から写真師にすんなり転向できたわけではない。決心から一五年ほどたった後に、アメリカ人写真師ジョン・ウィルソンと知り合いになり、人生が変わった。自分の絵とバーターで写真術を学び、コロジオン湿板の道具や薬品一式を譲り受け、横浜に写真館を開業した。

写真は当時の人々を惹きつけたが、しかし、日本人が最初から写真を抵抗なく受け入れたかというと、そうではない。写真に撮られると魂が抜けるという噂には、下岡蓮杖も苦労したらしい。商売として成り立ったのは、外国人の肖像写真の撮影と帰国の時に土産にする日本の風俗写真だった。浮世絵師の伝統技術も生かされて、白黒写真に彩色を施したカラー写真も評判を集めた。

そのころになると、たった一枚しかできない湿板写真から、湿板をネガとして多数の写真をプリントする技法が普通になっていく。アルビューメン・プリントという。プリントする印画紙の表面に卵白のたんぱくアルブミンを塗ることから、この名がついた。

写真師、小野崎蔵吉の誕生

写真術の文明開化から、写真師小野崎蔵吉の話に戻る。

下岡蓮杖が横浜で成功を収める少し前のことになるが、大垣藩にも写真術が伝わっていた。蘭学者、飯沼慾齊《よくさい》は、長崎に遊学した帰途、撮影装置と写真術を大垣に持ち帰り、藩主の戸田氏政に献上している。大垣藩の長崎ルートにあたる。

一方、嘉永六年（一八五三年）、アメリカのペリーが軍艦四隻を率いて浦賀に来航する。そのとき写真家ブラウンを同行していた。大垣藩士久世喜弘は、ブラウンから写真術を学び、翌年大垣に写真術を伝えている。これが大垣藩の下田ルートになる。

長崎と下田の二つのルートからもたらされた写真術。大垣藩は最先端技術のブームに沸いた。ブームは若者の衝動に火を点ける。写真に興味を持ち、写真師を志す若者が現れたのは自然の成り行きであった。

蔵吉の生まれた小野崎家は、大垣藩で知行二〇〇石の旗奉行と藩主側役を勤める家である。大垣藩は戊辰戦争で官軍側につき、明治維新の勝者にくみした。明治の廃藩置県後、新生大垣「県」が誕生し、蔵男は初代教育長に就任、さらに、明治三年明治政府の権大参事として東京に駐在することになった。そのときに写真術を学びたいと希望する塩谷礼二（後の江崎礼二）を従者の一人として、一緒に上京した。江崎礼二は下岡蓮杖の弟子になった。

下岡蓮杖は、後継者の養成という点でもパイオニアだった。養成に熱心で、江崎礼二には幸運だった。そのおかげで、江崎礼二もまた、東京で華やかな成功をおさめる。

蔵男は、次には息子の蔵吉を江崎礼二の弟子にと依頼した。蔵吉も若者の例外ではなく、写真術に興味と関心を持っていた。化学も学んでいて、その知識もあった。写真師は、写真の技術者であるだけではなく、化学の分かる科学者でもあったのだ。武士の時代が終わった後、身を立てる道として写真師は光り輝いて見えていた。蔵吉一六歳の時である。

江崎礼二（一八四五―一九〇九）もまた、日本の写真界のパイオニアの一人である。

明治一五年（一八八二年）、イギリスから乾板を導入して写真術の技術革新を果たしている。「乾板」という名称は、それまでの「湿板」に対比したものだ。コロジオンの薄膜は、濡れていなければ撮影できなかった。乾板はその手間と時間を省く技術革新だった。

江崎礼二は撮影にもさまざまな工夫を凝らした。「早撮り礼二」の異名を持ち、海軍が隅田川で行った水雷爆破の模様を撮影し、物見高い江戸ッ子を仰天させた。ニュースの現場写真と言えるだろう。ハイカラが大衆の心を揺り動かした時代である。評判は評判を呼び、写真店を東京随一の繁華街浅草から横浜まで一七〇店あまり開業するなど、経営にも手腕を発揮した。

写真はなぜ人々の心を捉えたのだろうか。

「百聞は一見にしかず」という。情報伝達手段として、写真は文章に優るとも劣らない。文字を読むにはそれなりの基礎学力が必要だが、写真を見て理解するのにはあまり学力は要らない。見れば誰にでも分かる。情報伝達の裾野を一気に広げる力があった。決して止まることのないはずの「時間」を、ある一瞬で止めて画像にして見せる。写真術という舶来技術は、人々の気持ちを磁石のように引きつける文明開化の象徴であった。

それに激動の時代である。肖像写真が流行ったのは、時の流れには逆らえないことを予感した人々の、自分自身の姿をとどめて置きたいという、気持ちの反映ではないだろうか。文明開化が高らかに宣言される。断髪令や廃刀令が公布される。ちょんまげや刀は、それまでのアイデンティティーの一部である。それを失う哀惜の心。懐が比較的豊かだった人々が、せめて写真に自分の姿やそれまでの風俗を残す気持ちになったのは、理解できるような気がする。

蔵吉は良い師に恵まれた。江崎礼二から写真術を学んだだけではなく、写真に秘められた魅力と人々を惹きつける力を日々目にし、耳にし、体験したことだろう。

その蔵吉が足尾に来ることになったのは、ほかならぬ江崎礼二の推挙による。

その江崎礼二に写真師の派遣を頼んだのは、古河鉱業のワンマン経営者、古河市兵衛であった。

古河市兵衛の賭け

さて、古河市兵衛である。

明治中期の写真師小川一真《かずまさ》が撮影した写真の古河市兵衛は、頭にちょんまげが載っている。断髪令は古河市兵衛にはかかわりのないことだったようだ。私には人相から人物を判断する能力はないが、それでも日本の資本主義の誕生、成長の時期の先頭に立った経営者でありながら、一方、自分の信念やスタイルは貫くという人生観を持った人物という古河市兵衛の一端を、か細く残るちょんまげに見ることができる。

古河市兵衛は天保三年（一八三二年）、京都に生まれた。家業は酒屋だったが次男だったので、一一歳のころから自立の道を探りつつ商家を転々とした。もともと備わっていた商売の才能は、この修業時代に磨きがかかる。二七歳の時、生糸を主な商いに金融業、鉱山業など多角経営をしていた現在の総合商社にあたる小野組に入り、水を得た魚のように活躍、生糸取引で経済界に頭角をあらわすまでになった。

明治二年（一八六九年）、古河市兵衛は東京に駐在して商売することになり、このころから納税の交渉のために大蔵省の官僚と付き合いを深め、商売をするには政財界の人脈が大切なことに気づいて、人脈構築に力を入れるようになった。ここで陸奥宗光や渋沢栄一ときわめて親しい関係になった。政財界につながる古河市兵衛の強固な人脈の端緒ができたわけである。

陸奥宗光は政界の、渋沢栄一は財界の重鎮になってゆく。しかし、人間だれでも順風の時もあれば、逆風の時もある。古河市兵衛は二人と順風、逆風を共にして絆を強めてゆく。二人も陰に陽に支援をする。

明治七年（一八七四年）、金融危機のため小野組は倒産する。三井組は伊藤博文の盟友で政府の中枢にいた井上馨と関係が深かったので倒産を免れた。この経験からも、古河市兵衛は政財界と結び付く現世のご利益を痛感し、人脈形成に労を惜しまなかった。

彼らの人間関係は、こうしたお金の面での相互利益関係もあったに違いないが、同時にそれぞれの人生における互恵関係、義理人情的な絆でもあった。たとえば、古河市兵衛は渋沢栄一に対し、明治六年（一八七三年）に第一国立銀行を起こすにあたって資金を提供している。他方、渋沢栄一は、最初だけだが、足尾銅山の共同経営者になる。また、資金の面倒を見ただけではなく、外国からの技術導入や人材育成に誠心誠意協力している。

この響き合うような人間関係については、この後にも触れる。

ところで、当時足尾銅山は低迷を続けていた。明治五年、政府はゴッドフレーに依頼した調査の結果、「見込みなし」の報告を得て、民間に払い下げる方針を固めた。銅の生産を中止してはいなかったものの、年間六〇トンに満たない、細々とした小さな銅山だった。

その「見込みのなし」の鉱山譲渡の話が古河市兵衛のところに持ち込まれたのは、明治九年（一八七六年）である。

古河市兵衛はすでに鉱山師のカンを備えていたようだ。倒産前の小野組は鉱山業にも商売を広げていた。秋田県の院内、阿仁に鉱山を持ち、相馬藩が新潟県の草倉鉱山を拓いた時も協力して経営を担当している。

鉱山師はまず山の形、谷筋、植生などを総合的に見て判断するという。さらに山に分け入って露頭を調べるという。銅鉱があった備前楯山は、遠目にはよさそうな鉱山だったが、一六〇〇年代から掘り続けてきた採鉱跡の穴が八〇〇以上もあったということで、すでに虫に食い荒らされた饅頭のような状態にあった。しかし、古河市兵衛の座右の銘は「運、鈍、根」である。実践す

渋沢栄一（1840-1931）
（国立国会図書館ウェブサイト）

陸奥宗光（1844-1897）
（国立国会図書館ウェブサイト）

古河市兵衛（1832-1903）
（小野崎敏）

ればモノになるという、経験から来たカンが働いたのだろう。

紆余曲折はあったが、明治一〇年（一八七七年）、古河市兵衛は足尾銅山を買い取り、経営に乗り出した。賭けではあったが儲かる確信があった。そんな古河市兵衛を、草倉鉱山以来の関わりがある相馬藩の志賀直道と、殖産興業の使命感を持つ渋沢栄一が強力にバックアップし、しばらくは三者の共同経営の形をとった。もちろん古河市兵衛がその中心にいたし、ほどなく古河市兵衛単独の事業になる。なお、相馬藩の志賀直道は、「暗夜行路」、「小僧の神様」などを残した志賀直哉（一八八三―一九七一）の祖父である。

足尾鉱山買収のときの古河市兵衛は四六歳。上昇志向の強いワンマン経営者としてスタートした。その後、没するまでの二六年間、足尾銅山を日本一の生産力のある鉱山に仕立て上げることになる。

古河市兵衛のカンは当たった。そのきっかけになったのは富鉱の発見である。富鉱を「直利《なおり》」と呼ぶ。明治一四年（一八八一年）に鷹ノ巣抗下部に、明治一六年（一八八三年）には、本口抗に大直利を発見する。じり貧の鉱山は、一躍、明るい見通しを持つ希望の鉱山へと輝くばかりに変身した。

足尾銅山の銅生産量(明治期)と渡良瀬川の鉱毒被害

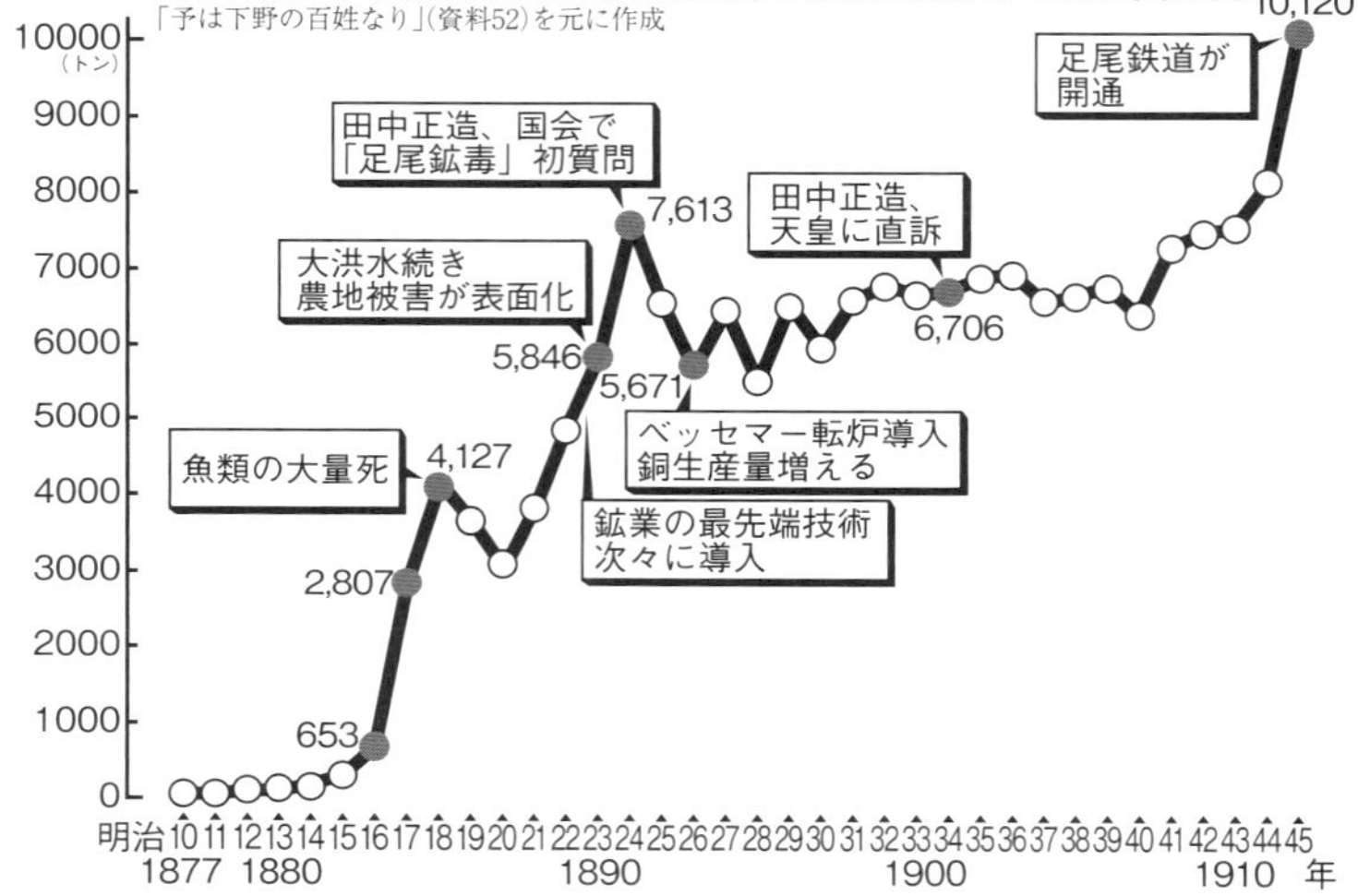

「予は下野の百姓なり」(資料52)を元に作成

明治一〇年の銅生産量は四七トン、一四年には一七四トン、一六年は六五三トン、翌一七年には二八〇七トンに達し、日本一の鉱山になった。生産高は右肩上がりに急上昇、幾何級数的に伸びた。

しかし、富鉱があっても採掘できなければ、文字通り宝の持ち腐れである。この急成長を支えたのは、近代的な鉱山技術の積極的な導入であった。

鉱山には最先端技術が要る

鉱物資源の元は地下のマグマにある。火山活動でマグマが噴出してくる過程で銅の含有量が多いところができる、それが冷えて銅鉱石になる。足尾の場合、一三〇〇万年ほど前の新生代第三期の火山活動が盛んだったころ、上昇してきたマグマが古い岩石と接触し、イオン交換の化学反応を起こして、その結果として銅鉱石が生成した。主として銅と鉄の

足尾銅山明治期関連年表

明治10…古河市兵衛が鉱山の経営権を握る
明治13…田中正造栃木県議会議員に当選
明治14…鷹ノ巣直利発見、産出量上向く
明治15…煙害の影響が出はじめる
明治16…小野崎一徳足尾に来る
明治17…ダイナマイト使用。産出量日本一
明治18…削岩機導入
明治19…燃料・坑杭用に森林を大量伐採
明治20…本山に火力発電所。松木村大火
明治21…松木村の桑が全滅
明治22…三村の合併で谷中村が生まれる
明治23…渡良瀬川大洪水、鉱毒被害広がる
明治24…田中正造が第二回帝国議会で質問
明治25…従業員子弟用小学校開設
明治26…粉鉱採集機、ベッセマー転炉導入
明治28…唐風呂の住民が損害賠償訴訟
明治29…渡良瀬川氾濫。鉱毒予防工事命令
明治30…第二、三回の工事命令
明治31…沈殿池決壊。渡良瀬川全域に被害
明治32…古河掛水倶楽部建設
明治33…川俣事件。被害民を警官隊が鎮圧
明治34…田中正造議員辞職、天皇直訴
明治35…台風が直撃、大被害
明治36…古河市兵衛死去
明治37…県議会谷中村買収の予算案通過
明治38…養子・潤吉死去。古河鉱業と改称
明治39…谷中村廃村。日光精銅所稼働開始
明治40…「谷中村滅亡史」発行。即日没収
明治41…谷中村村民一三七人北海道移住
明治42…足尾鉄道、足尾電灯設立
明治43…新精錬所竣工。従業員購買組合
明治44…カーバイト使用のカンテラ導入
大正１…足尾鉄道開通(現わたらせ渓谷鐵道)
大正２…田中正造死去

硫化物で、黄色みを帯びているその色合いから黄銅鉱と呼ばれる。

銅と人類のつきあいは長い。

青銅は銅と錫の合金で、人類史に最初に登場する金属である。儀式の道具、装飾、実用の器や武器にも使われた。人類が最初に利用した金属である。

日本最古の貨幣とされる和銅開珎は銅製である。奈良の大仏にも銅を使っている。火山列島日本には、小規模な銅鉱山は各地に散在していた。しかし、そのころ利用していたのは、自然銅だった。たまたま地表近くに存在した黄銅鉱が、山火事でもあれば還元されて銅の塊りになる。あるいは鉱山から流れ出る水に含まれている硫酸銅が、銅の小片があると析出して銅の塊りになる。こうして生成される自然銅を利用していた。

しかし、大量生産を目的に銅鉱山を経営するとなると、そう簡単ではない。地下深くから大量の黄銅鉱を採掘しなければならない。そのカギとなる技術は四つ。削岩機、ダイナマイト、排水ポンプ、送風機である。

鉱脈を人力で砕き削るのでは生産性は上がらない。「削岩機」で鉱脈に細い孔を穿ち、その孔に「ダイナマイト」を詰めて爆破、鉱脈を砕き一気に石ころ大の山にする。坑道の中には湧水が多い。地下水脈を切るようなことがあれば、水が噴出することもある。放置すれば坑道はすぐに水浸し。その水を坑道から外へ排水するには強力な「排水ポンプ」が不可欠だ。そして、酸欠になりがちの坑内で労働者の呼吸を保障するための「送風機」。もちろん照明、輸送など他にもなくてはならない装置や道具は多々ある。カギとなる四技術は、基本中の基本である。

さらに輸送も重要だ。それに、険しい山々の中にある足尾に、輸送のための新技術導入が欠かせなかった。銅山の仕事のうち採掘は最初の工程に過ぎない。次には鉱石の選鉱、精錬と続く。どの段階でも人海戦術では限界がある。大量生産のためには、そして採算のとれる経営のためには、新しい機械装置を次々に導入することが課題だった。

加えて課題は機械力だけに止まらない。

機械装置が増え作業が分業化するほど、多数の労働者が必要になる。さらにシステム全体を統括する大勢の有能な技術者が要る。大量生産をしようとすれば、技術的にも、マンパワーも、それまでとは量的質的に別次元の飛躍が必要になっていた。

小野崎蔵吉がやってきた足尾は、そんな活気に溢れた、まさに成長が始める寸前の時であった。

先端技術の出会い

蔵吉は、古河鉱業の写真師として、撮影を開始した。撮影対象に聖域はなかった。古河鉱業の採掘から選鉱、精錬の現場はもちろん、関連施設、町の風景、足尾に集まった労働者、家族の日常の暮らしに及んだ。どこでも立ち入り自由であったし、作業の邪魔にならないように撮影するという控えめなところはまったくなかった。むしろ、作業の流れを中断して現場の人々に積極的にかかわるよう求めたとみられる。

たとえば、機械装置の規模を写真に残すために、不自然ではない個所に作業員を配置している。人の背丈から推測できるというわけだ。少なくとも一時は作業をストップして指示に従ってもらわなければならない。工程にも多少の影響が出るし、作業員に余計な仕事になる。それを我慢してもらわなければならない。撮影される作業員の着衣や履物にも気遣いが必要だ。

撮影する側にも事情がある。撮影する一枚一枚に手間がかかり貴重だった時代である。同じ場面の写真を大量に撮影するなど、したくてもできなかった。一枚ごとが勝負である。今日この頃の記者会見などの様子を見ていると、無数のフラッシュがとめどなく光っている。大量の写真を撮影して、そのなかからベストのものを選ぶためだ。単発銃と機関銃くらいの差がある。性能の違いは撮影法の違いを生む。

つまり作業の写真を撮るには、実際と変わらぬ「再現」が条件だった。つまり、本来の作業を中断して撮影に協力してもらう。現場に「再現」を依頼するには、それなりの権限がなくてはならないだろう。その権限があったことに、写真師蔵吉のポジションの高さが窺える。

ワンマン古河市兵衛が招いた写真師という重み。それが権限を与えた。しかし、それだけではなかった。写真師は新技術と新知識の持ち主である。二〇代の若者ではあるが、尊敬に値するエリートだったのだ。さらに付け加えるならば、現場の労働者たちもおおむね蔵吉と同世代だった。同世代の共感もあったように思う。

古河市兵衛も自分の招いた写真師の活動に満足だったようだ。明治二〇年（一八八七年）、足尾は大火に見舞われた。この再建にあたって、古河鉱業は社有地の赤倉に写真館を建てた。洋風二階建ての「光彩堂」が誕生した。

蔵吉はこれを機会に改名して「小野崎一徳」となった。

記録写真へのこだわり

銅の生産量はウナギ登りだった。

明治二〇年（一八八七年）に三〇二四トン、二五年には六五三三トンに達し、その後の一五年間は二年を除きコンスタントに六〇〇〇トン台を続ける。

一徳は、助手を連れて足尾とその周辺を東奔西走した。険しい山に分け入ることも少なくなかった。機材は人力車で運んだが、担いで行かなければならないところも少なくなかった。撮影したいところはいくらでもあった。

古河市兵衛はなぜ写真師一徳を足尾に呼び、足尾発展の軌跡を写真に遺したいと考えたのだろうか。

思うに、まず「記録」である。記録を残すことは、いわば当時の「時代の風」であった。

写真術が登場した時代は、欧州列強が世界中に植民地を求めた時代であった。列強は軍艦に写真師を乗り込ませ、写真師たちは新しい土地と住民の生活や風俗習慣を画像に収めた。写真はスケッチより事実に近く、文章の報告より理解しやすい。未知の土地の夢と憧れを満たしてくれる。写真は本国で歓迎され、写真師たちは「イメージ・ハンター」と呼ばれた。映像の狩人というわけである。

写真は単なる記念ではなく、進行している現実をある瞬間で捉えた記録を遺す手段であったのだ。そして、記録を残すことは、ごく日常的になっていた。

写真術の東のパイオニアであった下岡蓮杖も、当時の日本人の生活、風俗、習慣、文化を撮影している。外国人の土産として高く売れるという商売上の理由もあったろうが、当時の日本人の記録である。

いずれも明治初期の写真だが、裃をつけた武士、酒を酌み交わす職人、ザルの行商人、活け花をする女、子どもの手習い、農村の風景、農村の子どもたちなど、いずれも「再現」して撮影、写真にしている。彩色でカラー化している写真もある。当時の生活、風俗習慣などの、まさに日常の記録である。

写真として日常を記録するのは時代の風であり、だからこそ現場の作業員、労働者も、撮影されることにあまり抵抗感はなかったのだろう。一徳の写真の中で、「再現」にあたって、会社の重役から現場監督、職人、作業員、女性労働者も、みなポーズをとって積極的に協力している。

さらに、古河市兵衛が記録写真を残したいと考えた裏には、鉱山事業が時代の最先端を行く産業、日本の殖産興業を担う中核の産業であるという誇りと気負いがあったろう。

目覚ましく発展する産業と最先端の写真術。古河市兵衛と小野崎一徳のコラボは、まさに異分野の二人の協働作業であった。

二．最先端技術を記録した写真

小野崎一徳の孫にあたる敏さんは、先に書いたように、写真を整理して「足尾銅山・写真帖」を出版した。写真帖には小野崎一徳の代表作が約二〇〇枚掲載されている。

一徳の写真を収集

足尾銅山と社会問題にまでなった公害の象徴、谷中村に関する記録や報告は、世の中に多々出回っている。書籍を並べれば、そのまま小さな図書館になるだろう。明治以来、歴史研究者、社会学者、郷土史家など、それぞれの視点でまとめて発行している。しかし、ほとんどが文章中心だ。写真が載っていても、文章の添えもの、せいぜい文章を補強するものだった。主役が文章、写真は脇役という扱いである。皮肉な見方をすれば、「学者」には論文に写真を入れるのを躊躇する心理があるらしい。文章の価値が減ると思うのかもしれない。

写真帖は、主役が写真の記録という意味で、初である。足尾銅山の鉱業所内の建築物、設備、機械、労働の風景の写真、銅山経営に不可欠だった林業の写真、経営者から鉱夫、職人、人々の日常生活の写真、それに、環境破壊、公害対策の写真。

それに敏さんがいちいち説明の文章をつけている。さらに、血のつながりのある孫ならではの解説もある。読者は興味関心に応じて、写真とじっくりつきあえる。写真は、観察すれば必ず発見がある。

そもそも敏さんが小野崎一徳の写真を収集したいと思い立ったのは、およそ五〇年前のことだったという。

「日鉄鉱業という会社に入社して、各地の鉱山を見ることができました。写真屋の息子なので、どうしても祖父の写真と比較して見てしまう。そのたびに、足尾は日本一の規模、と思いました」

それがきっかけになった。

小野崎一徳が足尾の「日本一」の姿を、大量の写真に記録したことはだれもが知っていた。敏さんが目にする機会も多かった。しかし、写真館にも、手元にも、祖父一徳の写真は残っていなかった。古河鉱業にはあるらしいが、公表すると公害問題でバッシングに会うかもしれないという懸念があるせいか、手の内を見せようとしない。図書館にもない。祖父が撮影した写真だけではなく、祖父が撮影された写真もない。顔が分かる肖像写真は、たった一枚生家に残っているものだけだった。

日光市足尾町にある敏さんの自宅床の間に、その肖像写真が飾ってある。

撮影年月日は分からない。せいぜい三〇歳くらいの頃の写真ではなかろうか。それにしても、見事な髭である。両頬と鼻の下から黒々とした縮毛の髭。胸まで届いている。ひげで連想する有名人というと、同時代の「板垣死すとも自由は死せず」の板垣退助といったところだろうか。それとも五月人形の疫病を退ける神様、鍾馗《しょうき》だろうか。髭に対して頭は短髪。鼻筋が通り、きりっとした口元。遠くを望む目。なかなかの美男でもある。

しかし小野崎一徳の印象は、何と言っても、立派な髭である。

「明治二三年に吾妻掬翠《きくすい》という人が足尾に来て一徳を知り、〝写真師小野崎一徳といえる髭武者先生あり〟と風俗画報誌に書きました」

一徳の写真と遺品

小野崎一徳は、孫の敏さんが生まれる五年前の、昭和四年（一九二九年）に没している。だから、敏さんは祖父の人となりは知る由もない。そのうえ、一徳を知る人で確かな記憶のある人は、もはやいない。面影を今に伝える遺品といったら、暗箱カメラ三台、ダルメーヤとテッサーのレンズ二本、それと一枚の肖像写真だけ。ほとんどの写真、遺品は、戦災による焼失、強制的な供出、散逸、行方不明の状態にあった。

それにしても、小野崎一徳自身の写真はなぜ少ないのだろう。テレビ番組のディレクターをしていた私の経験から考えると、何となく分かるような気がしないでもない。撮影の対象にカメラを向けるが、自分自身は向けない。だいたい撮影対象を忙しく追っているときに、自分にカメラを向ける暇はないし、そもそもその発想がない。それに、他を撮影するのは平気だが、撮影されるのは気恥ずかしいという微妙な気持ちが働く。その結果として、自分の写真はほとんど撮らない。私の葬式の時に家族はさぞ困るだろうと思う。

こんな勝手な推測はさておき、小野崎一徳その人は、霞の彼方にいるような、なぞに包まれている。それでも写真だけは、あちらこちらに大量に残っているはずである。そう確信した敏さんは、主に古書店に依頼して写真を集めた。

「懇意の古書店ができました。ついでに日露戦争のステレオ写真などの珍品や日本画家、田代古崖の〝銅山図絵〟など文化遺産が手にはいりました。お金もずいぶん使いましたよ」

敏さんがこれまでに収集した祖父一徳の撮影した写真は、一〇〇〇枚以上に達した。写真帖には二〇〇枚ほど掲載したが、まだ八〇〇枚はある。写真帖の作成を始めたところ、古河鉱業も協力してくれるようになり、眠っていた写真の提供があった。絵葉書の写真も六〇〇枚くらい収集した。

「絵葉書は、足尾に来た外国人や日本の各界の要人に銅山の繁栄を知ってもらう目的でつくり、そのうちだんだん足尾見学の土産になっていったのでしょう」

そういえば、復元した坑内を見学できる銅山観光の出口に、小野崎写真館の屋台のような店があり、そこで見学記念の絵葉書を売っている。

敏さんの話を聞きながら写真を見る。私にとってエキサイティングな体験だ。写真を間に話を聞くと、質問が次々に連鎖して出てくる。想像力をかきたてる写真なのだ。

近代の具現化、足尾

私には、一つの疑問があった。

渡良瀬川下流の農村と農民が、鉱毒被害により壊滅的被害を受け大きな社会問題になっていたころ、多数の新聞記者、文筆家が被害地を訪れている。

鉱毒は、稲作はもとより農業に壊滅的な打撃を与え、上流の荒廃が下流全域にもたらす洪水が毎年のように繰り返されていた。江戸時代のように米を年貢とする時代は終わってはいたが、米中心の農業が国家経済の基盤という農本主義の構造は変わってはいなかった。当然のことながら、記者たちが鉱毒発生源である渡良瀬川上流の足尾銅山に向ける目は、厳しかったはずである。

しかし、政府の方針が殖産興業で足尾銅山を経営する古河鉱業と政府中枢と財界中枢との結びつきが強く、言論統制があったにせよ、多くの新聞記者、文筆家の批判は鋭さを欠く。「やむを得ない鉱毒、注意して生産を」というスタンスがほとんどだ。

荒畑寒村や、当時の毎日新聞社の記者、論説委員は、農民の側に立って論陣を張ったが、どちらかと言えば例外的であった。

なぜ多くのジャーナリストは鉱毒被害の拡大を容認するようなスタンスだったのか。

小野崎一徳の写真を見ながら敏さんの話を聞くと、その理由の一端を推測できる気がする。一言でいえば、鉱毒被害を見てきた新聞記者たちは、足尾を見てイメージを一変させたのだろう、ということだ。

パワフルに動く機械装置、溶鉱炉から流れ出る灼熱の塊、その轟音、忙しく立ち働く労働者、山奥にありながら他には見られぬ活気のある街。

記者たちには足尾では見るもの聞くものすべてが初体験だったに違いない。近代の地上における具現化。それは、多分ジャーナリストたちを洗脳するのに十分だったろう。仰天して洗脳されるのは不甲斐ないと思う。欧米から導入したのはジャーナリストの形であって精神ではなく、そのため未熟だったのではと疑う。しかし、工場の煙突から吐き出される煙とその臭いにすら、近代の圧倒的な迫力を感じたのではないだろうか。

小野崎一徳（小野崎敏）

その迫力に圧されて、農本主義から工本主義へと主義主張を変えてしまったのではないだろうか。そこで鉱毒批判の論調が弱まったのではないか。田中正造らの閉山論は極論とする世論形成につながっていったのではないか。

小野崎一徳の写真を見ると、このような推測はあながち的外れではないように思われる。

まず驚くのは、足尾銅山に投入された技術である。鉱山というと一次産業、人力に頼った労働のイメージがあるが、足尾銅山の技術はそんな思い込みの対極にある。

足尾には鉱山開発の先端技術がいち早く取り入れられたのである。

削岩機とダイナマイト

削岩機とダイナマイトは、採掘現場の新技術だった。その写真は大量である。

企業に限ったことではないが、一般に大きな組織を構成する各部門の間には、自然発生的な力関係の序列がある。

鉱山業では、採掘、選鉱、製錬の工程を担当する各部門の間に序列ができる。序列の原則は、利益に寄与する割合の大きい順である。つまり、第一が採掘部門。採掘の現場で金属含有量が多い鉱石を掘れば掘るほど大きな利益が上がる。富鉱が尽きるまで採掘部門は利益の源泉であり、その分影響力がある。第二が選鉱部門。採掘された鉱石の、銅の含有量をさらに濃縮する仕事をする。第三が製錬部門。最終的の金属が濃縮された鉱石から銅を取り出す。順風が吹いている限りは、採掘部門にいちばん光が当たり、活気が出る。暗黙のうちに、公式、非公式の序列になる。多分、管理職の出世が早い。会議の席では採掘関係者の声がいちばん大きく響くようになり、宴会の座順までが決まったりする。

その採掘の、鉱山の命運を分け企業の死命を制する新技術のシンボルが、削岩機とダイナマイトだった。

それにしても、ほとんど闇と言ってよい坑内の現場での撮影に、小野崎一徳はさぞや苦労したことだろう。

照明設備は不完全で、せいぜい夕闇の明るさだった。フィルムの感度を示すＩＳＯ（ＡＳＡ）は一〇以下だったという。カメラにはシャッターがない。レンズの先端の蓋を手で取り外している間が露光時間だった。直射日光の下ですら、その時間は二秒くらい。明るさの度合いで何十秒にも伸びた。写真師の経験と勘が露光時間を決める。被写体はできるだけ動かないことが必要だ。「再現」の現場で、被写体となる鉱夫たちは、ちょうど胸部のX線撮影の時のように、息をとめ、固まって、耐えた。

現在でも暗闇での撮影は容易ではない。それにもかかわらず小野崎一徳は、悪条件をものともせずに、新技術の現場を撮影している。

抗夫が削岩機を鉱脈に押し当てている。白い岩屑の粉が舞い上がる。ダイナマイトを挿入して発破を行う孔を穿っている様子だ。動感のある「再現」写真だ。

採掘は古来、鑿とハンマーが主な道具だった。鑿で叩き割って採るのだが、手作業が頼りではいかにも効率が悪い。そこで発破が開発された。日本でもはるか昔から、一六〇〇年代から行われている。鉱脈に孔を開け、火薬を挿入して爆破するやりかたは同じだったが、鉱脈のある岩に火薬を挿入する細長く深い孔を開けるのは、それはそれで難しい作業だった。

どこの国でも事情は同じで、効率よく孔を穿つことのできる削岩機の開発に、さまざま試行錯誤が行われた。

削岩機の実用化が一気に進んだのは、ダイナマイトの発明がきっかけである。

発明者は、スウェーデンのアルフレッド・ノーベル。一八六六年のことである。ノーベルはダイナマイトで巨額の富を築き、その一部を基金にしてノーベル賞を創設した。毎年受賞者が出ようものなら大騒ぎになるノーベル賞。学者にとっては世界最高の栄誉である。基金になったノーベルの巨額の資産は、ダイナマイトが土木事業に欠かせぬものになったからである。地上では社会基盤の建設、地下では鉱山の採掘に使用された。

圧縮空気で先端を震わせる現在のような空気打撃式削岩機は、アメリカのバーリーが実用化に成功した。足尾には、古河市兵衛の指示により、明治一七年（一八八四年）に初めて導入された。しかし、輸入品の削岩機は高価だったし、大型で相当の重量があった。ポータブル削岩機も同じだった。

そこで日本人の得意とする改良改善が行われたと、小野崎敏さんはいう。

「足尾工作課主任の川原崎道之助が、外国製を改良して日本人の体格に適した小型、軽量の削岩機を開発しました。日本人の製作風土はこの時代にもあったのです。最初の〝足尾式三番型〟はその後も改良されて、現在も世界に輸出しています。足尾は削岩機のパイオニアでもあるのです」

写真を見ると、「なるほど」と思う。圧縮空気を送るホースを引きずってはいるが、手持ちで軽々と扱っているように見える。採掘の効率の飛躍的に上昇したことがうかがえる。

ついでにいうと、鉱夫は防塵マスクをしている。飛び散る細かい岩屑を吸い込み続けると、肺に沈着して珪肺《けいはい》になる。症状が進めば、肺気腫、重症化すると呼吸困難からの死につながる。マスクはその予防のためだ。また削岩機の振動を慢性的に受け続けると、白蠟《はくろう》病を起こす。指に血管障害が誘発されて、蝋のように白くなることからこの名がある。どちらも深刻な職業病だ。

写真を見て、少なくとも防塵マスクをしていることだけでも、良かったなと思う。

日本初の水力発電所

足尾町の間藤《まとう》。渡良瀬川に沿った幅五メートルほどの道路の傍らに、錆びた鉄管が地面に突き刺さるようにして残っている。直径一メートルくらい。そばに日光市が立てた看板があり「日光市指定史跡」と大書してある。ところどころ訂正の痕のある説明文がついている。その主旨は次のような内容だ。

「古河市兵衛は、明治二三年（一八九〇年）にジーメンスのヘルマン・ケスラー技師の勧めにより、日本最初の水力発電所を完成させた。松木川と深沢川の水を、延長二・九キロメートル、木製の大樋でこの地の山頂に導き大鉄管に接続し、落差三三メートルの水力でおよそ一〇〇馬力四基のペルトン式水車を回転させ発電した。電力は、坑内排水の揚水機、精錬所の送風機、選鉱場の動力、電車、電灯などに利用した。発電所はこの下の渡良瀬川の川原にあった」

削岩機（小野崎一徳撮影）

地面に突き刺さっているのは、崖の上から発電所に水を落とす鉄管の一部で、地面の下を抜けて川原の水力発電所に続いていたのだ。道路から渡良瀬川の谷間を見下ろす。このあたりまで来ると川幅も、流れまでも、せいぜい二〇メートルほどである。川というより谷である。看板に書かれているように「川原に発電所があった」形跡は、すぐには分からない。土砂が堆積して川底が上ったために敷地を設けるようなスペースはないように見える。

しかし、確かに痕跡があった。流れの中にレンガを積んで造られたピラミッドのような建造物が残っている。目測で、縦横高さ、二メートル位か。上部と横に大きな開口部があるので、大きなかまどのようにも見える。実は、水車を回転し終わった水を渡良瀬川に放水する排水口の跡という。さらによく探すと、岸辺近くにもレンガの建造物が残っている。発電所の土台だろう。いずれも流れに削られて丸みを帯びている。九〇年近い長い年月の間、渡良瀬川の水の浸食に曝されてきたせいである。

一徳はもちろん日本初の間藤水力発電所を撮影している。

その一枚、発電所の遠景を見る。画面中央に木造の建屋がある。この建屋の中に発電機があった。他に二棟。二本の柱の上部を横木でつないだ電柱。前庭に一〇人余りの人々。大半がカメラ方向を見ている。服装はさまざまで、スーツもいれば作業着もいる。スーツ姿は、監督かもしれない。窓から覗いている人もいる。人物を観察するには人の姿は小さいが、人がいるために施設の大きさが分かる。一徳は画面の中に人物を配した。ただの風景ではなく、情報のある写真になっている。

発電機の建屋は正面が一五メートルくらいだろう。奥行きは、一〇メートルくらいか。そうすると建坪は一五〇平方メートルほど。建屋の高さは八メートルくらい。全体としてはかなりコンパクトな水力発電所である。発電建屋の背後に、崖の上と垂直に発電所をつなぐ導水用の鉄管が写っている。この鉄管から水を一気に落として、その力で水車を回したわけである。

抗内の排水、送風、搬出に、機械力が欠かせない。初めはもっぱら人力だったが、蒸気力が使

間藤水力発電所（小野崎一徳撮影）

用されるようになった。しかし、蒸気をつくる燃料に乏しい。近くに薪を調達できる森がなくなった。その状況を打開するために電力の利用が差しせまった課題になっていたのだ。

世界最初の水力発電は一八八二年にアメリカで建設されている。足尾の水力発電所は、そのわずか八年後に建設される。

「水力発電は、当時まだ確かな技術になっていたわけではありません」と小野崎敏さんはいう。賭けだったのだ。

「古河市兵衛はジーメンスの技師の提案を受け入れはしたものの、もし計画通りに発電ができない時は代金を支払わないという契約で建設しました」

京都にある蹴上《けあげ》発電所。琵琶湖疏水を利用して発電した日本初の発電所として知られる。しかし、建設は明治二四年で、足尾に一年遅れる。正確に言えば、足尾は日本初の産業用発電所、蹴上は日本初の民間用発電所である。蹴上発電所は電気そのものを供給、販売した。日本で初めて水力発電の有効性を実証したのは、やはり間藤水力発電所である。

間藤水力発電所の成功は、水力へ道を拓いた。水力発電は足尾銅山が必要とするエネルギー源の中核を占めるようになり、足尾から日光方面に多数建設されることになった。利用の面でも進歩があった。明治三〇年（一八九七年）ころには、白熱灯一七二三とアーク灯三五とで、足尾の夜を明るくした。単線軌道の電気鉄道は一二キロメートルに達した。すばやく情報を伝達する電話線の総延長は一七五キロメートルに伸びた。

水力発電の技術の波及についても触れておきたい。水力発電の新技術は、新しい人材と新しい企業のゆりかごになった。

「足尾には、電力を活用する事業を興そうという人材が集まってきました。電機、電力、情報の市場が広がり、古河鉱業から、古河電工、富士電機、富士通信機など、さらには富士通、東芝、日立、ソニーにつながる人材を輩出することになりました」

手選鉱から機械選鉱へ

企業内序列の二番目に来る選鉱部門の機械化も目覚ましかった。

一徳が撮影した明治二〇年代の選鉱場では、いわゆる「手選鉱」が行われている。男の作業員が鉱石を載せた手押し車を押して来て、少し高くなった中央通路に鉱石を落とす。中央通路はいわば分水嶺になっていて、鉱石は左右の斜面に流れ落ちる。斜面の下では選鉱婦と呼ばれる女たちがずらりと並んで腰かけていて、落ちてくる鉱石を手でより分ける。純度の高い精鉱と下鉱を分ける「選鉱」の工程だ。だれも手袋をしていない。素手である。次々に背中側に置いてある木箱に放り込む。木箱がいっぱいになると、待ち構える男たちが、それを精錬部門に運んで行く。同じ工程を明治二八年（一八九五年）に撮った写真では、鉱石がゴム製のベルトコンベアで運ばれている。コンベアの横で作業しているのは女たち。手選鉱であるが、機械化が進んだ。

小野崎敏さんは、明治一六年ころから急速な機械化が進んだと見ている。

「採掘量が急増し、手選では対応できなくなったのです。最初は欧米の方式を導入して、手選との併用しながら、改良改善を重ねて、明治一〇年代半ばに機械選鉱場を完成させました」

手選鉱より一歩進んだ選鉱風景が同じく明治二〇年代に撮影されている。精鉱を砕いて、四角い木枠の篩《ふるい》に入れる。選鉱場内に、ずらりと並んだ篩。モーターとベルトで稼働する装置で、篩を水中で揺する。比重の違いで銅の含有量の多い精鉱が下に溜まる。含有量の少ない下鉱を淘汰するということで「淘鉱」工程と呼んだ。写真で見ると精鉱を運ぶ男たちがいるだけだ。以前のように選鉱婦はいない。機械化の成果が分かる。同じ原理だが、年代を追うにしたがって、新しい機械が導入されていったようだ。その段階ごとの写真がある。

いま足尾の通洞に残っている通洞選鉱場は、大正一〇年（一九二一年）頃に、三カ所あった選鉱場を統合して建設された。

写真はほとんど無人化した選鉱場内部を記録している。

ここでは浮遊選鉱が行われた。鉱石をボールミルで砂粒よりまだ微細な粉状に粉砕する。スラリーという。スラリーに油や捕集剤を混ぜて空気を吹き込むと泡ができる。泡の大きく盛り上がった様子が分かる写真である。

泡は膨らみ、はじけては消える。「よどみに浮かぶうたかたはかつ消えかつ結びて」という「方丈記」の名文よりは、温泉地によくある「地獄谷」を思い出させる泥の泡だが、その泡の表面に精鉱が吸着されて回収される。いずれにせよ、浮遊選鉱は今日でも変わらない選鉱の最先端技術であった。足尾を手本として他の地域に広がっていく。選鉱の機械化もまた、足尾が源流である。

しかし、選鉱工程の機械化は、採掘量の増加だけが理由ではない。

「採掘した銅分を効率よく回収するのは、企業の利益だけではなく鉱毒防止にもなります。手選鉱の時代、下鉱は谷間に廃棄されていました。洪水が来ると下流に流れ、鉱毒を下流に運ぶ結果になりました。回収率が上がれば、さらに排水処理をすれば、下流に流れる鉱毒が減ります。公害根絶にいたらないまでも、軽減したことは間違いない」

製錬の革新：ベッセマー転炉

企業内序列とは関係なく、素人目には鉱石から銅を取り出す製錬工程が、やはりハイライトである。

明治三年（一八七〇年）、政府はいまの経済産業省にあたる工部省を設置し、欧米の技術者を雇い入れて、経済の基礎になる日本の産業の近代化を図ることにした。先進国をキャッチアップするには、技術導入が近道という判断からのことだった。

鉱石から金属を溶かし出す溶鉱炉は、欧米でもまだ発展途上の技術で、優劣を決め難いさまざまなタイプがあったが、日本各地の鉱山と精錬所に競うようにして導入された。

鉱石から銅を得るまでに、一般に三つの段階がある。

第一段階は溶鉱炉で、精鉱から鉄を除く工程である。黄銅鉱は、銅と鉄と硫黄の化合物である。高温の溶鉱炉の中で、精鉱と石英が化学反応を起こして、珪酸鉄のカラミと、銅含有量が増加したカワになる。カラミとカワは、油と水のように二層に分かれる。カラミは軽く、カワは重い。語感とは反対だ。

このとき、大量の亜硫酸ガスが排出される。カラミは廃棄物だが、足尾では一部黒い耐火レンガ製造用の材料になった。カラミが熱いうちに、鉄製の箱に流し込んで固める。鉄分が多いので普通のレンガよりはるかに重量がある。火災の時に延焼を防ぐ防火壁として、いまでも足尾の町の中のところどころに残っている。

第二段階はベッセマー転炉で、カワに残る鉄と硫黄の不純物をさらに除く工程である。カワの中の銅は二〇ないし三〇パーセントなので、半分以上がまだ不純物なのだ。転炉の中の溶けたカワに、高圧の空気を吹き込むと、硫黄と鉄が酸化する。この反応は極めて激しい発熱反応なので燃料がほとんど要らない。カラミを除いて銅の純度が高くなったところで、型枠に流し込み板状に固める。しかし、これで終わりではない。純度は高いが、それでもいわゆる赤銅色ではない。灰色がかった板である。

第三段階は、電気分解を利用した精銅の工程である。板状の銅板はアノード板という。陽極板という意味である。電気分解層の陽極にして電気を流すと、銅イオンになって溶け出し陰極に届くとそこに蓄積する。これでようやく工程が終了し、陰極にほぼ純粋の銅板が形成される。

精錬の一連の工程でいちばんカギとなっているのがベッセマー転炉である。足尾銅山には明治二六年（一八九三年）に、導入されている。もちろん日本初のことである。

フランスで精錬を学んだ塩野門之助を、改めて二年間アメリカへ留学させ、帰国後すぐにベッセマー転炉を完成させた。溶けたカワの入った円形の炉を回転させて化学反応を促進、革命的に時間を短縮する仕組みになっている。転炉導入前には三二日間もかかっていたという工程が、ベッセマー転炉ではわずかに二日になった。

小野崎一徳は、操業中の転炉と作業員たちの様子を何枚も撮影している。最初の一基はアメリカからの輸入だが、二基目からは国産で、増設されて四基になった。

転炉の形は、コンクリートミキサー車上で回転しセメントを攪拌している容器に似ている。そばに立つ作業員の背丈から見てもちろんずっと大きいし、高熱に耐えるよう頑丈そうである。転炉を覆うように、上部に廃ガスを吸い込む巨大なパイプの開口部が開いている。廃ガスが吸い込まれている様子の写真もある。煙害の発生源だったところだ。クレーンにつるされたバケットが移動している。現場の轟音が響いてくる。

作業員たちは、長い鉄棒を携えていた。鉢巻きに足袋に草鞋ばき、というのも興味深い。高温の職場で、熱くはなかったのだろうか。熱くないはずはない。熱かったに違いないが、「再現」に姿勢正しく、手を腰に構えている姿は、舞台の上の歌舞伎役者のようにも見える。

足尾製錬所、「解体中」

二〇一〇年、足尾製錬所は解体中である。

水力発電所のあった間藤から上流へ一キロメートルほど、渡良瀬川の対岸に数百メートルにわたって製錬所施設の残骸が残る。大小の建屋の屋根や壁はすでに破れ、はがれ、大穴があいている。むき出しになった鉄骨の骨組み。球形のタンク。排気ガスを導く何本もの太いパイプ。一様に風雨に曝されて、ペンキがはげ落ち、錆びが目立つ。そして、敷地のはずれには、レンガ造りの高い煙突が一本。かつての栄光を物語る。廃墟だが、まだ生きているとでも言っているようだ。

　足尾銅山は、一九七三年（昭和四八年）に閉山した。その後しばらくは輸入鉱石を原料に製錬は続けていたが、それも一九八

坑道に入る電気鉄道（小野崎一徳撮影）

ベッセマー転炉（小野崎一徳撮影）

当時の足尾精錬所（小野崎一徳撮影）

九年（平成元年）には操業停止した。原料が海外依存になり、経済性からみて製錬所は海岸に立地するのが当たり前になったからである。それ以来、製錬所は二〇年間放置されてきた。

しかし、予定通り進めば、間もなく姿を消す。実に寂しい思いだ。

足尾製錬所は産業遺産である。その評価には光もあれば影もあるが、一時代を築いた文化遺産である。むしろ光と影の両面があるからこそ、保存して後世に残したい。産業遺産は、研究、学習、観光に、間違いなく役に立つ。

時計の針は戻せない。流れ去った時間は戻せない。同じように、解体した遺産は元に戻せない。いったん解体して、足尾から消滅してしまったら、再生は不可能である。仮に建屋は復元できても、転炉の一部は残しても、それは博物館の展示ケースを見るのと同じである。遺産とはいえない。遺産とは総体であって部分ではない。

それでも製錬所は消えゆく運命にある。解体業者が撮影しているという写真だけが、解体前の姿をとどめるささやかな記録になる。

なぜ貴重な産業遺産として保存できないのだろうか。

現在のルールでは、遺産として保存するとすれば、古河鉱業を引き継いだ古河機械金属が実施することになる。つまり、資金を負担し、今後の安全管理の負担を永く負うことになる。だから、一企業に文化の保存を託すのは、常識的に考えてかなりの無理がある。

また鉱業法の規定により、事業者には閉山後の自然復元が義務付けられている。他方、下流の市町村からは、早く解体せよとの強い要求がある。かつて公害発生源に最終的な結着を求めたいという気持ちも分かる。新たな公害の指摘もある。敷地内に存在するであろう、金属汚染、ダイオキシン汚染が、渡良瀬川に流れ込み下流の水利用に影響するのではないか、という懸念である。万一の時の責任を企業に負わせるのは、これも無理だろう。

製錬所の廃墟が消えるのは惜しい。他の国だったら、政府や自治体やＮＰＯや大金持ちが、きっと保存するだろうとも思う。本当に残念だ。解体は実状に照らして合理的選択かもしれないが、残念としか言いようがない。

空を行く資材

一徳の写真のなかで数が多くかつ目を引くのは輸送に関する新技術である。

明治二八年（一八九五年）以前に撮影という足尾町の全景は瓦屋根の家々が軒を連ねているが、手前の幹線と思われる道路には、馬車が十数台、行儀よく一列になって並んでいるのが見える。馬車鉄

足尾精錬所（2009年秋）

道だという。つまり、馬車の車輪はレールの上を行く。なるほど一列なのはもっともだ。

小野崎敏さんはいう。

「レールを敷いてトロッコで輸送する手法は昔からありました。トロッコの動力が進歩しました。つまり、人力、畜力、蒸気機関、電車……。高低差を利用するものもあれば、ガソリンエンジンも。さらに山間地の足尾ならではの輸送手段が導入されました。険しい山に囲まれた足尾は、外部と結ぶ輸送手段が欠かせなかった。空中ケーブルのネットワークはその一つです」

鉄道馬車の行く先は架空索道、つまり空中ケーブルの「駅」である。馬車の荷台に転炉でできた銅のアノードが載っている。レールは複線になっていて、ここも行列だ。製品を東京へ運び出しているところという。馬車鉄道で地蔵坂に運び、そこから空中ケーブルで細尾峠を経由して日光へ、東京へと輸送する。

写真に残る空中ケーブルは、スキー場のリフトや小型ゴンドラに近い。人間用ではなく資材用である。資材を吊るして輸送した。当時の支柱は木製。明治二三年（一八九〇年）に運転を始めた日本初の空中ケーブルは、地蔵坂と細尾を結ぶ本格的なもので、延長三・八キロメートル、支柱は三〇基、運搬機は八七個、三〇馬力の蒸気機関でロープを循環させて運転した。

空中ケーブル開通前の明治二二年（一八八九年）、輸送は馬車四〇〇輌、牛車一二〇輌、手車二〇〇輌を使ってかろうじて捌いていたという。空中ケーブルの威力は目を見張るものがあった。これらに代わって、空中ケーブルは、一昼夜に一〇〇トンの貨物を運んだと記録されている。

空中ケーブルは足尾の立地条件にぴったりであった。一時は空中ケーブルの国際見本市のような時があったという。それでもほどなく国産化に成功する。足尾で稼働した空中ケーブルは、二六地域で総延長四五キロメートルに達した。

ちなみに、足尾と外部をつなぐ渡良瀬川沿いのルートに鉄道が完成するのは大正元年（一九一二年）である。ＪＲ両毛線「桐生」駅と足尾が鉄道で結ばれ、その後はこのルートが足尾と外部をつなぐ輸送のメインルートになる。現在は「わたらせ渓谷鐵道」という名称で、もっぱら地域の足と観光のための電車として運行されている。

さて、空中ケーブルを外部との輸送のために設置したのに対して、足尾地域内での輸送用には、簡便なトロッコ鉄道が採用された。トロッコ鉄道「ドコビール」の導入も、足尾が日本初であった。

空中ケーブル（小野崎一徳撮影）

「フランス人のドコービルが発明し、一八七八年のパリ万博で金賞を獲得したトロッコ鉄道で、ドコービルがいつの間にかドコビールとよばれるようになりました。明治一六年（一八八三年）に石川島播磨の創立者平野富二が日本での販売権を得、その年に足尾に入り、それ以降、日本中の土木事業で使われるようになりました。動力源は、初めは人力、次に馬、蒸気機関、電気が動力になりました」

他にも「日本初」がある。電車である。

東京の品川―新橋間に電車が運転されるようになった明治三六年（一九〇三年）より

一〇年以上前に、足尾に国産の電気機関車が走り始めていた。本山事務所から古河橋まで、約八〇〇メートル。軌道の幅は六一〇ミリメートル。明治二三年の間藤水力発電所が完成した翌年には、トロリー式の坑内電車が走ったという。

さらに「初」ではなく「独自の」という形容詞がつく鉄道があった。A型フォードのエンジンで動かすガソリンカーである。形からすると、ガソリン機関車と言ってよいだろう。それも、おもちゃを思わせる遊園地が似合うような。自動車のタイヤを車輪に置き換えたような乗り物である。

小野崎一徳は、第一号車が走ったその日のガソリンカーを撮影している。

「大正一四年（一九二五年）、当時の古河虎之助社長が足尾に来るのに合わせて、ガソリンカーを製造したのです。初めは坑内用だったのですが、町を走るようになりました。昭和二八年（一九五三年）まで三〇年近く、ガソリンカーは路面電車のように足尾の町内を走っていました。無料で乗れました。町民の足で、ふだんの暮らしに利用していました」

ガソリンカー復活！

話は一気に二〇〇九年八月八日に飛ぶ。この日、足尾ガソリン軌道・歴史館線に、ガソリンカーが復活した。

歴史館線は、足尾歴史館に隣接する空き地に敷設された一周一七四メートルの路線で、軌間は六一〇ミリメートルの狭軌である。久々に大勢の笑顔と歓声。テレビカメラが来ていた。フラッシュが光る。ガソリンカーはオープン客車を牽いて颯爽と走った。

二〇〇五年、足尾歴史館がオープンした。どちらかといえば高齢の、地元ボランティアが中心になってつくりあげたものだ。ふるさと足尾の光と影を世代を越えて伝えたいという願いがもとにある。

その歴史館にシンボルがほしい。館長の長井一雄さんの「ガソリンカーを復活させよう」と呼びかけに応えて、ガソリンカー復元のプロジェクトがスタートした。

足尾の町民に身近だったことが、愛称からも分かる。「ガソリン」、あるいは、「定時」と呼ばれていた。「定時」とは、かつての国鉄なみに、時刻表通りに必ず来るからだったという。自動車時代になって過去の遺物になったとはいえ、以前を知る人々には、ことのほか愛着がある。

長井さんの呼びかけに呼応したのは、足尾で自動車業を営む町田洋さんら。町田さんはエンジンなら何でもOK、古いものでも再生してしまうという、四〇年の経験のある修理のプロである。他には、元国鉄マン、鉄道模型のマニアなど、大勢が参加することになった。

足尾の人々はみな顔が広い。いまは引退して故郷に戻っているが、これまでさまざまな分野で仕事をして来た人がたくさんいる。それだけに豊かな人脈がある。プロジェクトを進めるにあたって、多くの人々の人脈が活きた。

レールは閉山した鉱山から、オープン客車は小田急電鉄の向ヶ丘遊園地から譲り受けた。敏さんは自宅の庭に譲り受けたレールを一時保管したという。レールの敷設にもボランティアが汗を流した。レールは安全の基盤である。素人ばかりの敷設では頼りないが、重機の経験者や元国鉄マンがいて、惜しみなく汗を流してくれた。おかげで出来上がりはプロの仕事と同じ。みんなの知識と経験が活かされた。

その間、町田さんはガソリンカーの設計図を参考に、復元を開始した。復元するガソリンカーのポイントは、A型フォードのエンジンである。足尾には残っていないし、仮に残っていても動かすには部品の交換も必要だ。そこで伝手をたどった結果、ついにアメリカで本物を発見、購入した。

かつての栄光は消えつつあるとはいえ、アメリカは自動車の本家である。クラシックカーの愛好家が多く、復元用パーツも販売されている。A型フォードエンジンとパーツが手に入れば、町田さんの腕がある。エンジンは八〇年の時を経て、見事に復元された。

台車も復元されて、ガソリンカーが現代に甦った。

町田さんは、エンジンの音、におい、振動も原形に近いと確信している。そして、プロジェクトには大きな意味があったと思っている。

「最盛期の人口は四万人。いま二〇〇〇人。足尾は過疎の町です。悲観性症候群に陥っているところが多い。そんな町を元気にするにはどうしたらいいのだろう。全国に同じ悩みを持つところが無数にあるに違いありません。テレビやラジオで、がんばっている人たちがいると知ることがありますが、共通しているのは〝これだけはほかに負けない〟という何かを持っていることです。ナンバーワンよりオンリーワン。ガソリンカーは、足尾の、その〝何か〟です。それも楽しくできたことが何より素晴らしかった」

サポーター、渋沢栄一

小野崎一徳の写真を見て本当に驚くのだが、足尾にはなぜ新技術の「初」がたくさんあったのだろうか。

そこには、古河市兵衛の手腕があったことは確かだ。しかし、市兵衛だけの力ではない。サポーターがいた。広く、深い親交を結ぶ人脈である。その代表が渋沢栄一である。足尾の発展には背後から支えた知恵と協力があったのだ。

渋沢栄一（一八四〇―一九三一）は、現在の埼玉県深谷市で養蚕と藍玉生産を営む豪農の家に生まれた。江戸に出て尊王攘夷運動に参加、その後一橋慶喜《ひとつばしよしのぶ》に仕え、慶応三年（一八六七年）に西洋の新知識を学ぶためにフランスへ留学する。慶応四年が明治維新だから、まさに政変の寸前であったが、渋沢栄一にとってはチャンスだった。政権交代を目撃することはできなかったものの、代わりにフランスに滞在して明治新政府の採るべき経済政策を模索した。明治政府の基本政策は、軍事力増強の「富国強兵」と経済力強化の「殖産興業」である。その「殖産興業」の具体策を研究したのである。

復元なったガソリンカー
（向かって左が町田さん　右は著者の友人藤田さん）

帰国後の明治二年、渋沢栄一は大蔵省に出仕する。そこで租税関係の仕事を通じて、小野組の古河市兵衛との縁ができる。やがて二人は、肝胆相照らす仲、ということだろうか。たがいに助け合う関係になっていく。そこには利権で結びついたところがないわけではないが、人間同士の共鳴があったようだ。

明治六年（一八七三年）は激動の年である。徴兵令が布告され、全国に反対の一揆が続発した。地租改正条例が公布された。西郷隆盛の征韓論が敗北し、西郷を支持する副島種臣《そえじまたねおみ》、後藤象二郎らが政府の要職を辞する。この年に日本で初めての民間銀行「第一国立銀行」が設立される。渋沢栄一は初代頭取に就任した。

しかし、第一国立銀行は危機を迎える。政府の突然の金融政策の変更により出資していた三井・小野組が危機に陥り、銀行の存続も危うくなった。このとき古河市兵衛は、小野組の倒産を省みることもなく、個人資産まで提供して渋沢栄一を救ったという。ピンチの時の友こそ、最良の友。絵に描いたようなエピソードであるが、このの ち二人の絆はいっそう固いものとなった。

明治一〇年（一八七七年）、足尾銅山の買収。初めは古河市兵衛、渋沢栄一、相馬家の志賀直道の三者が共同経営する合資会社だったが、すぐに志賀直道が抜け、やがて渋沢栄一も抜け、古河市兵衛の単独経営に落ち着く。渋沢栄一は相場の半額以下で古河市兵衛に権利を譲り渡したという。けんか別れではない。もともと儲けるつもりではなく、古河市兵衛を助けるためだったので、むしろ喜んで権利を譲り、この後も援助を惜しむことはなかった。古河市兵衛も恩に報いるとして、第一国立銀行の大株主になって渋沢栄一の経営を支えた。

渋沢栄一の関心は、経営者として成功することではなく、殖産興業にあった。そこで、第一国立銀行の設立にとどまらず、多種多様な企業の設立に関与してゆく。分野は、製紙、紡績、保険、運輸、鉄道など多岐にわたる。その数五〇〇社に上るという。目先の利益よりは将来の目標へ向かって考えていたようだ。明治政府の殖産興業を進め、その後の日本の資本主義の基礎をつくった人物といってよい。

ただし、渋沢栄一のめざした資本主義は、今日の新自由主義といわれる弱肉強食の資本主義ではなかった。晩年は財界の大御所と尊敬され、教育にも一家言があったという。「義利両全」、「義利合一」という表現しているが、企業の活動は、利益と正義（あるいは倫理）の両方が実現されるべきと考えていた。足尾銅山の鉱毒が社会化し、あとで述べるように明治三〇年（一八九七年）に大規模な鉱毒防止工事を実施することになるが、渋沢栄一は資金融資をしただけではなく、工事の必要性を説いている。長く財界の大御所として尊敬されたのは、その思想の重さにある。

さて、足尾である。

渋沢栄一は、スピード感のある近代化を重視し、古河市兵衛に協力を惜しまなかった。近代化のためには、まず人材育成である。それも迅速に。

そこで欧米から技術者を呼び寄せて雇うことを薦めた。いわゆる「お雇い外国人」である。期限付きで雇った外国人からすでに完成した技術を学ぶ。学んだ若者を指導者にして技術を広める。三段跳びの、ホップ・ステップ・ジャンプのやり方だ。一方、この技術導入戦略ができたのは、日本人の若者に知識を吸収し応用できる潜在能力があったからである。さらに若く優秀な学生や技術者候補を短期留学生として欧米に派遣、学んだ知識を帰国後すぐに現場で活用することも推奨した。

古河市兵衛は渋沢栄一の言に従う。足尾から多くの留学生を派遣し、帰国後には重用した。日本初の水力発電所を建設した山口喜三郎もその一人である。足尾には、外国人技術者はいなかったが、外国人技術者から学んだ優秀な技術者を、系列の鉱山から多数足尾に連れて来ている。

渋沢栄一はまた、近代化のための技術の国産化が重要と考えていた。欧米から技術を輸入するが、それを国産化するのである。ヒトもモノもというわけである。

足尾では、留学生らがアンテナとなって欧米の新技術開発状況に関する情報を集めた。そして目を付けた新技術を時差なく導入する。削岩機の例のように、導入した新技術は日本人に合わせるという名目で国産化する。同時に性能も高める。日本人技術者の改良改善の才能がいかんなく発揮された。

ワンマン経営者の古河市兵衛が「よし」と言えばすべてが動く。官僚的な長時間の会議なしにことが進む。そこで新技術導入の決定が早い。それも足尾に「初」が多い理由だろう。古河市兵衛の迅速な決断力と行動力は、足尾銅山を急成長に導いた。

渋沢栄一は、足尾銅山を自分の思想をスピーディーに具体化する場として足尾を見ていたのではないだろうか。

サポーター、陸奥宗光

古河市兵衛から見て、渋沢栄一が経済界キーパーソンとすれば、政界とのつながりを示すキーパーソンは、陸奥宗光（一八四四―一八九七）である。

陸奥宗光は外務大臣として知られる。徳川幕府末期に結ばれた多くの不平等条約の改正を行い、明治二七―八年（一八九四―九五）の日清戦争後の下関条約交渉では講和を有利に導いた。

生まれは和歌山。幕末に勝海舟が神戸に開校した海軍操練所に入り、坂本龍馬と知り合う。龍馬を兄のように慕い、海援隊に入り、日本の未来を想うようになる。龍馬は「刀を二本差さなくても天下に通用するのは自分と陸奥のみ」と評したという。陸奥宗光は鋭敏な頭脳の持ち主であった。

明治維新後は兵庫県知事、神奈川県令を経て、明治五年（一八七二年）に大蔵省の地租改正局長に就任する。渋沢栄一も大蔵省に出仕していた。そこに出入りしていたのが古河市兵衛。経営者と政財界のキーパーソンとの交流はこのときに始まった。

古河市兵衛と陸奥宗光との絆も、渋沢栄一の場合と同じように、利害関係だけではなかった。薩長藩閥政府に反発して、両者ともにすぐに下野してしまうが、親交は深まり、しかも長く続く。やはり人間同士、共鳴するところがあったようだ。人間関係のなかで、特に血縁は強い。実際につながっていなくても、その形をつくることはできる。古河市兵衛は、まだ陸奥宗光の将来の出世の道が定まらないころに、次男・潤吉を貰い受けて養子にし、自分の後継者に据えている。

緊密な関係は、陸奥宗光が失脚していっそう鮮明になる。

明治一〇年（一八七七年）の西南戦争。陸奥宗光は土佐派に通じ政府転覆計画を企てたとして翌年逮捕され、その後六年間、山形と仙台の監獄に収監される。そのとき古河市兵衛は、衣食や書籍を差し入れるなど、親身になって陸奥宗光を支えた。潤吉の父親ということもあった。そして出獄後、陸奥宗光は議会や内閣制度を学ぶために二年間欧州に渡るが、古河市兵衛が二五〇〇円、渋沢栄一が一五〇〇円を寄付している。費用全体の二三パーセントと一四パーセントにあたる大きな負担である。

この恩義を、陸奥宗光もしっかり感じていた。

欧州滞在中、陸奥宗光は古河市兵衛と後継者潤吉のために、シーメンス社との技術協力を仲介し、各国の銅の生産状況を知らせ、世界の銅を仕切るイギリスの商社ジャーデン・マジソン商会に橋渡しをするなどしている。渋沢栄一の言を具体化するうえで、陸奥宗光の果した役割は大きい。

古河市兵衛と二人のキーパーソン。人間関係に裏打ちされたコミュニケーションがあった。三人の絆がいかに強いものであったかを物語るエピソードだ。

明治二三年（一八九〇年）、山県有朋内閣の農商務大臣に就任する。同年、第一回の衆議院選挙に和歌山から立候補して当選。同じ選挙で、栃木県から田中正造が当選する。ここで二人が出会う。初の出会いは、対決であった。

明治二四年（一八九一年）一二月一八日、田中正造は初の国会演説に立ち、併せて「足尾銅山鉱毒ノ義ニ付質問書」を提出した。

帝国憲法下で日本臣民は所有権を侵されないはずである。日本坑法によれば公益に害ある時、農商務大臣は事業許可を取り消すとある。足尾銅山から流失する鉱毒は年々増加し、田畑は惨状を示し、渡良瀬川沿岸の各郡村は巨万の損害を受けている。政府がこれを放置している理由はなにか。損害救済の対策は何か。予防の手順はどうなっているか。

これに対して、陸奥宗光は「答弁書」を返した。

渡良瀬川沿岸に被害は存在するが、確実な原因は不明である。作物の除害の方法は研究中ではあるが、まだ結果を得ていない。足尾銅山に鉱山局長らを出張させたが、鉱業人は可能な予防策を講じているし、ドイツとアメリカから粉鉱採聚器合わせて一〇台買い求めて設置する準備をしている。

頭脳明晰な官僚の典型的答弁である。田中正造を通じての農民の訴えを無視した結果になった。粉鉱採聚器について、わざわざ（カラム氏ジツカフオルフアイネストスタツフ及エヴアン氏コツパスライムワツシヤノ両器ハ米国ヨリ、「シユランムルトヘルド」器ハ独逸ヨリ購求）と書きこんでいる。ありがたい雰囲気はあるが説明がなければ何が何だかさっぱり分からない。まるで経文のようである。門前払いの意図が見え見えである。

富国強兵とその元になる殖産興業はともに時代のテーマであり、絹織物を第一に、足尾の銅を第二として、数少ない日本の固有の産品は、国家の懐を潤す外貨獲得に欠かせぬ貴重な資源だった。陸奥宗光は、その大テーマに比べれば農民の犠牲は取るに足りないと考えた。陸奥宗光にとっては現実的判断だったろう。

陸奥宗光と言えば外交官のイメージが強い。実際に農商務大臣だった時期を除いて外交畑で仕事をしている。

当時の日本の最大の課題は、幕府が結んだ不平等条約の改正にあった。国際社会は弱肉強食の思想が支配していた。先進国に対し日本の主張を通す時に、現実に必要なのは理ではなく国力だった。その国力の源泉は、軍事力と経済力にほかならない。その経済力の柱に鉱業がある。足尾銅山がある。

陸奥宗光の国際社会観が、農民より鉱業人を選ばせた。そこに古河市兵衛と陸奥宗光のもともとの絆が加わる。両方が判断に影響したことは間違いない。

古河市兵衛の後継者潤吉も優れた経営者だったという。ワンマン会社を改め、組織と制度で動くよう経営の近代化を図った。ただ病弱だったので、副社長の原敬（一八五六―一九二一）が支えた。
原敬は陸奥宗光の秘書官であり、潤吉が古河市兵衛の後を追うように没した後には政府に復帰し、西園寺内閣の内務大臣を務め、谷中村の最終的な土地収用を指揮している。さらに大正七年（一九一八年）に政友会を率いて本格的政党内閣をつくり、首相となった。初の「平民宰相」と呼ばれた。

銅は第二の輸出品

現在の日本の常識によれば、日本には資源がない。金属資源、エネルギー資源はほとんど全量を輸入し、付加価値を高めた製品として輸出する。それを日本経済の基本の形としてきた。だから、わずか百年ちょっと前には、日本でも足尾銅山のような鉱業が盛んに行われ、国内消費をはるかに上回る生産があったので輸出し、貴重な外貨を稼いでいたというと、ほとんどの人が「本当なのか？」と驚く。

一〇〇年前を中心とする世界の銅の生産高は以下のようになっている。

一八八〇年。一位チリ、四万三〇〇〇トン。二位スペイン、三万六〇〇〇トン。三位アメリカ、二万五〇〇〇トン。

一八九二年。一位アメリカ、一四万七五〇〇トン。二位スペイン、五万五〇〇〇トン、三位日本、二万一〇〇〇トン。日本の生産高は世界全体の六・八パーセントにあたる。

一九〇〇年、一位アメリカ、二八万一〇〇〇トン。二位スペイン、五万五〇〇〇トン、三位チリ、三万三〇〇〇トン。四位日本、三万トン。日本は世界の五・五パーセント。

一九一〇年、一位アメリカ四九万トン、二位スペイン、七万五〇〇〇トン、三位日本、五万一〇〇〇トン。世界の五・四パーセント。

一九一五年、一位アメリカ、六五万トン。二位日本七万五〇〇〇トン、三位チリ、五万一〇〇〇トン。世界の七パーセント。

アメリカが圧倒的な生産力を持っていたことが分かる。一九一五年、アメリカは世界の六〇パーセントを生産していた。日本は二位とはいえ、ほぼ九分の一以下になる。

この間、日本での生産のうち、古河の足尾がおよそ四割弱、住友の別子《べっし》がおよそ一割強で、足尾と別子で半分以上を占めていた。生産高の急増は、採掘、選鉱、精錬、輸送など、全工程の技術革新によって支えられていた。

世界の銅需要は急上昇していた。電力という新エネルギー源が登場し、電力産業の電線に欠かせなかった。新しい情報技術の電信も電線の需要を押し上げた。軍事需要も大きかった。軍艦建造用には、銅板、銅管、また弾丸の薬莢をつくる真鍮は銅合金である。

しかし、日本国内の需要はまだ低調だった。一九〇〇年頃は四〇〇〇トン、一九一〇年頃は一万四〇〇〇トンである。その後需要は急増していくものの、それでも生産と消費にかなりの差があった。結局、生産された銅の八〇パーセントあまりが輸出にまわされていた。

銅の輸出量は、明治一三年（一八八〇年）には一五七〇トン、五年後には八〇〇〇トンを超え、一〇年後の明治二三年（一八九〇年）には一万九〇〇〇トンを超えている。輸出先は、一八九〇年ころまでは主として中国、一九〇〇年ころには、イギリス、香港、アメリカにほぼ同量ずつ、輸出のピークは一九〇〇年からの一〇年間にある。

第一次世界大戦（一九一四—一八）終了までは、世界の銅市場で日本産はだいたい五パーセントを占めていた。日本の輸出品の四ないし七パーセントにあたり、絹織物・生糸に次ぐ重要輸出品で、これも現在の感覚からは意外だが、石炭と並んでいた。

しかし、銅の輸出は、一九一七年を境に、しだいに減少する。生産量に限界が見え始めたこともあるが、国内需要が急上昇していったためである。

銅輸出が盛んだったのは三〇年間ほどである。その間、順風満帆だったわけではない。日本銅には不純物が多く、電気の通りが良くなかった。製品ごとのばらつきも目立った。それは価格に跳ね返り、安く買い叩かれた。

足尾で技術革新が急だったのは、製品の品質を向上しないと国際的な競争に負けるという点もあった。一九〇〇年前後にはそうした悪評はしだいに消えてゆく。足尾の精錬所にベッセマー転炉が導入され、東京の本所に電気溶銅所が建設されて電気分解を利用した精銅法が実用化されるなど、品質は年を追うように向上していった。

いつの時代でも技術的な壁がある。その壁を突破することで新しい道が拓かれるものだ。現在の環境技術と経済の関係を連想させる。

環境が経済をリードする

どんなに高く見えても、これまで突破できなかった技術の壁はほとんどないといってよい。

二〇〇九年八月、第二次大戦後初めての本格的政権交代が起きた。私自身のこれまでの人生を振り返っても、政権交代という言葉にふさわしい政治の変化を経験したことがない。民主主義を建前にしている先進国の中で一党独裁の政権がこれほど長期間にわたって続いてきた国はない。政権が時々交代することで社会は進化するものだ。何はともあれ、政権交代のある新しい政治の始まることを期待したい。

旧政権と新政権の間には、当然のことながら政策に大きな相違がある。その一つが地球温暖化防止である。温暖化の元凶である二酸化炭素など温室効果ガスの削減目標の数値をめぐり、総理大臣の指名前の政権移行期にまず大きな衝突があった。

二〇二〇年の一九九〇年比の削減目標を、自民党政権は八パーセントとしていた。それでも経済界は反対の意向を示していた。これに対して新政権は、二五パーセントを打ち出した。

野党になった自民党、産業界は大反対だ。財界の大物は、「製造業は海外に行かなければ立ち行かなくなる。その結果、雇用が減る。国際競争力が低下して市場を失う」などと、愚痴とも脅迫とも取れるようなコメントを発表した。

さらに実現不可能という「試算」が登場する。二五パーセントの削減を実現するためには、太陽光発電を増設して五五倍の規模にし、自動車の九〇パーセントを電気自動車にし、断熱住宅を義務化する必要がある。雇用が減り、光熱費が増加するので、家庭の支出は年間三六万円も増える、という。

そもそも「試算」は、意図を以て行われるものである。未来予測、推計など、呼び名はさまざまだが、似たようなもので、ある見解を補強するためのもっともらしい裏付けという色合いが濃い。「試算」は全く無駄ということではなく、議論をするためには必要なことである。しかし、客観的な事実とは違う。もちろん絶対的な数値ではない。そうした性格を持つ数値であることを知ったうえで、話し合いの資料として利用するものだ。

太陽光発電など再生可能エネルギー産業が大きくなり、そこに雇用が増え、経済の成長があるだろう。ドイツでは、風力発電産業で何万人もの新規雇用が生まれたという。省エネ産業という新しい分野が登場することも考えられる。石油など化石燃料に依存する産業形態は、化石燃料の枯渇と環境影響で早晩変革が必要だ。これを壁とするなら、先駆けて壁を突破することに力を注いだほうが良い。「先んずれば人を制す」である。

一九七〇年代の石油危機で、日本は省エネ技術で世界の先頭に立った。「ピンチはチャンス」なのである。その経験を今に生かすことを考えたいものだ。ついでに言えば、新分野の産業を成長させる「チャンス」であることを示す「試算」も公表してほしいものだ。

それに、世界の中の日本という視点も重要だ。

日本は省エネ技術では世界最高水準にある。それでも日本が環境問題に熱心な国とは、残念ながら見られてはいない。つねに他の国から迫られて巻き込まれていく国、アメリカの意向を確かめることなく自主的に動けない国という評判が高い。

これはいかにも残念である。

それに温暖化防止は、日本だけが力んでみても始まらない面もある。二酸化炭素の最大の排出国アメリカは、ブッシュ大統領からオバマ大統領に交代して、基本は環境重視に変わると期待されている。それでもアメリカ社会が方向を変えるまでにはまだ時間がかかりそうだ。排出量の多い中国、インドは総人口が多いうえに急速な経済成長の途中にある。こうした国々を巻き込むようなリーダーシップを新政権には期待したい。産業と技術と外交は一体なのである。

ふたたび話は百年前に戻る。

経済的、国際的、政治的壁。殖産興業と富国強兵の圧力。これらすべての壁と直面し、乗り越える、その先頭に足尾は位置していた。

それが足尾の繁栄をもたらし、一方では公害をもたらすことになった。

三．足尾を支えた人々

小野崎一徳写真帖の表紙に敏さんが選んだのは、足尾銅山の坑夫群像である。「本山・有木坑口前の坑夫たち」とキャプションにある。撮影は明治二〇～二一年という。

敏さんは、なぜこの写真を表紙に選んだのだろう。

足尾、鉱都となる
「一般の人には、鉱山労働者といえば、流れ者、無法者、不熟練労働者というようなイメージがあるように思います。しかし、一徳の写真の坑夫群像に見る限り、そのような暗さを感じさせるものはない。むしろ、写真の人物の一人ひとりの目は、『決して楽な仕事ではないが嫌な仕事ではない』という意思があるように見える。仕事は辛いが、いい稼ぎになっていたのでしょう。
また、坑夫も当時の足尾の意義を知っていたのではないだろうか。」

ざっと一六〇余人。整列しているわけではない。トンネルの開口部が坑口だ。その前の広場から後列は坑道の闇の中まで、少し高い位置に置いたカメラを凝視して固まっている。素晴らしく鮮明な写真である。一人だけぶれている人物がいるが、遅いシャッターに我慢できなかったのか、うっかり顔を動かしてしまったのだろう。

みな坑内作業の仕事着だ。荒い布地の筒袖に股引。頭には手拭いをターバンのように巻いている。あるいは頬かぶり、あるいは帽子。背中に物入れを縄で括りつけ、前掛けのような小物入れ。物入れの中身は工具だろう。腰に袋状のものを下げている者もいる。足には草履。

一人ひとりの顔を見ると、概してみな若い。十代の、子どものあどけなさを残した顔もある。時代も違うし年齢を見た目で判断するのは難しいが、せいぜい二〇代前半の人々が坑夫の中心勢力であったことが分かる。そうだとすれば、撮影者の小野崎一徳とほぼ同世代である。みな揃ってがっしりとした体格だ。むき出しの腕は太い。顔の頬骨が高い。精悍な顔つきだ。意思ある目とも言えるが、無表情とも見える。それだけ坑内の労働の厳しさを感じさせる。

写真の坑夫たちは、主に新潟、富山、石川、福井の北陸四県の農民出身だった。足尾の町には、地元の栃木県からも多数の人口が流入した。足尾の急成長に人手不足は慢性的であった。

古河市兵衛が買収した明治一〇年（一八七七年）ころまでは、銅生産は原始的だった。「下稼人《したかせぎにん》」という名の親方が一〇人足らずの配下を集め、銅の露頭を探し出し、そこを掘って採集した鉱石を炭火で焼いて不純物の多い荒銅をつくり、鉱山主に売っていた。「下稼人」は三三名、配下の人員を合わせても二〇〇名を越える程度に過ぎなかった。しかし、明治一七年（一八八四年）までに、鷹の巣坑や横間歩で大鉱床が発見されるころには三一七九名に達していた。それでも足りないということで、古河市兵衛の腹心で鉱長を務めていた木村長兵衛は、明治一八年に足尾の魅力を増そうと東京から大相撲を呼ぶ。興業は成功したという。稼ぎになり楽しみもある。足尾の発展は軌道に乗り新たな人口を吸い寄せた。明治三〇年（一八九七年）には、鉱業所の従業員は九四〇〇人余りとなり、家族を合わせると一万六二〇〇人を数えた。足尾は鉱都という名に恥じない繁栄ぶりであった。

夏目漱石の「坑夫」

夏目漱石に「坑夫」という作品がある。

明治四一年（一九〇八年）元旦から四月六日まで、東京と大阪の「朝日新聞」に連載された。漱石を訪ねて「ヒョックリやって来た」青年の体験の聞き書きをもとにしたドキュメンタリー風長編小説である。

恋愛のもつれで家出をした青年が、鉱山は儲かるというポン引きの甘言に乗せられて足尾銅山へ。飯場で坑夫たちに脅かされ嘲弄《ちょうろう》され、地底深くの現場にもゆく……というストーリーである。あまりなじみのない世界の題材なのにさすがは漱石、それに新聞小説ということもあって、読んで面白い作品だと思う。ぜひ一読を薦めたい。しかし、ここでは「坑夫」に記録された足尾銅山の日常の、その概略を記すことにしたい。

ポン引きは「長蔵さん」という。主人公の青年Aは一九歳。東京の上流家庭に育った。ある時、恋愛事件の縺《もつ》れから家出して当てもなく歩き続けていたところ、長蔵さんに呼び止められ、「坑夫は儲かる」と誘われる。Aは「儲かる」ことはもとより関心はなかったが、世の中に嫌気がさしていたところでもあり、ついその気になって長蔵さんに従って鉱山に向かう。列車に乗って着いた駅。さらに「赤毛布《あかげっと》」と「小僧」を同行者に加えて四人、小屋で仮眠し芋を二、三本口にしただけで、雨模様の山を越え、雲の中を通り抜けて、ようやく足尾に辿り着く。

足尾に着いて、Aは目を疑う。せいぜい掘立小屋が並んでいる山奥と想像していたのとは大違い、新しい銀行、新しい郵便局、新しい料理屋、「凡《すべ》てが苔の生えない、新しずくめの上に、白粉《おしろい》をつけた新しい女までいるんだから、全く夢の様な気持で」町を通り過ぎる。ペンキや白壁の新しい家が見える。そんな新しい町を取り囲む周りはすべて山である。山は対照的に禿げてみすぼらしい。

長蔵さんについて町を抜け、だんだん登ると小さい家がたくさんある。所帯持ちの坑夫の家という。その間を登ると、こんどは長屋が続々と現れる。そこが飯場だった。長蔵さんはある飯場にAを残して、赤毛布と小僧を連れ、挨拶もなく去ってしまう。飯場の頭は原駒吉と言った。

原さんはAの体格や物腰から見て、鉱山で働くのは無理と判断したようだ。「書生さんで此処へ来て十日と辛抱したものあ、有りやしませんぜ。え？　そりゃ来る。幾人《いくたり》も来る。来る事は来るが、みんな驚いて逃げ出しちまいまさあ。全く普通のものの出来る業《わざ》じゃありませんよ。悪いことは云わないから御帰んなさい」と旅費の提供まで申し出る。正直なところ、原さんの勧めに従いたいが、それでもAは行きがかりもあって頑張る。ついに原さんも諦め

本山・有木坑口前の坑夫たち（小野崎一徳撮影）

て、「坑夫でなくっても、好《よ》らがすかい」ということでAは飯場に入ることになる。

足尾銅山には一万人が働いている、という。坑内で働く者は、坑夫、掘子、シチウ、山市《やまいち》の、四つの職種にわかれる。掘子は坑夫の下働き、シチウは坑道の大工、山市は子どもで石塊《いしっころ》を欠く。坑夫は請負で運が良ければいい稼ぎになるが、あとは、日当になる。その半分は親方がピンはねし、布団の使用料、飯代を引かれる。病気になって休めば半額に減る。原さんはさらに、頼むからと言われて置いてやっても「一日《いちんち》に二、三人は逃げ出す」とAにダメを押した。

漱石は、「シチウ」とカタカナ表記をしているが、「支柱夫」のことである。青年Aが体験したという時期とほぼ同じ明治三四年（一九〇一年）、足尾鉱業所の就業人員は九九六四名、そのうち坑内関係は、頭役及組頭が一八七名、坑夫二七八二名、その徒弟二七二名、支柱夫二一二名、その徒弟二一二名。つまり三七パーセントが坑内労働者であった。坑夫は飯場に属し、飯場頭が坑夫の採用、解雇、作業の監督の権限を持ち、会社から賃金を受け取り、経費を差し引いて渡していた。親分子分の関係の緊密な関係のなかにあった。

南京米、葬式、南京虫

飯場の二階は坑夫の溜まり場だった。広さは柔道場の二、三倍はあろうかという畳敷き。囲炉裏が二つ切ってあって一四、五人が取り囲んでいる。都会のひ弱な体格のAは、彼らの嘲笑の的になる。

比較的真面目な忠告が「おれも元は学校へも通ったもんだが、放蕩の結果とうとう、シキの飯を食うようになっちまった。おれのようになったら最後もう駄目だ」、といった具合。それでもいたいのだと抗弁すると、親分もあり兄弟分もある、「それぞれ掟があるから呑みこんで置かなくっちゃ迷惑だぜ」。しきりに帰れ、帰れ、という。

坑内の仕事は、地中深いところで、しかもつねに危険にさらされている。怪我が絶えなかった。また鉱石の粉塵を吸いこむと長い間には珪肺病になる。そこで坑内で働く者の生命と生活を守る相互扶助組合が自然発生した。友子《ともこ》制度という。

友子組合は、互いの救済だけではなく、採鉱技術の伝承もした。親方から技術と習慣、気風を学び、一人前になると友子になれた。友子になると親密な仲間になれた。病気やけがの時の救済、家族の世話、重病になったときの介護、死後の供養。親子兄弟以上の深い関係になった。また、友子組合には親分を通じて全国的なつながりがあり、たまたま他所に流れてゆくことになっても、同じように面倒を見てもらえたという。

組員には温情の中にいる限り快適であったに違いない。しかし、親分の雑用に追われ、厳しい上下関係もあり、親分には死後も忠誠を求められるなど、がんじがらめの掟に背くことは困難だったという。

近代的な労使関係にしだいに移行していったのは、大正時代に入ってからのことである。

Aは、飯場の賄いなど雑用をしている婆さんの、「御膳《ごぜん》を御上がんなさい」の声に救われる。空腹だったので茶碗に飯を盛り上げたが、箸で持ち上げられない。ばらばらと落ちてしまう。仕方なく茶碗に口をつけてかきこむと、壁土のような味がした。いわゆる南京米《ナンキンまい》だった。

南京米とは、中国、インド、ビルマ産の外米である。質の悪い超廉価米だった。

そこに、じゃじゃん、じゃららんと、シンバルを叩き合わせるような音、そして木唄《きやり》のような声が聞こえだした。Aを笑っていた坑夫たちは、「ジャンボーだ。ジャンボーだ」と叫びながら窓のほうへ立って行く。飯場の広間に寝ていた五〇歳近い重体の病人を仲間が支えて窓辺に連れてきた。ジャンボーを見ろ、というのである。盛大なジャンボーだった。坑夫たちは、無邪気というか冷酷というか……。

ジャンボーとは葬式のことである。抗内の作業は死と紙一重。いつ自分が仲間に見送られる立場にならないとも限らない。せめてジャンボーは賑やかであって欲しい。他人のジャンボーが盛大なことは、そのまま自分が当事者になったときに、仲間が賑やかに送ってくれる証でもある。死の近いことを感じさせる重体の病人にジャンボーを見せる。それは漱石の言うように、「無邪気、冷酷」に思えるけれども、実は死後にも兄弟分の絆を忘れずに全員心を合わせて悼むというデモンストレーションを見せて、病人の気持ちを和らげようという優しさではなかったろうか。

「草臥《くたび》れたろうから、もう御休みなさい」と婆さんに云われた。布団は戸棚に入っている、一枚三銭、寒いから二枚。湿っていて臭いが、それでも横になるとたちまち睡魔に取りつかれた。ところが、しばらくすると体中をちくちく刺すものがある。触ってみるとざらざらする。米粒大のものがぼろぼろこぼれる。捕まえると、南京虫《ナンキンムシ》だった。ついに柱に寄りかかって立ったまま眠るはめになった。

江戸時代、海外からもたらされたものを「南京」といったようだ。南京米、南京虫、南京豆、南京錠などいろいろだ。

南京虫は別名トコジラミと呼ぶ。しかしシラミではなく、カメムシの仲間で、成長すると目で十分見えるほど大きくなる。第二次大戦後にＤＤＴなどの普及で、いまではほとんど馴染みがなくなったが、布団や畳の中に潜んでいて人間の血を吸う。咬まれるとにかくかゆい。

坑内の迷路を行く

翌日、Ａは「初《はつ》さん」に導かれて坑内に入る。

まずお仕着せに着替える。漱石の描写は、小野崎一徳の写真にある坑夫の群像に、そっくりである。紺の筒袖に股引、尻には座布団のようなアテシコを縛りつける。五〇センチメートルほどの鉄棒を腰に差す。鉄棒は鑿《のみ》である。槌も差す。三キログラムはあって重い。足に草鞋を履く。筍の皮でつくった笠を頭に載せる。最後にカンテラ。カンテラはペットボトル状で、カップという取っ手に親指をつっこんで持つ。

さて、坑内はシキという。

坑口は列車のトンネルに似ていた。初さんが「どうだ、此処が地獄の入口だ。這入《はいれ》るか」という。「シキの中では大人しくしねえとスノコに抛《ほう》り込まれる」。スノコとは掘り採った鉱石を溜めこむ穴で、そこからトロッコに積んで坑外に運び出すのだという。

カンテラを頼りに坑道を行くことしばし、彼方に一点の灯が見えた。近づくと交番くらいの小屋があって第一見張所の看板があった。坑夫の出入りをチェックする溜まりである。初さんは「地獄の三丁目」という。

「地獄の三丁目」まではレールが敷いてあって電車が通る。しかし、ここから先は急に坑道が狭くなる。初さんに尾いて行く。迷路が始まった。天井が低くなり、這ってようやく進む。段々を伝って右へ左へ、地中深くへ下がる。ぽっかりと空間が広がる作事場に出た。作事場は鉱脈があるところだ。坑夫が三人一組で仕事をする。坑道のそばに鉱脈が見つかればそこを掘り抜く。それを長年続けてきたので、アリの巣のような細い真っ暗な枝道だらけになる。

突然、足の下で大音響がした。「落雷を土中に埋《うず》めて、自由の響きを束縛した様に、渋って、焦《いら》って、陰に籠って、抑えられて、岩に中《あた》って、包まれて、激して、跳ね返されて、出端《では》を失って、ごうと吼《ほ》えている」。発破だった。

こんどは別の音が聞こえる。カラララン、カカラアンと響く。二畳ほどの竪穴がスノコ、そこに掘った鉱石を落としこむ音である。坑夫の掘った鉱石を掘子が俵に入れて重そうに運んで来る。そして、スノコの縁すれすれまで近寄り、反動をつけて放り込む。しばらくしてスノコの底からドサッという音が返ってくる。初さんは「恐がって手先で放り込むと、鉱石の重さでかえって引っ張り込まれる」という。初さんは「どうだ、あの芸はできるか。掘子になるったって修業がいるんだ」という。

さらに下降する。細い縦穴を濡れて滑る梯子を伝って降りる。八番坑といういちばん深いところにいたる。水が溜まっている。腰まで水につかって坑道を行く。

Aは疲労困憊の極みにある。しかし、降参したとは言わない。このあたりからは小説的展開になる。へばっているのに泣き言を言わない。そのことに初さんはいささかむかっ腹をたて、Aを置き去りにして先に行ってしまう。

作事場にいた「安さん」という坑夫に出会えたのは幸運だった。インテリで親切な安さんに教えられて、Aはようやく坑道から外に出ることができた。

その後も安さんから人生の何たるかを教えられる。そして、足尾の地を離れる決心をする。

賑わう足尾

「坑夫」の中に、主人公のAが足尾にたどり着いたときに、すべてが新しい町のたたずまいに驚くところがあった。銅山が盛んになるにつれてサービス業が盛んになる。多数の出稼ぎを合わせると四万人を超えることもあったというから、足尾の面積を考え合わせると人口は過密、繁華街の賑わいも現在の渋谷、新宿に劣らなかったのではないだろうか。

小野崎一徳の写真を見ても、私たちは町の繁栄ぶりには驚かされる。

本山の倉庫付近で撮影した写真には、米など生活物資を満載した馬車、牛車が列をなして、画面の奥までずっと続いている。倉庫前には、荷を運ぶ人夫が屯している。漱石「坑夫」のなかのAが体験した南京米や南京虫は、小説の素材を提供した青年の誇張があったかもしれない。

小野崎写真館「光彩堂」は繁華街の一角にあった。敏さんも明治三〇年代の足尾の繁栄ぶりを見聞きしている。

「既に美衣せり、美食之に伴なはざるを得ず……と、明治三四年の『風俗画報』増刊号にあります。身なりがいい、美味しいものを食べている、というのです。鮨屋、鰻屋、居酒屋、高級料理屋があった。鉱夫たちの労働時間は一日八時間、休みは月に二回だったそうです。暇な時間が多かった。町には芸者が三〇人、遊郭が四軒ありました。劇場も二軒。理髪店、料理屋、質屋が多数。理髪店で男前を上げて、料理屋に遊ぶ、遊び過ぎて財布が空になると質屋に行く、稼いで質を受け出して、また理容店に行く。そのようなコースのできていたことが推察できます」

しばらく前の経済成長時代の日本人を思い起こさせる消費の循環があったようだ。急激な経済成長は人間を逸楽に向かわせる。

労使関係が近代化するとともに、福利厚生の一環としてさまざまな行事が行われるようにある。企業城下町だから、町をあげての「お祭り」になる。

小野崎一徳の写真は生き生きとその様子をとらえている。

全山運動会の写真。大群衆である。仕事別や地区別対抗の応援合戦があった。東京六大学出身の職員が、それぞれの応援歌の替え歌をつくって披露した。

火災はもっとも恐い災害である。自主消防団活動も盛んだった。消防団といえば恒例の「出初め式」である。勇敢な若衆が梯子の上で曲芸を競い合った。

スポーツも盛んで、自転車競走大会が開催された。東京六大学の有名選手をスカウトし、職員に採用していた。誠之館という武道館と劇場を兼ねたホールがあり、ここでは柔道大会、剣道大会、オーケストラの演奏会、演劇の発表会が開かれた。

町の金田座も多目的ホールで、演劇はもちろんだが、演説会、ときには裁判が行われた。

裁判の写真は興味深い。舞台の上に、さらに一段高いところが設けられていて、中央に裁判長、その両側に二人の陪席判事、その下手に二人の検事、上手に二人の書記が横一列に並ぶ。裁判官と検事の席が同列になっているところが特徴だ。裁くのは「お上」であることを形で示している。

裁かれる被告とその弁護人は舞台上にいる。その舞台の上手側に、陪審員席がある。陪審員がざっと一〇人ほど裁判の進行を見守っている。陪審員は年配の男性ばかり、顔つきや服装から見ると、いわゆる「有力者」である。一人名前の分かっている人物は、県会議員という。現在の裁判員制度と比較するとおもしろい。

裁判は公開で行われている。公開なので金田座という劇場を仮の法廷にしたのだろう。観客はぎっしりである。後ろ姿しか写っていないが、髪型からすると、女性も混じっている。ただ、どのような女性なのかは分からない。劇場に場を借りているだけに、裁判には不似合いな立派な神棚が見える。

人材育成に寄与

一徳の写真には、子どもたちや学校の様子も記録されている。現在の本山小学校の前身で、明治二五年（一八九二年）に開校した私立銅山小学校前に、子どもたちが集合した写真。豆粒のような顔、顔、顔。大変な数の子どもたちである。男の子、女の子、みな着物。女の子の髪は、だいたいおかっぱ。男の子は坊主、なかに学帽がいる。高学年男子が木銃を捧げているのは時代を感じさせる。

古河鉱業所は私立の小学校を開校した。東京の大学を卒業した有能な人材を集めるには、子弟を教育できる学校が欠かせない。単身赴任では腰を落ち着けて仕事ができないからである。雇用安定のためにも学校は必要だった。幹部だけではなく、労働者や貧困者のために教師を雇い、学費無料の夜学校も設けた。

学力優秀な子弟には、進学するための奨学金を出している。また、東京で学ぶ大学生が寄宿する「古河寮」を東京都北区の滝野川につくった。ただし、ここは従業員の子弟で成績優秀な男子という条件がついていた。後に、昭和二八年（一九五三年）になってからだが、入寮条件のない足尾町立「足尾寮」を杉並区の松庵につくる。東京女子大学のごく近くである。町立とはいえ企業城下町だったから、古河鉱業の意向を反映したものといえる。

東京の本郷あたりの裏通りを歩くと、県人会の学寮を見かける。そのような学寮で暮らしていた友人に聞いてみると、寮費が格安で羨ましく思ったものだ。東京で学ぶ学生に県と同県人が支援しているという。東京っ子の私にはその恩恵にあずかる機会はなかった。「足尾寮」は、この県人会寮と同じ仕組みだったが、町立は珍しい。中学生、高校生、大学生、予備校生が、男女を問わず入寮できた。定員は四五人。

敏さんも、学生時代そこに寄宿した。

「私は寮の第一期生で、十年いました。子どものころからの顔見知りばかりで、和やかな雰囲気の寮でした。寮費は保護者が足尾町の窓口に納めていました。二〇〇六年に足尾町が日光市に合併になって、廃止になりました。やむを得ないとはいえ、残念です」

足尾の教育熱心な風土は古河市兵衛から始まったという。渋沢栄一の影響力があったかもしれない。ともあれ、足尾が有為の人材を輩出した事実は残る。それは技術と経営の分野にとどまらない。

「本山小学校の教員だった松本生太《せいた》は鎌倉女子大の創立者、夜学校で学んだ坂田祐は関東学院大学の創立者です」

「木が金属を生む」

小野崎一徳の写真を見て気がつくことがある。足尾の周りの山に樹木が生えていないことである。岩肌がむき出しになり、ところどころ崩れている様子もうかがえる。

鉱業所や社宅街の遠景、私立銅山小学校の建物と子どもたちの集団の背景など、足尾は山に囲まれているのは当然だが、写っている山の斜面に樹木の影がない。明治一七年（一八八四年）開設の私立足尾銅山病院の写真はその典型で、木造二階建ての立派な建物の背後に、岩山がそびえている。土砂崩れがあったら、病院が一気に呑みこまれそうな荒れた山肌だ。病院という癒しの場は、せめて緑豊かなところであってほしいものだが、まるで外国の砂漠地帯にあるようだ。

敏さんは、ふるさと足尾の周りの山に樹木がないことを、別に不思議とは思わなかったという。

「足尾は、そういうところだと思っていました。生まれた時から毎日見ていた風景、当たり前の風景でした」

「もともとは、樹木があったはず。なぜなくなったのですか」

「『木が金属を生む』という言葉があります。銅にしろ、鉄にしろ、鉱石から金属を取るために森林が伐採されてきました。中国、中東、イギリスなど、いまでも禿山が多いのは、金属文明の傷跡なんです」

そういえば、かつてイギリス南部の海辺を旅した時に、一七世紀にイギリスがスペインと覇権を争っていた当時の、大砲の砲弾製造をしていたという遺構を見たことがある。

そこはいま、緩やかな起伏がうねる緑いっぱいの草原だった。放牧の羊があちこちに群れている。ところどころに樫の木立。三〇〇年ほど前は森林地帯だったとは、ちょっと信じられない眺めである。しかし、確かにそこには森林があり、確かにその森林が消えた。はじめは銅と錫の合金の青銅で、やがては鉄を主な材料に砲身を鋳造し、ボール状の砲弾を大量生産した。そのとき金属を溶融する燃料に森林の木々を伐採して大量消費したのである。

森林が消えた土地を牧草地に利用したこともあって、見た目の緑には溢れている。しかしかつての森林は、三〇〇年を超える長い年月が過ぎても元には戻っていない。まぶしいほどの草原の緑の陰に、敏さんの言うように、「金属文明の傷跡」が深く刻まれている。草むらを分けると、いまでもテニスボール大の錆びた砲弾が見つかる。たまたま訪ねた牧羊農家は、庭先に身長ほどの長さの砲身を、束にして集めていた。

ともあれ、金属を精錬するためには、大量の木材が必要だった。

「銅の製錬に必要な木の量を示す『木炭原料単位』というのがあります。それによると、銅一トンの生産に必要な木炭は四トン。それでは、四トンの木炭を製造するのに必要な森林はというと、およそ一ヘクタール。つまり、一トンの銅を生産すると一〇〇メートル四方の森林が消える計算になります」

しかも木材の需要は製錬用だけではなかった。漱石の「坑夫」にシチウ（支柱夫）職があったように、坑道に支柱が必要だった。落盤を防ぐためである。トロッコや電気鉄道のレールの枕木、構内の電柱、機械類の熱源だったボイラーの燃料、輸送用の空中ケーブルの支柱、他にも橋など、木材が使用された。人口急増で生活用の需要も高まった。住宅建設、家具什器、日常の炊事、暖房の燃料。需要を満たす木材は、足尾周辺の山から伐り出した。銅山の急成長に伴い、わずか十数年に一万ヘクタールが伐採されたという。一万ヘクタールは、およそ一〇キロメートル四方に

足尾銅山病院と背後の岩山（小野崎一徳撮影）

ある広大な面積である。

これに追い打ちをかけるように、煙害があった。

黄銅鉱には硫黄分が多い。ヒ素も含まれる。製錬の時に発生する亜硫酸ガスと亜ヒ酸のガスを浴びて樹木は枯れた。そこに野火が毎年のように起きる。自然林に比べ枯れた樹木や草木は燃えやすい。銅の生産が優先で森林の保全は二の次だった。

こうして足尾の山々にかつては鬱蒼として茂っていたモミ、ツガ、トウヒ、ナラ、ブナなどの森林は、瞬く間に姿を消した。樹木の衣装を剥がされると、急な斜面に貼りついたような土壌を止めるものは何もない。風が吹けば飛び、雨が降ればたちまち洗い流された。

残ったものは、鋭い岩石が積み重なっただけの禿山。崩れやすい荒廃した光景だった。見るだけで心が痛む。

写真に残る森

小野崎一徳は、森林伐採の最前線に足を運んで撮影している。カメラも機材もかさばるし重かった。何人か助手を従えての山行きである。足尾の山々は地質上の年代は新しい。それだけにかなり険しい。急斜面に足場を確保しながら撮影することも多かったに違いないが、林業現場の様子も克明に記録している。ここでも作業員の配置を忘れない。規模の大小が分かるだけではなく、人々の息遣いが聞こえてくる写真である。

木材を山から積み出す様子。橇に乗せて、木道を滑らせている。よく滑るように油を垂らしながら曳く。橇に積んだ材木は、樹齢二、三〇〇年ということで、かなりの直径であるが、周囲の風景に残る樹木は疎らで細い。土壌がむき出しになっている。岩石の崖も目立つ。

炭焼き風景の写真。かなり大型の窯である。炭は山中の森の中で生産された。地形が複雑なこともあり、林道をつくるより簡便な空中ケーブルが多用された。山の現場で生産した炭の俵が下降してくるのを待ち構える二人の男。

幹線の空中ケーブルには、高さ三〇メートルを越えるような支柱を建てたところもあった。三〇メートルを越える支柱も木製だった。鋼製のロープを担いで運ぶ男たちの写真は印象的だ。ロープを六巻きほどして直径一メートルくらいの輪にして束ね先頭の男が背負う。少し間をあけて同じような輪をつくり二人目が背負う。また少しあけて三人目。以下同じように、ロープが終わりになるまで続け、隊列を組む。写真では一二、三人目の男までは見えるが、あとは重なってはっきりしない。しかしまだまだ続く雰囲気はある。鋼製のロープはずっしりと重く肩に食い込む。そのまま隊列を乱すことなく、険しい山道を目的地めざして登る。さぞや苦しい作業であったろう。

銀山平に建設された製材所は、「東洋一」を誇った。電動ノコギリは日本初という。一辺三〇センチメートルはあろうかと思われる角材を切断する二人の作業員。自動化は消費の大きさを想像させる。

山で働く作業員たちの心の拠り所は、山神社であった。山神様の祭りが、盛大な行事として執り行われた写真が多数残っている。山神様は作業の安全を護ってくれたかもしれない。しかし、祭りの行事の、背後に写る山々の荒れようはやはり異常である。

古河鉱業の足尾銅山で、大量の木材需要があったことはその通りだろう。山々は荒れ果てた。しかし、それにしてもわずか十数年で森林消滅。鬱蒼たる山が禿山に一変したというには、あまりに短時間に過ぎないだろうか。

四．一五〇日の鉱毒予防工事

足尾銅山が環境破壊に無関心であったのか。悪名高い鉱毒事件のために古河鉱業には悪徳産業の固定化されたイメージがあるが、環境破壊は鉱業の継続を不可能にするという認識はあった。水力発電をいち早く導入したのも、蒸気機関以外の動力を求めたからでもある。蒸気機関は燃料の薪の調達するために、緑の山は禿山になる。それは時間の問題であったからである。

銅生産は儲かる仕事であった。仕事の継続のためには鉱毒防止に巨額の投資をすることもまた必要であった。

足尾荒廃の原因

明治三五年（一九〇二年）政府の第二次鉱毒調査会に提出された営林技師・村田重治と農科大学教授・本多静六の報告書は、急激な荒廃の原因として、二点の不注意と一点の不行届きを指摘している。

「森林作業上の不注意」と「鉱山作業上の不注意」、それに「森林取締上の不行届」である。

報告書の概略は次のような内容だった。

まず、「森林作業上の不注意」は、乱伐、そのうえ、造林をせずに放置した点である。

明治一八年（一八八五年）、農商務省は、足尾銅山に毎年国有林を一区画ずつ払い下げるという栃木県の計画を承認した。銅生産の保護奨励のためにはやむを得ないという理由だったが、ここに鉱毒問題の発端があった。それからわずか九年間に、足尾の国有林七七〇〇ヘクタールを伐採した。これは足尾国有林の半分の面積にあたり、無謀の極みである。しかも、払い下げの順序に一貫性がなく、伐採被害を拡大した。数区まとめて二〇〇〇ヘクタール以上を同時に払い下げた。不注意を通り越して大失態というべきである。

殖産興業のために足尾銅山を保護育成する。その目的を最優先して森林保護を無視した農商務省と栃木県の責任は大きいという指摘である。
「鉱山作業上の不注意」では、鉱業者の不注意に言及する。

　製錬所から排出される亜硫酸ガス他の有害ガスは、植物を傷害し、有害ガスに曝される製錬所付近の山は荒廃を極めている。渡良瀬川の渓谷の上流に向かって風が吹くことにより、四八キロメートル以内の地域で煙害を受けないところはない。鉱業者は、これまでに有害ガスを防ぐ装置を設置し、製錬所付近の森林を保存し、煙害に強い樹種を植えるなどしてきたら、被害は軽減されたであろう。放置してきたのは、鉱業者の不注意である。

「森林取締上の不行届」では、野火の増加に無策だったことを指摘している。

　野火の多発が荒廃を加速した。鬱蒼たる森林は燃えにくい。ところが伐採地跡、カヤの原では、毎年のように野火が発生している。野火があれば幼樹は育たない。土壌はますます流失する。野火の原因になるのは、農民が山菜類が育つよう山野に火を放つためである。また、鉱業人の悪ふざけからの放火、失火がある。これらは森林の取締り上の問題である。

土砂が渡良瀬川を埋めた

不注意と不行届が重なれば、広大な森林を十年で消滅させることができるのだ。その反対は難しい。一方通行の坂道を、加速しながら転げ落ちるようなものだ。

森の消滅は山の死を意味する。森林を失った山は、やがて下草を失い土壌を失う。わずかな雨に岩石が土石流になって崩れ落ちる。がけ崩れ、土砂崩れが多発する。

土砂と岩石が一気に流れる土石流。水が岩石を運ぶのではない。文字どおり土石が主体。雨水が岩石の隙間を埋める潤滑剤になって起きる現象だ。

鹿児島県の桜島で土石流を目撃したのを思い出す。火山の桜島には樹木がほとんどない。それに火口から噴出したマグマがそのまま固まった岩石が堆積している。無数の砂防ダムが建設されているが、土石流は日常的に起きる。両岸をコンクリートで固めた土石流を誘導する流路が、中腹から海岸に向かって何本も建設されている。流路の両岸をつないでワイヤーのセンサーが設置されている。土石流が上流のワイヤーを切断したら、下流でいちはやく発生を感知、確認できる。

夏のその日、夕立があった。さしたる降り方ではなかったが、土石流が発生、たまたま見ていた流路を、大地を震わせながらごうごうと流れ落ちてきた。巨大な岩石が軽々と流れる。衝突し合ってがらがらと。悲鳴のように軋む音。巻き込まれたら一巻の終わりと背筋に寒気の走るのを感じた。山腹を覆う樹木と土壌がない。その怖さを実感したものだった。

乱伐と有毒ガスで荒廃した足尾の山は、雨が来るたびにいたる所で崩れ落ち、渡良瀬川の渓谷を埋めていった。台風が豪雨をもたらす。渡良瀬川が増水すれば、土砂はさらに下流へと流れる。下流の、渡良瀬川が関東平野の北部を流れる平坦な農村一帯は、洪水のたびに足尾の山からの土砂に苦しむことになった。

土砂の中には、鉱毒が含まれていた。鉱毒は銅山の操業の工程から漏れ出してくる。

明治二九年（一八九六年）頃、足尾銅山は五八〇〇トンの粗銅を生産している。そのために、坑内からの排水が三七〇万トン、捨石八七〇〇〇トン、選鉱廃水四二〇万トン、選鉱の沈殿物一万四〇〇〇トン、製錬のカラミ（廃棄物）三万五〇〇〇トンが廃棄されている。その中に含まれる銅分などは、四〇〇トン余りに達していたという。そのうえ、足尾のあちこちに廃棄物が山となっていた。これらも雨が来れば渡良瀬川に流れ落ち、流れ込んでいった。

付け加えておくと、製錬所から亜硫酸ガスが一万七〇〇〇トン、ばい煙が六〇〇〇トン排出されている。これは下流には影響しなかったが、製錬所周辺の山の草木を消滅させた。

鉱毒の混じった土砂によって、渡良瀬川の川底は江戸時代に比べて平均二メートル以上高くなったという。洪水の回数が増加しただけではなく、それまでは浸水しなかった高台にまで浸水するようになった。回数も洪水面積も増加したわけである。

森林の荒廃、発生源の無策。渡良瀬川下流の農村は甚大な災害に見舞われた。

大洪水続発

足尾銅山の急成長に伴って、明治二〇年代に入ると下流では大洪水が続いた。鉱毒を含む大量の土砂による農作物の被害と流域の漁業の被害は、農民の生活を根底から揺るがした。

明治二四年（一八九一年）、田中正造代議士が第二回帝国議会で、「鉱山優遇が農民の生活基盤を危うくし、農業崩壊をもたらしている」と政策変更を政府に迫ったことをきっかけに、渡良瀬川の鉱毒問題が社会に知られるようになった。

しかし、その後しばらく沈静化する。明治二七—八年の日清戦争である。沈静化にはメディアの報道が関係している。相対的に大きなニュースが報道の大部分を占め、他のニュースは片隅に追いやられてしまう。片隅のニュースは目を引きにくい。そこで時間とともに人々の関心が薄れてゆく。

大きく事態が動いたのは、明治二九年（一八九六年）の台風である。暴風雨が足尾を直撃、渡良瀬川は未曽有の増水となり、下流の平野では各地で堤防が決壊、家屋は流され、鉱毒を含む水は氾濫したまいつまでも引かず、農作物は大打撃をこうむった。

明治三〇年二月、田中正造を筆頭に四六名の議員は、政府に対し「公益ニ有害ノ鉱業ヲ停止セサル儀ニ付」と題する一八項目にわたる質問書を提出した。田中正造の、明治二四年以来の演説をまとめるとともに、概略次のように責任を追及した。

鉱毒により惨憺たる被害が発生しているのを座視し、黙視し、放置してきたのはなぜか。再三再四にわたり政府に鉱業停止の対策を求めたが、処置せず、等閑にして来たのはなぜか。日清戦争で壮丁不在の被害村に官民一体となって出没し、老夫幼童を威嚇して鉱業人に都合の良い契約書に押印させたのはなぜか。鉱毒のために耕地を失い、貧窮ひっ迫し衣食住に事欠き、川魚野菜の欠乏で栄養失調となり健康を損なった人民は、どうしたら生命を全うできるのか。公益に害を及ぼす鉱業を停止せず、被害地十余万の人民だけが帝国憲法の庇護を受けられないのはなぜか……。

この質問に対する答弁書は三月一八日に出された。内容は、これまでさまざま対策は立てている、示談が成立している、官民一体の威嚇のような事実はない、鉱業の監督を怠ったことはないなど、相も変らぬ官僚答弁の色が濃い。それでも末尾には、「本件は国内で鉱業が盛んになれば将来各地方で必然的に起きる事件であって、国家の経済上の重大問題であり、足尾だけの問題と見るのではなく、将来鉱業と農業が衝突する場合に適用すべき方針を確定する必要がある」として、巧みに責任を回避しながらも、初めて足尾銅山の鉱毒の存在を認めている。

答弁書の署名は、内務大臣・樺山資紀と農商務大臣・榎本武揚であった。

田中正造の孤独な戦いに始まった鉱毒問題は、議会内で多数の賛同者を得るようになった。オピニオンリーダーが一堂に会する鉱毒演説会が開かれ、多い時には二〇〇〇名の聴衆を集めるようになった。新聞社はこれをニュースとして取り上げて報道した。ようやく鉱毒問題は世間の関心の的になってきたのである。ここにいたってようやく政治家も現地視察のために、重かった腰を上げげた。

三月二三日、農商務大臣・榎本武揚は鉱毒被害地の現地を視察した。初めて目にした被害地の惨状に、言葉を失ったという。

同じころ、埼玉県の官吏が被害地を巡回して「桑はことごとく枯れていた。枯れた稲わらを焼くと青い炎があがった。灰は柔らかかった。樹木の枝を焼くとやはり青い炎が出た。渡良瀬川沿岸の地は、作物が育たず、荒獏としている。川魚が浮上する」と報告している。青い炎は、銅の存在を示す化学反応である。

榎本武揚の眼前にほぼ同じ光景が広がっていたのだろう。化学の知識があった榎本は、鉱毒の深刻さを痛感したのだろう。帰京した翌日、榎本の進言で政府は鉱毒調査委員会の設置を決定した。

一方、鉱毒被害の拡大の責任を取るかのように榎本武揚は商務大臣を辞任した。そして、ふたたび官職に戻ることはなかった。

鉱毒予防工事命令

被害の存在と、反鉱毒の世論の高まりに、五月二七日、政府は古河市兵衛に対し、三七項目にわたる「鉱毒予防工事の命令書」を発した。

主要な工事は三分野。すなわち、抗内からの排水を導く沈殿池の建設、廃滓・カラミ・粉鉱の流失防止設備付き堆積場の建設、製錬廃ガス除去装置の建設。

「七日以内の工事に着手すへし」とし、細目に列挙した工事にはそれぞれ工事終了までの期限がついていた。最長で一五〇日と厳しい。そして、最後の第三七項には「此命令書の事項に違背するときは直に鉱業を停止すへし」とある。

日本で初めての本格的公害防止工事が開始され、足尾は湧きかえった。

小野崎一徳は五カ月にわたる各種工事の顛末を克明な写真に収めて記録している。

沈殿池工事。巨大なプールのようである。一方は、底は小石の層、もう一方は、小石の上に砂の層を敷いている。周りは石垣、あるいはレンガだ。ここに坑内からの排水を導き、石灰を投入して鉱毒の原因になっている銅などを沈殿させるというわけである。

別の写真は、人海戦術の工事の様子。実際、人海戦術以外の手段はなかった。沈殿池の工事現場で、笠を被った作業員が地面を掘り下げ、石垣を築いている。機械らしいものは見当たらない。人力が頼りだったことが分かる。

沈殿池工事（小野崎一徳撮影）

敏さんは説明する。

「古河市兵衛が、養子の潤吉とともに、工事を指揮したといいます。足尾としてもやらざるを得なかった。できなければ操業停止です。銅山は四〇日間作業を中止しました。古河所有の他の鉱山から応援を呼び、足尾の町民も一戸から一人が手弁当で出ました。それでも日清戦争後の好景気で人手不足。五割増の高賃金で集めざるを得なかったそうです」

敏さんによれば、一日に多い時には六〜七〇〇〇人が参加し、延べの作業員は五八万三五八九人。支払った賃金は四七万円に上った。ついでに他の数字を挙げておくと、レンガが約三一二万丁、セメント約一万五〇〇〇樽、これらを輸送する費用を合わせると四二万円。各地から集まった人々の生活物資として、米約四四〇〇石、味噌約二五〇〇貫、醤油約一五〇石、酒約一二〇〇石、草履約八〇万足、蓑六五〇〇枚、金額にして一五万円。

金額を合計すると一〇四万円あまりになる。現在の価格に換算すると一〇〇〇億円規模という。この年、工事の影響で銅の生産は落ち込み四〇万円の収入減となっている。こうした数字を見ると、一企業がこれだけの金額をよく負担したものだと思う。政府からは、鉱毒防止工事の命令はあったが、補助金はなかった。

ここでまた、長年の人脈の絆が生きる。資金を融資したのは「義利合一」を理念とする渋沢栄一であった。世の中の倫理・常識と利益の両立を座右の銘としていた渋沢栄一は、公害防止工事は、経営上の利益をもたらすものではなかったが、世の中のために必要な投資と考えていた。

小野崎一徳は、足尾全域の堆積場、ろ過池、沈殿池、砂防堰堤を撮影した。最初の整地から建造中の現場、集められた石垣用の石、わずかな機械力。簡易鉄道・ドコビールのトロッコのほかは作業員だけである。この年は天候が悪く、工事期間中雨がなかったのは八五日というから、泥まみれの作業は難航したと思われる。やがて、完成が近付いて排水を流しこむ。水田のようになった沈殿池にろ過池。性能を検査した光景も写真に残る。検査の結果、性能不十分で改めて砂の層を敷き直したろ過池の様子も残る。当時はまだ技術的に確立されていなかったのだ。予防工事は、試行錯誤を前提としていたことが分かる。

完成した沈殿池・ろ過池の面積は、本山地区は四四〇〇平方メートル、小滝地区は三三〇〇平方メートル、通洞地区に六二〇〇平方メートル。土砂の崩落防止の工事は一六カ所、二万一七〇〇平方メートルに達した。

荒廃した山の土砂が下流に流れるのを防ぐ砂防ダムや護岸工事も大がかりに行われた。

脱硫塔建設

ところで、技術的に未知という点で象徴的なのは排煙脱硫装置の建設であった。排煙の中の亜硫酸ガスを除去する脱硫技術は、世界中探してもまだ技術そのものが存在しなかった。そこで「ゲールサック塔」の応用を思いつく。ゲールサック塔の技術も未完成だった。ただ、当時欧米で化学肥料の原料として不可欠の硫酸製造のために開発をしていた。

レンガ積みの脱硫塔を建設する。排煙を脱硫塔に導く。塔の中は石灰乳剤のシャワーが降り注ぐ。排煙が通過する間に、排煙中の亜硫酸ガスは石灰中の炭酸カルシウムと化学反応を起こし、硫酸カルシウムとなって除去される。それで脱硫できるかもしれない。日本初の実験的試みである。

小野崎一徳は、脱硫装置建設の一部始終を詳しく記録した。

製錬所の数ある炉から出てくる排ガスを煙道に集める。煙道はレンガ造りのトンネルである。延長は五六六メートルに及んだ。煙道から山腹の脱硫塔へ、脱硫塔から山の上の大煙突へとつなぐ。これも人海戦術の大工事になった。

材木の支柱を荒縄で結んで足場をつくり、雨よけにはムシロを使っていた。作業員は互いに身体が触れるほど接近して並び、総がかりでレンガを積む。脱硫塔はがらんどうの塔ではない。煙室、脱硫室、前部煙道、後部煙道、排水道、煙突の六つのパートと複雑に分かれる。煙突は高さ一八メートルにもなる。何としても工期が短い。時間がない。工事は三交代、夜間も照明を点灯して続行した。

小野崎一徳の写真に、電気の照明に浮き上がる工事現場を撮ったものがある。くっきり鮮明な写真である。小野崎一徳の手腕も素晴らしいが、明治三〇年ころには夜間撮影のできるまでに撮影技術の進歩があったことが分かる。

工事にレンガが不足した。そこで足尾の古い建物や製錬所を取り壊した中古を利用した。工事現場に積まれた材料のレンガは、よく見ると確かに角の欠けているものがある。かつて秀吉が姫路城を築いた時に石垣の材料不足に困っていたところ、それを耳にした城下に住む老婆が自分の石臼を供出して早期完成に協力したという。そのエピソードを思い起こさせる話だ。老婆の石臼はいまでも姫路城の観光ルートの一角にある。秀吉のことだから老婆の話を創作して部下の士気を鼓舞したのではないかとも思うが、城建設の意気込みは伝わってくる。脱硫塔の中古レンガにも、そんな趣がある。

完成した脱硫塔の外観は、レンガ造りの、大きさも形も体育館ほどの建物である。脱硫塔から山腹に煙道が続き、丘の頂に建てた大煙突から、計画では亜硫酸ガスが除去されたはずの排ガスが大気に放出される。

全工事は一一月二二日の期限前にすべて竣工した。足尾銅山は操業停止を免れた。

さて、問題は公害防止の効果である。明治三〇年（一八九七年）の大工事は、はたして効果があったといえるのか。

敏さんに聞いた。

「効果は、残念ながら、完璧なものではありませんでした。特に脱硫装置は効果があったとは言えません。原理はいいのだが、技術そのものが未熟で実用からほど遠いものでした。それに排ガスを一カ所に集めて排出するようにしたことで、新たに被害が集中する場所ができてしまいま

工事中の脱硫塔（小野崎一徳撮影）

完成した脱硫塔遠望（小野崎一徳撮影）

した。堆積場のほうも大洪水が起きれば崩壊して下流に影響する。工事竣工の翌年にさっそく大洪水が起き、渡良瀬川下流の農民の鉱毒反対運動はいっそう激しくなりました。世論がさらに沸く。これが渡良瀬川遊水地の建設計画につながります。公害を完全に抑え込む技術は本当に難しい」

「公害を発生しない銅生産は無理なのでしょうか」

「古河にとって、排ガス対策は宿命でした。企業としては、批判はあるにしても、努力したと思います。大正五年（一九一六年）には、各社と共同で足尾に金属鉱山研究所を設立して、コットレル電気集塵機を実用化しています。フィンランドのオートクンプ社の技術を導入し、無公害・省エネの炉を実用化したのは、昭和三一年（一九五六年）でした」

公害が深刻化してから半世紀以上の年月が流れて、ようやく大気汚染対策がほぼ万全のものになったのである。

急激な経済成長が制御不能の大きな弊害を生む。自然界に弊害が及ぶ時、再生困難な負の遺産となる。

脱硫塔が被害を拡大

茨城県日立市は、日立鉱山社発祥の地である。明治三八年（一九〇五年）に開業、数年後には日本有数の銅山に発展する。採掘される鉱石は、足尾と同じ黄銅鉱で、製錬の時に同じように大量の亜硫酸ガスを発生し大気を汚染した。そこで排ガス対策として排ガスを人家から遠く離すための煙突にさまざまな工夫が凝らされた。

そしていま、煙突をめぐるエピソードが残る。

明治四四年（一九一一年）、神峰《かみね》煙道が建設される。延長一六〇〇メートルという長さで、山腹を這い上って行く様子から百足《むかで》煙道という別名があった。煙道の、ムカデの脇腹にあたるところの十数カ所に穴があって、そこから排煙が噴き出していた。異様なムカデの化け物。排煙を分散させる設計だったという。事実は、分散より被害の拡散に効果的だった。

大正二年（一九一三年）には、政府の命令で直径一八メートル高さ三六メートルという煙突が建設された。命令に従ったので命令煙突と呼ばれた。寸法からしてもずんぐりした形である。そこでだるま煙突ということになった。内部の卵形の装置が六個あり、外気と混合して排ガスを薄めるしかけがあった。しかしこれは机上の空論で、外気との混合で温度が下がり、排ガスは上昇せずにその場に漂った。煙は高温だからこそ上昇する。狼煙の時代からの数千年の常識を無視した結果は明らかだった。とても実用に堪えないということで、阿呆煙突と陰口をたたかれる羽目になる。

大正三年（一九一四年）、一二月には大煙突が完成した。高さは一五五・七メートルという文字通り大煙突である。アメリカで計画のあった大煙突が高さ五〇六フィートと知って五一一フィートに変更したという。九カ月の期間、延べ三万六八〇〇人の労働者、三〇万円の費用で完成させた。この大煙突は長く日立のシンボルになった。

シンボルの終焉もまたドラマチックである。建設から八〇年余り経った平成五年（一九九三年）二月一九日、大煙突は下部の三分の一を残して突然倒壊した。風のない穏やかな日だったという。地震があったわけでもない。「わずかな時間にゆったりと倒れていった。一瞬とても厳かな感じがした」と、目撃者は述べている。大煙突の大往生であった。現在も大煙突はシンボルとして残るが、ただし、修復後の五四メートル分だけである。

日立鉱山の煙害も決して軽微なものではなかった。そこで高い煙突から排ガスを出すこととし、それを実行した。日立は海から遠くない。西風が卓越する。高いところから排出すれば拡散効果で、地上に届く排ガスが減る。また大部分は太平洋の彼方に運ばれることが期待できる。そのため山の高みにさらに一五五・七メートル、という大煙突を建てた。

日立の大煙突に比べると足尾の煙突はいかにも低い。なぜだろうか。

足尾の煙突から出る排ガスは、卓越風に乗って北へ、渡良瀬川に沿って上流に向かう。水源の山に当たり、山肌を這い上って分水嶺を越えると、そこには日光がある。天皇家の御用邸、東照宮、二荒山《ふたらさん》神社、ご神体の男体山、中禅寺湖……。高い煙突を築きたかったに違いないが、煙突が高ければ、その分拡散する範囲が広がる。やはり遠慮があったのだろう。

古河鉱業は、製錬所の排ガスを集中的に脱硫塔に導いた。しかし、脱硫塔の効果はほとんどなかった。丘の頂の煙突から排出された亜硫酸ガス、亜ヒ酸を含む有害なガスは、空気よりはるかに重く低空に漂う。その雲が風に流されて、渡良瀬川の渓谷を上流に向かって這うように遡った。そこに新たな悲劇が生まれた。

松木村の滅亡

いま廃墟になり解体が進む製錬所を対岸に見ながら渡良瀬川の左岸に沿った道路を行くと、ほどなく巨大な足尾ダム（堰堤）が見えてくる。水が堰堤の上を越えて流れる「越流堤」になっている。全部で七段ある。昭和二五年（一九五〇年）に工事が始まりすべての工事が終了したのは昭和六〇年（一九八五年）である。

いちばん上流の堰堤ができた時、大きな湖ができたという。しかし、いまその面影はない。五〇〇万立方メートルという土砂を受け止め、そのため上流は埋め尽くされて広大な河原となった。いや、河原というより岩石の平原である。

五〇〇万立方メートルの土砂とは、一〇〇メートル四方の敷地に建てた高さ五〇〇メートルビルの容積に匹敵する。河原には草が生い茂っているところもある。もっとも、一般的なダムと違って、土砂の流失を防ぐのが目的だから、十分に機能していることになる。これからもさらに上流に向かって岩石の平原が広がることになるのだろう。

下流側の堤防の一部に遠目にも目立つ巨大な壁画が描かれ、壁画を背負う前面の一帯は公園になっている。銅《あかがね》親水公園という。また、一角に足尾環境学習センターがある。

現在、足尾ダムが渡良瀬川の源流とされている。足尾ダムは別名を三川ダムという。皇海山からの久蔵川、社山と半月山からの松木川、庚申山からの仁田元川の三つの流れの合流するところに位置するからである。その三川のなかで、中央の松木川がいちばん大きい。

かつて、足尾ダムから松木川沿いに小一時間も遡ったところに、松木村という小さな村があった。製錬所の脱硫塔からの有害な排ガスが、この小村を直撃したのである。

栃木県史に次のような内容の記述がある。

脱硫塔が山上高く設置されたために、煙害が遠方にまで及ぶようになった。そのため樹木草木が枯死した。松木村の畑は茫々たる赤土の原と化した。山野も同様だった。松木村は、昔から養蚕が盛んで山野の恵みもあり、所得の多い豊かな村だった。しかし、煙害のためにどこにも緑は見当たらない。桑は枯れた。馬は斃れ一頭もいなくなった。生業を失った村人は先祖から受け継いだ地を捨てざるを得なくなった。産まれた子はすぐ死んでしまう。母親は母乳が出ないので、スリ粉で与えている。

スリ粉は米の粉である。温湯に溶いて乳のようにしたものだ。

松木村は古い村である。七〇〇年頃、慧雲という僧が松木に方等寺を建てたところに人が集まり農業を始めたという。松木村の人々は全部「星野」姓だったというから、親戚ばかりの一団だったのかもしれない。

明治維新前の嘉永六年（一八五三年）、松木村には三七戸、一七八人が住んでいた。標高七百数十メートルで米はできなかったが、肥沃な土に恵まれ日当たりは良く、小麦、豆類、大根、ニンジン、馬鈴薯、ごぼうなど、また、まわりの山からは山菜、キノコが収穫できたので食べるのに不自由することなく、現金収入としては養蚕が盛んだったこともあり、総じてきわめて豊かな村だったという。

しかし、足尾銅山が急成長するにつれて、しだいに煙害に悩まされるようになる。明治二〇年（一八八七年）、大風の日に野焼きを強行し、足尾の北部を全焼する火災事件を起こしたこともあいまって、衰亡への道を歩むことになる。そして明治三〇年に、結果として無用の長物でしかなかった脱硫塔の完成が、松木村の運命を決めた。

しかし、発生源の古河側は冷淡だった。

村人は、下流の谷中村で鉱毒防止を訴えていた田中正造のことを耳にして、窮状を訴えるため東京へ代表を送る。田中正造も明治三二年（一八九九年）には松木村の視察に訪れた。しかし、煙害は続く。村を離れる者が多くなる。ついに明治三四年、その時残っていた二五戸は示談金の四万円を受け取り村を去る。翌年、松木村は廃村となって消滅した。

渡良瀬川上流で松木村が消滅し、その四年後、渡良瀬川下流で谷中村が消滅したのである。

松木村が消滅した跡地は古河鉱業が買いとったことになり、製錬の廃棄物であるカラミの投棄場所に利用された。カラミを水で急速に冷却すると、米粒半分大の細かい破片に変わる。破片はガラス状、黒々として光る砂のようだ。精錬所から空中ケーブルで山の稜線まで運び、そこから谷底に向けて投棄した。後には、パイプ輸送もしたという。

いまでも松木村の跡地に行くとカラミの投棄現場を見ることができる。幅数百メートル、扇状に広がる黒いカラミの急斜面が、はるかな稜線から自分の足元まで伸びている。手ですくうと、その痕を埋めるようにまわりのカラミが崩れてくる。足を踏みこむと、ずぶずぶと沈む。カラミの真黒な堆積を見た人は、ほとんどみなしばらく寡黙になってしまう。

松木村の運命も記録した

小野崎一徳は松木村でも撮影を怠らなかった。その写真は、古河鉱業の資料として保存されていた。百年以上の時を経て、孫の敏さんは黄色く変色した一連の写真を入手することができた。

松木村に草木の影はなし。まわりの山も同様だ。雨上がりの松木川は、赤茶けた激流である。

大河である。滝のような水音にまじって、流される岩石がぶつかり合う音が聞こえ、風に乗って飛んでくるしぶきが感じられるような写真である。事実の正確な記録を伝えようとする小野崎一徳の、撮影の姿勢が伝わってくる。

現在の松木村の光景はどうか。

日光の中禅寺湖といえば、日本有数の景勝の地である。夏には緑が岸辺にまで迫り、秋には色鮮やかな紅葉がひときわ美しい。多数の観光客でにぎわう。これも中禅寺湖を囲む豊かな森があればこそのことである。

ところが、中禅寺湖の南側に連なる山に登って稜線を越えると、目を疑うような光景に一変する。

森が消え、山の地肌が薄い、あるいは地肌がむき出しの不毛の荒れ地が広がっている。まるで山岳沙漠である。中禅寺湖の何倍もの地帯の、険しい荒廃した山々。

松木村があったところだけではなく、久蔵川、仁田元川、松木川の三川の水源となっている山々の、ほとんど稜線の近くまで、一〇キロ四方に及ぶ。

もちろん程度に差はある。

尖った岩ばかりの峰のある山。斜面に刻まれた谷には、無数の砂防ダムが造られ、崩れる土砂をせき止めている。それでも土砂が崩れ落ちている。かつてはこの山も森に覆われていたはずである。

六月に行った時、黄色の花の群落、白い花をつけた木々が山のあちこちに見られた。岩だらけの山に、なぜか黄色と白の彩り。ちょっと不自然で異様な眺めだ。正体は、黄色はエニシダ、白い花をつけた緑の木はニセアカシア。ともにやせた土地に育つことのできるマメ科の木である。

自然復元へ

昭和四八年（一九七三年）に足尾銅山は閉山した。荒廃した自然の復元がそれから本格化した。森林を再生しようというのである。国土交通省、林野庁、栃木県、それにボランティア団体の「足尾に緑を育てる会」が加わって行われている。

松木村跡地のカラミの堆積

エニシダやニセアカシアは、復元計画が初期段階であることを示す。

岩石が露出し、土壌のない急斜面に植物を移植し、元のような森林を再生する。気の遠くなるような長い道のりの作業である。それに確かな復元の技術は、世界中どこにもない。創意工夫と人力と根気がカギであった。

まず土をつくるところから始めなければならない。

さまざまな方法が検討された。たとえば、土と肥料に草のタネを混ぜて布袋に詰め、これを「植生袋《しょくせいたい》」と名付けた。草のタネには、悪条件に強いイタドリ、ススキ、ヨモギなどのタネを選んだ。無数の植生袋をつくり、背負って岩ばかりの急斜面を登り、測量をしながら等高線にそって一列に並べる。並べた植生袋を鉄串や杭で固定する。平行して一列、また一列。植生袋が岩肌に、階段状に何列も並ぶ。適度な雨と太陽光線に恵まれれば、植生袋中のタネは一〇日ほどで芽を吹く。草は成長し、花が咲き、秋深まればタネを残して枯れる。枯れた草はやがて土に還る。翌年、新しいタネが芽を吹き、これも子孫を残して土に還る。何年も繰り返して、岩石を覆う土壌の層を形成する。

しかし、急斜面でも人間が行けるところはまだ良い。ベテラン登山家も難しいような絶壁には、ヘリコプターを使用した。岩肌にまず土壌改良材と肥料、次にタネを吹き付け、雨に流されないように、その上からアスファルトを吹き付ける。岩肌は真っ黒に染まる。が、やがて暗黒の中の光明のように、アスファルトを突き破って薄緑色の芽が吹き出してくる。これも忍耐と継続、繰り返しが必要だ。

前例のない事業だけに創意工夫が大切だ。どうにか土ができてきたら、マメ科植物の出番である。エニシダ、ニセアカシア、ヤマハンノキ、アキグミなどが代表的だ。これらのタネをまき、成長を待つ。

私が見た山肌の黄色と白色は、この復元過程の風景であった。もう一歩、復元が進んだところには、エゴノキ、ヤシャブシ、ヤマハギ、ズミ、オオシマザクラなどの広葉樹、クロマツ、ヒノキなどの針葉樹が生育を始めている。これらはもう三〇年もたてば、かつては山岳沙漠だったところが、元のような森に戻るかもしれない。期待と可能性を感じさせてくれる。

山岳沙漠にも、子細に見れば復元の成功してきているところもある。まだ手つかずのところもある。

いずれにせよ、自然復元には人間の世代を超越する、一世代、二世代では終わらない時間が要る。まだまだ先の長い事業である。百年単位で考えることが必要なのだ。

映像は時空を超える

元林野庁長官を務めた秋山智英さんが書いた本がある。邦題を「森よ、よみがえれ」という足尾の自然復元を紹介した著作だが、その後、英文に翻訳されて世界の目に触れる機会を得た。翻訳書の序文に「足尾の自然復元の手法は、世界中の同じような問題を抱えているところに役立つ」とある。まさにそのとおりになった。

内容が国際的でも、残念ながら日本語では、世界になかなか広まらない。「世界語」ともいえる英語版にしたことで、つまり内容と言葉が相まって、世界に発信することができ

（上）1996年、ヘリコプターによる緑化（青丹社）（左）1962年の撮影。女性たちの緑化作業（関東森林管理局日光森林署：旧林野庁前橋営林局大間々営林署）（右下）1996年頃の山肌（青丹社）（左下）2009年秋の松木村の復元状況

た。世界各地で、過剰な伐採による禿山が増え、沙漠が日々拡大している。一方、復元にチャレンジする人々も増えている。いま、多数の見学者が海外から足尾に来るようになった。私も現地で、見学に訪れた若い外国人一行と出会ったことがある。

メッセージを伝える時にいちばん大切なのは視点である。視点が漠然としていては何も伝わらない。視点があってこそ、受け手の脳細胞が刺激されるというものだ。視点に賛同して「まさにその通り」と合点するのもいいが、違和感があればいっそう刺激の効果は倍増する。考えるきっかけになる。

秋山さんの著作は世界語になったことで国境の壁を越えた。そして、もちろん言葉を必要としない映像は時空を超える強力なパワーを持っている。

映像の訴える力はまさに「百聞は一見にしかず」で人々を納得させる迫力がある。

その具体例をアメリカの写真週刊誌「ＬＩＦＥ」に見ることができる。

「ＬＩＦＥ」の創刊は一九三六年。週に最多で八五〇万部も発行されていたこともある。報道写真が中心で解説がつく。大きさはタブロイド判だった。

アメリカのオバマ大統領が環境重視の新しい産業構造を築くとして「グリーン・ニューディール政策」を提唱している。一九二九年の大恐慌の煽りで生じた大量の失業者を救済するために、一九三三年、ルーズベルト大統領が打ち出した大型公共事業の「ニューディール政策」を捩《もじ》ったものだが、「ＬＩＦＥ」創刊号の表紙を飾ったのは、ニューディール政策の象徴になった巨大ダムの写真であった。女性写真家マーガレット・バークホワイトの撮影である。以来「ＬＩＦＥ」はその時々の世界の現実を一枚の写真に凝縮して伝え続けた。

第二次大戦中には、「カメラとペンでファシズムと戦う」と戦場の写真を特集した。日本帝国軍には想像することもできなかったことで、国際世論を反ファシズムでまとめるPRに絶大な効果を発揮した。日本はまず情報戦に敗れていたのである。

一九四五年八月二〇日号には「原爆は戦争を終わらせた」と述べ、原爆投下前後の広島市、長崎市の写真が掲載される。私たち日本人にはいささか受け入れ難い「原爆を使わなかったら戦争犠牲者がさらに増えた」という、アメリカ世論の多数を占める意見の始まりは、実にここにあるといってよいだろう。

一九七二年六月二日号は水俣病を特集した。ユージン・スミスとアイリーン・スミスのフォト・エッセイで悲惨な公害病の現実を世界に発信した。世界が水俣に注目するきっかけをつくったもので、現在のテレビの力をはるかに凌ぐ波紋を広げた。

写真で世界に厳しい現実を伝え続けた「ＬＩＦＥ」。確かな視点で決定的な瞬間をとらえる。その仕事に賭ける多数の映像ジャーナリストを誕生させた。彼らが記録した二〇世紀の歴史が大きく動いた一瞬の映像は、現在と未来への大きな遺産といってもいい。

しかし、六〇年代に入ると、しだいにテレビに圧倒されてしまう。表紙にセクシーな女優を登場させるという「ＬＩＦＥ」らしからぬ路線変更を試みたりしたが、一九七二年に休刊した。水俣病を特集した年の暮れであった。雑誌の「休刊」は、ほぼ「廃刊」のことである。多くの雑誌が休刊するが、休刊した雑誌が復刊したという話は、内外にあまり聞いたことがない。

ともあれ、映像は時空を超える。写真という映像で足尾を記録した小野崎一徳の仕事はその意味で重要だ。

「一徳・敏のコラボ」

私が小野崎一徳の写真を素晴らしいと思うのは、次のような四つの点である。私はこれら四点を、小野崎一徳による志をもとにした「仮説」であり、撮影した写真は「仮説」の「検証」であると考える。

第一は、足尾銅山に人間の営みを追うという姿勢を常に忘れていないことである。写真に残る人物に、こうした視点が見て取れる。それだけに、写真の一枚一枚から、見る人しだいで豊富で貴重な情報を読み取ることができる。写真を見る人それぞれが、多種多様な発見をすることができるのである。

第二は、なんでも記録する精神である。古河鉱業の専属写真師の立場にあり、古河鉱業の生産現場から行事まで、また広報宣伝や訪問者の土産になる写真までを撮影している。それは仕事の一環であったには違いないが、それだけで終わっていない。小野崎一徳は、時間の流れとともに変わる人間の営みと、それによって大きく変貌する足尾の人工環境と自然環境の両方を記録している。つまり、歴史を記録するという明確な視点があったと言える。

第三は、写真の記録にさまざまな工夫を凝らしている点である。写真技術は、現在に比べればはるかに未熟だった。その分、経験と勘で補う必要があった。技術革新の成果を利用し、坑道内のように光の乏しい、いうなれば写真との相性は良くない条件での撮影にも、果敢にチャレンジしている。ジャーナリスティックな視点を持つ一方で、職人芸をも極めていたわけで、もちろん才能があればこそのことではあるが、並々ならぬ努力がうかがえる。

第四に、仕事優先の立場を貫いている点を評価したい。創業者の古河市兵衛が招いた「古河鉱業専属写真師」であるという立場は、足尾銅山の隅々まで、ときには従業員に注文をつけて作業を再現させるなど、有利に働いたことは確かである。しかし、きれいごとだけを写真に残しているわけではない。雇い主の会社におもねることなく、事実を丁寧に記録している。

たとえば、絵葉書に残る小野崎一徳の写真に、足尾銅山の工場群の活気を主眼にしているものもあるが、工場群の背景には荒廃した山々のありさまが残る。カメラのポジションしだいでカットすることも不可能ではなかったと思われるが、そんな配慮を示して雇い主にすり寄ることはなかったといえる。

しかし、それでも一徳の写真に不満なところがないわけではない。

写真のキャプションが整理されていない。つまり4W1Hに欠ける。いつ（Ｗｈｅｎ）、どこで（Ｗｈｅｒｅ）、なぜ（Ｗｈｙ）、なにを（Ｗｈａｔ，Ｗｈｏ，Ｗｈｏｍ）、どのように（Ｈｏｗ）に関する一枚一枚に説明がほしいのだが、残念ながらそれがない。小野崎一徳の責任ということではないし、多分長い間に行方不明になり、紛れて失われてしまったのだろうと思う。そして同時に、復元できたら、と思う。

そこで小野崎一徳の孫にあたる敏さんの出番になる。足尾に育ち、鉄の仕事に生きてきた。ふるさと足尾を愛し、「公害の原点」として悪名ばかりが高いが、近代日本の基礎を築いた足尾の役割を知り、最盛期の足尾を記録した祖父の写真を独力で収集した。

敏さんの知識、関心、足尾への郷土愛は、小野崎一徳の写真にキャプションを蘇らせる不可欠の手がかりとなる。

「一徳・敏コラボ」。二人の協働作業で、世界に類のない成果を得ることができるのではないだろうか。

足尾の自然破壊の過去、そして復元の現在は、地元の人々だけではなく、私たち日本人の貴重な経験である。二人のコラボで、この経験をきちんと世界に橋渡ししていく。

それは、現在そして未来に向けての課題と思う。

第四章　ジャーナリズム

——民主主義社会の公共財

一・田中正造に「記者の志」

足尾の歴史館に展示されている小野崎一徳が撮影した写真のなかで、ひときわ異彩を放つ一枚がある。

足尾視察のファッション

明治三二年（一八九九年）三月一二日。足尾銅山の小滝に建設された沈殿池を背景にした四〇人余りの男たち。フロックコートの男、護衛するサーベル姿の警官もいる。農商務大臣、国会議員、鉱山局長などが視察に訪れた時の記念という。

集団の中に、国会議員の田中正造がいる。いちばん目立っている。この写真も小野崎敏さんが発掘した一枚で、田中正造が足尾を視察したことを証明する一枚である。

白い帽子に厚手のコートをまとい、何より特徴的なのは帽子と揃いのマフラー。首の前で結んでいるが両端は足元に届きそうなくらいに長い。ほとんどがネクタイ姿の中にあってこのファッション。田中正造はそうとうに自己主張が強い人物だったのだろう。存在感があり、独特のオーラがある。

しかし、それだけではない。自己主張以上に、私には田中正造には狙いがあってのファッショ

中央マフラーの男が田中正造（小野崎一徳撮影）

田中正造（佐野市郷土博物館）

ンのように思われる。
白っぽい帽子に首から足まで届くマフラーというカジュアルをも超越した姿で、「古河鉱業の公毒防止工事の成果を視察に見えた中央政府の偉い方々のご一行様」というイメージを、「俺は騙されないぞ」と打ち壊しているのである。写真に残る田中正造の姿に、その強い主張と心意気が感じられる。
さらに、新聞に取り上げられることを計算したうえでのパフォーマンスでもある。ありきたりでは新聞記者の目に留まらない。そうなると一行の視察は記事にならない。記事にならなければ世の中に伝わらない。伝わらなければ、足尾銅山の操業停止につながる世論は興せない。記事になるためには、とにかくユニークであることが重要だ。

国会演説や行動からも、田中正造はパフォーマンスの重要性を熟知していたように見える。現在の新聞、テレビなどマスメディアに通じることであるが、主張のためにはまず記者という職業のジャーナリストたちの気持ちを惹く必要がある。そのためには労を惜しまず、少々恥ずかしいようなパフォーマンスをあえて実行する。その行動力を感じさせる。自分の主張を世に広げる上で、これは必要にして重要な資質でもある。

田中正造は生まれつきパフォーマンス力を備えていた。その天性の力に磨きがかかったのは、やはりジャーナリストの経験があったからではないだろうか。

つまり、新聞記者の経験をするうちに、どうすれば取材する側から見て望ましいかを体得した。足尾銅山の非道を訴えて、新聞記者たちに取材される側に立ったとき、主張を達成するためには何かパフォーマンスのあるほうが、記事にされやすい。記事になってこそ主張が広まる。そのように見る目、実行する力がいつしか養われていたのではないだろうか。

「予は下野の百姓なり」

「予は下野《しもつけ》の百姓なり」――。

田中正造は印象的ワンフレーズづくりの名人である。農民の立場に立って信じるところを貫く。その強い意思が凝縮した言葉のように思う。見方を変えると、これは田中正造の仮説と言える。

仮説に従って行動する時に、さまざまな出会いがありさまざまな出来事にぶつかる。それが検証の過程である。その仮説の是非や妥当性は自分の人生の中で総括する。

「予は下野の百姓なり」という仮説は田中正造の心の中にいつ、どのように培われたのだろうか。ここで、田中正造の原点、政治を志すまでのおおまかな道筋を振り返ってみたい。

政治を志すとは、言論で生きることを意味し、言論で生きることはそのままジャーナリストとして生きることを意味していた。当時、政治家とジャーナリストはほとんど同じ道を歩む者であった。

天保一二年（一八四一年）一一月三日、田中正造は現在の栃木県佐野市小中町に生まれた。名《な》主《ぬし》の家柄であったが、財産は村で中程度、豪農であったわけではない。ただ、父の富蔵は教育熱心で正造を七歳で塾に通わせる。成績は普通だった。しかし、農業には熱心だった。性格は剛情だったそうで、後年の活動の片鱗がこのころからうかがえる。

安政四年（一八五七年）、父が名主の総元締に昇進したのに伴い、一七歳で小中村の名主に推された。ここで注目されるのが、名主になるとすぐに寺子屋を開いたことである。自分も仲間とともに学ぼうとした。時代の大きな変化の中で、学問こそ物事を筋道立てて考えるときに欠かせない素養であることを自覚していたのである。そうした思いを加速したのは、領主の六角家との衝突であった。

慶応三年（一八六七年）大政奉還。大がかりな政権交代が起きようとしていたころ、騒動はピークに達した。

六角家は財政窮乏を理由にそれまでの農民の自治を無視し収奪の度を強め、一方で汚職の横行を許していた。田中正造ら村役人は小農に突き上げられるかたちで六角家の役人に立ち向かう。田中正造は六角家の本家筋にあたる烏丸家に嘆願書を出したが、それが運悪く黒幕の手に渡り、捕えられて江戸屋敷内の牢獄につながれた。縦、横、高さが、それぞれ九〇センチほどの箱のような狭い牢で、床に穴を掘って便所にするという劣悪の環境の中に、一〇か月と二〇日間押し込められた。

明治の時代になり、一八六九年、正造は釈放された。二九歳であった。六角家との確執で背負った千両もの借金を家財を売り払って返済し、東京に出て時代の流れを探ろうと志したが、頼って行った師は失業状態で勉学どころではなかった。そんな時にたまたま縁あって、江刺県の下級官吏に採用された。江刺県は、現在の岩手県遠野市に県庁が、秋田県鹿角《かづの》市花輪町に分局があった。田中正造は花輪分局勤務となった。最初の仕事は「救助窮民取調」であった。前年、凶作に見舞われて餓死寸前に陥っていた山間の農民の困窮状態を調査するというものであった。その農村の地獄に田中正造は号泣したと書き残している。

「生きているうち良き人となれ」

「死んでから仏になるのはいらぬこと　生きているうち良き人となれ」

政治への道を志すことを決めた田中正造を励まして、父が与えた人生訓で、ある僧の作という。田中正造の政治への決意は、激動の世の影響を受けて固まった。

花輪にいて一年少し過ぎた明治四年（一八七一年）六月、田中正造は上司暗殺の疑いで突然逮捕され、幕府の時代と同じような白州《しらす》で拷問という厳しい取り調べを受けた。証拠は脇差に曇りがあるという程度のことに過ぎなかったが、免職の上に江刺県県獄に送られ、そこでも拷問によって「自白」を迫られた。厳冬期には凍死する危機にも見舞われた。廃藩置県で江刺県がなくなったこともあって入獄は長引いた。

明治六年（一八七三年）監獄則が制定される。岩手獄に移送され、畳のある室になり、書物の差し入れが許された。このとき獄中で読んだ本の中で、田中正造は明治四年に刊行の「西國立志編（スマイルズ著、中村正直訳）」に大いに感銘を受けたという。

「正義を行う人間の力は金銭の力で左右されるものではない」という一節は、後の田中正造の行動のバックボーンになっていく。獄中での学びが将来の進路を決めるのに役立ったと言えるだろう。

獄中三年を越えた明治七年（一八七四年）四月、逮捕の時と同様に突然、嫌疑が晴れたということで田中正造は無罪放免になった。このとき三四歳。身体は衰弱していたが一カ月の静養の後、故郷の小中村に戻る。五年ぶりのことであった。

世の中は大きく変わろうとしていた。自由民権運動の高まりである。田中正造が無罪放免になる三カ月ほど前に、板垣退助、江藤新平らは、民選議員による国会開設の建白書を提出している。運動の目標は、地租軽減、国会開設、条約改正の三点にあった。明治一〇年（一八七七年）の西南戦争は、不平士族の最後の反乱であったが、その激変の渦中で、特に重い税金の負担に耐えかねていた農民が、自由民権運動に加わってきたのである。

田中正造は自由民権運動に未来を見た。中央集権ではなく地方自治の意味を知った。もとより軸足を置いているのは農民である。

西南戦争はまた、経済のバブルが膨らんだ時期である。運動には資金が不可欠である。政府の政策にインフレを予感した田中正造は借金して土地を購入、思惑が当たって借金の六倍の利益を得ることができた。

ここで田中正造には資本家に成り上がって金もうけに専念する道もあったのだろうが、しかし、富貴への道を選ばなかった。そこに田中正造の志がある。予想外の経済的自立を果たすことができたということで、父に「公共のために働く自由」を求めた。

三八歳になっていた田中正造の、政治に対する並々ならぬ決意の表明に、父が賛同して示したのが「生きているうち良き人となれ」であった。

明治一一年（一八七八年）七月、田中正造は栃木県第四大区三小区区議会議員に選出される。「区」という極めて小さな地域単位だったが、選ばれて区政の改革に取り組む役割を認められたということで、田中正造は大いに喜んだ。これが政治への第一歩だった。

「国会開設は目下の急務」

明治一二年（一八七九年）八月二日、田中正造が編集長をつとめる「栃木新聞」が創刊された。タブロイド判四ページ、隔日発行のささやかな新聞で、創刊号は五、六〇〇部程度しか売れなかったという。漢字が読める人が少なく、新聞を読む習慣が全くない時代であった。

しかし、発行部数に依らず、新聞は言論のほとんど唯一の手段として重要だった。政治的な主張をするためには、新聞に書く。適当な新聞がなければ、同志を集めて新聞を創刊し、その紙面で主張する。政治への道はジャーナリストの道と重なっていた。

田中正造は地域の事情に詳しいということもあって、「記者」であり、「編集長」の責を担うことになり、官報、雑報で一面を埋めたが、言論の手段であることが良く分かる三面の論説も執筆した。

明治一二年九月一二日付けと一五日付けの二回にわたって、「国会開設するは目下の急務」と題する論説を掲載している。

主旨を現代語にすると以下のようになる。

国を愛する気持ちはだれにでもある。まして最近の対中国（清国）の外交情勢、不景気にあたっては、身分の高い者も低い者も官民一体になって当たるのが筋道ということになれば、国家の保全は永遠になる。

その筋道を分からせるには、国民に国政に参加する権利を与えることである。それが国会である。数年前に旧参議が国会開設を唱えたことがあったが、時期尚早として退けられた。しかし、民権の考えは世の底流として続いている。

昨年になって、政府は区会制度を施行した。今年になって、県会を開設した。こうした動きが出てきてはいるが、国民の希望を十分にかなえる国会の開設を望みたい。

日本と中国（清国）の対立が激化する今、国会の開設が必要である。全国の精神がまとまれば、数百万の強敵も破ることができる。

国民はまだ無知で気力がない、国政に参加する権利は与えられない、という議論がある。これは大商人の番頭が「私の主人は子どもで未熟」を口実に家業に関係させないのと同じである。

地租改正にあたって、最初は混乱があったもののうまくいったのは、役人に任せず地域の人に任せた結果ではないか。町村の担当者に任せ、地域の役人と村人が行ったのだ。さらに言えば、地域の役人はめざす方向を村人に与えただけで、祥細は地域の農民に任せたのである。それでいて、農民は原野、林、川や泉、道路、橋、田畑、住居など漏れなく「縮図」に仕上げるという大きな成果を上げた。

田を耕す農民に原野、山林の測量を任せるのは道理に合っているが、国政に参加する権利を与えるのはいかがなものかという反論がある。しかし、豊臣秀吉は農夫の出身、アメリカのグラント前大統領は皮革の職人ではなかったか。

大商人の番頭が幼い主人に家業に関係させないのと、この問題は同じではない。

国民に国政に参加する権利を与え、身分の上下を問わずに心を一つにまとめ、国の力を盛んにすれば、外敵が攻めてきても安心と信じて疑いない。

なかなか興味ある論説と思う。

大商人の番頭が「私の主人は子どもで未熟」を口実に家業に関係させないのと同じであると書いているところに注目したい。主人は明らかに「国民」を指している。中央政府の権力者は「番頭」であって、本当の「主人」ではないと言っているわけで、民権こそ権利の主体と宣言しているのである。また、中央からの命令で動かすよりは参加感のある「地方自治」こそ大切と言及している。

大商人や豊臣秀吉の話も分かりやすい。国民が理解できる要を得た例で、ジャーナリストの姿勢と共通する。政治を動かすのが政治家とすれば、広く国民にアピールし国民の声を政治につなげるのがジャーナリストである。政治の主張は、広く国民のサポートを得て大きな力になる。

田中正造の、政治家とジャーナリストの両方の感性が良く分かる論説である。そして、この感性は、政治の道に深入りするにつれて、ますます磨かれていく。田中正造は、政治家の道を一気に駆け上がる。

あだ名は「栃鎮」

明治一三年（一八八〇年）二月、田中正造は県会議員補欠選挙に立候補、当選する。「栃木新聞」の盟友、中田良夫は論客を失うのは残念としながらも、「国会議場に臨む日は近い」と述べた。

同じころ、政府の自由民権運動弾圧はいっそう激しさを増している。すでに言論弾圧の新聞紙条例、讒謗律に加えて、明治一三年には集会条例が制定された。政談演説会は事前に警察の許可が必要になり、立ち会う監視の警察官に集会解散権があるなどの項目が列挙され、違反者には刑事罰が科せられるというものであった。その後さらに抜け穴をふさぐ改定が行われる。

「栃木新聞」も、発行停止、幹部の投獄など容赦ない弾圧に苦しんだ。

それでも新聞発行は止められない。田中正造は、新聞の経営を支える資金調達に走り、毎号社説を執筆していた。新聞経営から手を引くことができたのは明治一五年になってからであった。

言論弾圧は自由民権運動の弾圧にほかならない。政府内も一枚岩ではなく民権をめぐる意見の対立が起きる。参議大隈重信は国会開設を支持する改革派、参議伊藤博文は薩長藩閥政府の利益を代表する抵抗勢力という構図ができ、官有物払い下げ事件をきっかけに、「明治一四年（一八八一年）政変」となる。政府はついに「一〇年後の明治二三年に国会開設を約す」ことになった。目標であった国会開設が決まると、自由民権運動はしだいに沈静化し、運動家たちは政党を結成する方向に向かう。板垣退助を党首に自由党、大隈重信を党首に立憲改進党ができる。田中正造は立憲改進党に入党した。そのころの栃木県は、全国でいちばん立憲改進党党員が多い県であった。

明治一六年（一八八三年）、三島通庸《みちつね》が栃木県知事に着任した。自由民権運動の弾圧と大規模公共事業の推進という、二点で名を残した人物である。道路建設には特に熱心で「土木県令」とのあだ名があった。

三島通庸の政治は強引そのものであった。土木事業に労働力と資金の両方で多大の地元負担を強いた。大多数は農民であったが、道路建設の長時間労働に駆り出されて、農作業ができなくなるような事態が続出した。

県議会の反対を無視した「土木県令」の政治に、自由民権派の田中正造は反対の論陣を張る。その鋭さに、「栃鎮《とっちん》」のあだ名がついた。「栃鎮」は栃木鎮台の略で、鎮台は軍団である。「軍団ひとり」というほどのイメージだ。

あだ名だから愛称の側面はあるが、どうもそれだけではない。演説が核心を突いて鋭い。そこで「節を曲げずに断固戦う人」というニュアンスがある。加えて「正論を主張するが少々浮いている人」との皮肉も感じられる。栃鎮の攻撃型の演説は、聞いていておもしろいことは確かだ。それに、演説するときのパフォーマンスもまた注目の的であった。

新聞は目立つことをニュースとして報道する。読者は普通とは違うことを歓迎する。新聞記者というジャーナリスト体験から、田中正造はこのパターンを身を以て知っていたのだろう。主張は報道されなくては意味がない。そのためには「軍団ひとり」と揶揄されようがわが主張を貫く。

このころの田中正造の主張は、三つに集約される。地方自治の拡充、税負担の軽減、小学校教育の普及。県議会の中で田中正造はしだいに重要な位置を占めてゆく。明治一七年（一八八四年）の加波山事件は、自由民権運動を弾圧してきた三島県令暗殺未遂をきっかけに起きた反政府の挙兵であった。田中正造は事件の黒幕として収監されたが、三島県令は内務省土木局長に栄転してゆき、六七日間で釈放された。

「天皇陛下の大法なれば……」

明治一九年（一八八六年）、田中正造は県会議長に選出される。同じ時期の県議会に提出された議員の旅費日当増額案に、「代議士は金銭のために位置を軽重せず」として反対したことなどから、必ずしも議員全員が田中正造の支持者だったとは思えないが、注目度ナンバーワンの行動力を蔑《ないがし》ろにはできない結果だったのだろう。

明治二二年（一八八九年）二月一一日、大日本帝国憲法が発布される。田中正造は県会議長として発布式に参加した。翌日の「下野新聞（明治一七年「栃木新聞」を改題）」は「憲法発布」を一面の冒頭に掲げた。

われわれ臣民が十年以上一日千秋待っていた憲法が一一日に発布された。われわれは未だ条文を拝読してはいないが、叡聖な天皇陛下が定められた大法であるから、必ずやわれわれ臣民にとって申し分のない……。

この翌年に明治二三年（一八九〇年）、第一回の衆議院議員選挙が行われる。田中正造は改進党候補として栃木三区から立候補、自由党系連合の候補になった足利の豪商木村半兵衛を破って当選した。選挙戦は、買収、演説会の妨害、殴り込みなど何でもありの激戦だったという。田中正造は明治三一年（一八九八年）の第六回選挙まで常に木村半兵衛と争ったが、しだいに本格的対抗馬のいない無風選挙になり、国会の議席は田中正造の指定席になった。足尾銅山鉱毒に対し、農民の立場に立った活動があったからのことである。

自由民権運動が要求し、ようやく発布された憲法。そこに書かれた「臣民の権利」を守る。それが田中正造の行動原理になった。

明治二三年（一八九〇年）八月二三日、渡良瀬川は大洪水を起こす。五〇年来の洪水であった。群馬県、栃木県の関東平野北部が見渡す限り水浸しになり、それだけではなく足尾銅山の鉱毒が広範囲に被害をもたらした。

一〇月に入って現在の早稲田大学にあたる東京専門学校生の長祐之《ちょうすけゆき》は、水質検査を栃木県立病院に依頼する一方で、被害地を歩いて回り、目と耳で取材した。その報告を「下野新聞」に投書している。私益が公益に優先している、足尾銅山の古河市兵衛によって魚族豊かな清流が毒流に変わった、原因は鉱滓を渡良瀬川に流失させたことにあるなど、鋭く指摘している。この後も「下野新聞」は足尾銅山の鉱毒は臣民の権利を侵害しているという趣旨の記事を繰り返し掲載した。

現在の渡良瀬遊水地

谷中村の遺構

「下野新聞」の論説は、国会という場に変わると田中正造の政府追及質問演説になる。その初めての機会は、明治二四年（一八九一年）一二月二四日に巡ってきた。あらかじめ被害地を実地調査し、一二月一八日に「足尾銅山鉱毒の儀につき質問書」を提出していたのである。

質問はしばしば詰問になった。ボサボサ頭に五つ紋を染め抜いた木綿の衣服、演壇上で政府に向かって咆えた。「栃鎮」は国会議員になってますます磨きがかかったといえよう。その主張の根幹は、私益を公益に優先する政財官癒着を飽くことなく非難し、憲法に記された臣民の権利の侵害をなくせと求める点にあった。

鉱毒に関する田中正造の質問は、その後三〇回を超える。

足尾鉱毒問題はその後、荒畑寒村が「谷中村滅亡史」に記録したように展開していった。田中正造は自分の主張を貫いた。圧倒的な力で農民を制圧しようとする権力に対し、最後まで農民の立場に立って勝ち目のない戦いを続け、大正二年（一九一三年）に七三歳で没した。

田中正造に残ったのは、地元民が尊敬をこめて呼ぶ「義人」の名前であった。

田中正造が明治四五年（一九一二年）の日記に次のように書き残している。

「真の文明ハ　山を荒さず　川を荒さず　村を破らず　人を殺さざるべし」

二・ジャーナリストの志

田中正造には、新聞記者というジャーナリストの経験があった。人権は普遍の原理として守られるべきであり、人権を脅かす不正義に異議を唱えるという信念、ジャーナリストの志が底流にあった。その土台の上に、議会で、あるいは農民とともに、具体的な抗議行動を計画する。その計画は、田中正造の「仮説」である。「仮説」を検証するには行動してみるしかない。行動することで仮説の妥当性が「検証」される。

田中正造は、生涯を通じてさまざまな仮説を編み出し、その検証に殉じたと言える。

「進化」という自然法則

二〇〇九年は、チャールス・ダーウィンが「種の紀源」を著わして進化論を提唱してから一五〇年目、著者ダーウィンの生誕二〇〇年にあたる。およそ四〇億年前に地球に出現した生命を共通の祖先にして現在の地球上のすべての生物が存在する。現存する種の総数は数千万に上り、その千変万化の姿、形、生き方は多種多様というほかはないが、それも四〇億年という想像を絶する長い時間のなかで起きてきた進化の結果である。

アメリカのキリスト教原理主義の信奉者のなかには、いまなお生命は神様が創ったという創造説を信じている人もいる。しかし、いま「進化」の基本的仕組みを疑う人はまずいない。すべての生命は進化の結果であると実験で証明するのは困難だが、進化の基本的な考え方は、生命を知り人間もその一部である生態系の姿を知るうえで、重要な視点と言ってよいだろう。

進化は進歩とは違う。進化は突然変異と環境の偶然が重なって起きる。大雑把に言えば、進化を進めるのは「突然変異」と「自然選択」である。

「突然変異」は、遺伝子のＤＮＡに変化が起きることだ。化学物質や紫外線などが引き金になるし、細胞分裂の時の「コピーミス」もある。その突然変異は中立的に起きることがポイントである。有利な変異か不利な変異か、一概には言えない。とにかく、突然変異によって多様な子孫が生まれる。

「自然選択」は、その多様な子孫のなかから、その時の環境で生きるうえで有利なものが選ばれて残ることを意味する。何が有利かは、その時の環境しだいで決まる。たとえば、飢餓の時代に「太りやすい遺伝子」は生存に有利だが、飽食の時代にはメタボになりやすいので健康を脅かす。現代では「痩せやすい遺伝子」の持ち主のほうが長寿に有利に働くようだ。

ついでに言うと、「自然選択」のなかには「雌による選択」がある。雄は雌に選ばれるために涙ぐましい努力をする。さもなければ子孫を残せないからである。鳥類の雌は地味だが雄は派手だ。絢爛豪華な飾り羽を持つ鳥は、目立つから天敵に捕食される危険が大きい。それでも敢えて危険を冒すのは雌に選ばれるためである。雌は、立派な飾り羽を持つ雄ほど健康で強い雄と見るのだろう。強い雄と結ばれて生まれる子孫は生存競争に勝ち抜く可能性が高い。

多様性の豊かなところに生息する生物、同種でも多様性に富む生物ほど、環境が大きく変わっても生き残る可能性がある。地球の歴史に、少なくとも五回は大規模な絶滅の危機があった。そのつど環境激変のピンチをチャンスに変えて生き残る生物がいた。いちばん近い時代では、六五〇〇万年前の恐竜絶滅がある。大きな環境の変化に恐竜は生き残れなかったが、代わって哺乳類の時代が来た。新しい環境の時代に生き残れるものがいた哺乳類の多様性があればこそのことであった。いま、生物多様性が急速に失われている。過去の大絶滅に匹敵するスピードである。森林伐採など人間の環境破壊が主な原因だ。生物多様性の基盤である環境がなくなる。それがいちばんの危機なのである。

人間は、他の生きものに比べて寿命が長い。突然変異の機会が少なく、多様性に乏しい。しかし、人間には知恵がある。いまの多様性を大事にし、多様性を広げることが大切だ。一人ひとりの生命の尊重、個性の尊重、人権の尊重。人間の多様性の尊重を考えることが、進化論から言える最大の教訓ではないだろうか。

今日の数千万種という生物がこの地球上に生きている。これらがすべて突然変異で多様な子孫が生まれ、そのなかから自然選択で生き残ってきたという進化の目で見ると、身の周りの世界は本当に奥深い。

巨大科学技術への夢――六〇年代

進化の考え方は生物界だけのことではなく、社会現象にも応用して考えることができる。そこに進化の考え方のもう一つのおもしろさがあるように思う。

「ジャーナリストの志」もまた、不変ではなく進化する。進化の要因になるのは環境である。「仕事・職場の環境」によって進化し、仕事・職場の環境は「社会の環境」によって進化する。つまり、「ジャーナリストの志」は環境によって進化するし、「ジャーナリストの志」を具体的に表現するためには、つまり仮説を発信し続けるためには、「仕事・職場の環境」と「社会の環境」の進化が欠かせない。ジャーナリストには「仕事・職場の環境」と「社会の環境」に対する働きかけが必要ということだ。

実際、自分のたどってきた番組制作の仕事を振り返ってみると、これらの要素の進化と深い関係があったように思う。

私は一九六四年に、NHKに番組制作担当のディレクターとして就職した。

私の「ジャーナリストの志」は、中学生時代の大事件だった第五福竜丸事件に大きな影響を受けている。南太平洋のビキニ環礁でアメリカが行った大規模核実験によって、マグロ漁船の乗組員が被曝し、無線長の久保山愛吉さんが放射能症で亡くなり、大量の原爆マグロが埋葬された事件である。放射性物質は直接生命を傷つけるだけではなく、食物連鎖を通じて広く、深く生態系を構成するさまざまな生き物、その頂点に立つ人間の生命に影響を与える。大学で専攻を決める時に、ビキニ以来の放射性物質の環境影響を追跡している研究室があることを知り、そこで卒論を書いた。

当時、原子力発電所の建設がはじまり、アメリカの原子力潜水艦が日本に寄港しようとしていた。そのなかで放射性物質の危険性について発言する研究者は多くなかった。研究者の社会的責任は何かというような突きつめた考えがあったわけではないが、放射性物質の環境影響のような科学の知識をもっと世の中に普及させたい、専門家である研究者と普通の人をつなぐ仕事をしてみたい。そう考えたのが私のディレクターとしての出発点だったように思う。

一九六〇年代は、ほとんどの人が巨大科学技術に壮大な夢を感じていた時代であった。まず華々しい宇宙開発競争。一九五七年一〇月四日、ソ連は世界初の人工衛星スプートニク一号の打ち上げに成功した。このニュースに愕然としたアメリカは必死で後を追い、三カ月後の一九五八年一月三一日、エクスプローラー一号の打ち上げに成功する。宇宙開発競争がピークに達したのは一九六九年七月二〇日のアポロ一一号の月面着陸である。アームストロング船長らが月面歩行する様子がテレビ中継された。人類が神の領域に近づいたとして、科学技術の成し遂げた「偉業」にみな感動し、科学技術に対する高揚感がピークに達した瞬間であった。宇宙開発が核弾頭付きミサイル技術と裏腹の関係にあることは言うまでもない。しかし核兵器をもって対峙する冷戦という影よりも、宇宙開発の光に人々は未来を見たと言ってよいだろう。

一九五三年にワトソン、クリックがＤＮＡの構造を解明したことから分子生物学に新たな基礎が築かれて、六〇年代には次々と生命の深奥に迫る手段が登場する。

一九六七年には、南アフリカのバーナードが初の心臓移植を行った。二〇日あまりで患者は死亡するが、今日の移植医療の一歩であり、翌年八月に札幌医大の和田教授が日本初の心臓移植を行う。患者は八三日目に死亡した。和田チームの独断専行で実施されたた心臓移植は、今日に至るまでまだ尾を引く事件になった。

コンピューターによる情報処理がようやく一般的になろうとしていた。一九四六年にアメリカで製造された第一世代コンピューターは、全長三〇メートル、総重量三〇トン、真空管一万八八〇〇本、使用電力一〇〇キロワットという代物で、ミサイルの弾道計算が目的だった。

一九五九年に、ＩＢＭはトランジスタを使った第二世代コンピューターを製造した。一九六四年には、集積回路（ＩＣ）を使った第三世代コンピューターＩＢＭ三六〇を製造した。コンピューターが実用段階に入り、現在の情報化時代が見え始めていた。

「原子力平和利用」というキャッチフレーズが登場したのは、第五福竜丸事件の後である。アメリカのアイゼンハワー大統領が提唱したものであった。広島長崎の被爆、被爆者の放射能症、そこに第五福竜丸被曝と、戦争のイメージ濃厚な原子力であったが、その影が濃かった分だけ、平和利用への期待が高まった。一九五五年に原子力三法が成立し、五七年には日本初の原子炉ＪＲＲ－１が臨界になり、六〇年代に入ると原子力発電所の建設計画が立案される。原子力は暮らしに無限のエネルギーをもたらしてくれるという夢が本気で語られていた。

テレビというニューメディアの登場も夢の実現であった。一九五三年に日本テレビが商業放送を開始した。カラーテレビの実験放送も始まった。一九六三年一一月二三日、通信衛星リレー一号による日米間のテレビ中継が成功する。この日の中継の電波に乗ったのが、大統領の暗殺。ジョン・Ｆ・ケネディが狙撃された瞬間の映像だった。そして六四年には東京オリンピック。大々的な宇宙中継が行われた。夢のスポーツの祭典を目の当たりにするという初めての経験をもたらしてくれた。オリンピックに合わせた開業した東海道新幹線。東京と新大阪の営業運転が始まった。世界最高水準の鉄道技術は、オリンピックの成功と合わせて日本人に自信を与えてくれたと言える。

高度経済成長の時代である。高度経済成長の波に乗って、巨大科学技術が私たちの夢を約束してくれる。六〇年代は、その期待に溢れていた。

新米ディレクターの仕事

この時代の科学番組は一言でいえば啓蒙を目的にしたものだった。啓蒙という言葉は、流行りの言葉でいえば、上から目線である。科学について無知な大衆に科学技術のもたらす恩恵を伝えるという姿勢が透けて見える。

しかし、ＮＨＫの科学番組のディレクターになっていちばん驚いたのは、科学技術の知識のほとんどないディレクターが「科学番組」を制作していることだった。大体は高名な学者に科学技術について教えを乞う。それをありがたく拝聴する。制作者の意図が感じられる番組は少ない。修行を積んだ高僧の説話を拝聴するようなものだ。「科学番組ディレクター」であっても、科学の知識や考え方に、視聴者であるふつうの人と大きな差はないようだった。

新米ディレクターであったが、専門家と視聴者の懸け橋になりたいという「ジャーナリストの志」はあったし、それに加えて職場環境にびっくりしたのをきっかけに、科学の考え方を先輩諸氏にも広く分かって欲しいものだと大それたことを考えた。

しかし、考えはしたが実行はできなかった。テレビが急成長を始めたばかりの時である。先輩といってもせいぜい五年くらい先輩というに過ぎない。それでも先輩たちは、経験から得た番組制作の基本技を知っている。一定の時間枠の中に情報を盛り込むことに長じている。映像の編集にもちょっとしたコツがある。ゲストに専門の学者を呼ぶのが普通だったが、その人脈、事情に詳しい。新米には、文字通り手も足も出ない。新米は新米なりに、まずは番組制作の基本から習わなければならなかった。

ドキュメンタリー番組が盛んに制作されていた。先輩ディレクターたちは一週間で素材を探し、一週間のロケに出かけ、一週間で編集から放送までを終えるという傍で見ていても目の回るようなスケジュールのなかで仕事をしていた。出来上がりは玉石混淆だった。それでも視聴者にはテレビに映るものは何もかも新鮮に感じられたようだ。評判は悪くなかった。制作者にとっても視聴者にとっても幸せな時代だったかもしれない。

先輩たちは、仕事をこなしていくばかりではなく、毎日よく飲みよく酔いつぶれていた。活気に溢れてはいたが、めちゃめちゃな職場であった。

私はある意味、人生の不幸を背負っている。酒がまったく飲めない。予防注射の時にアルコールで消毒すると真っ赤に腫れあがるほどで、これは体質の問題である。遺伝子に「欠陥」がある。当時は、「酒の飲めないようなやつは仕事もできない」という先輩で溢れていた。私にとっては迷惑このうえないのだが、ご親切にも新米を飲み屋に連れて行ってくれる。そして、「飲めないはずはない」と強要する。断ると目のつりあがる先輩がいた。「モノを食べるとアルコールの効きが悪い」と何も食べさせてくれない先輩もいた。仕方がないので、破れかぶれになって飲めない酒を口にし、私は二度ほど意識を失ったことがある。下手したら死んでいたかもしれないなと思う。ずいぶん乱暴な時代だった。

それでも新米は新米なりに番組を制作した。正直なところ、時間の穴埋め的な地味な番組がほとんどだったが、それでも早く基本技をマスターしたいという気持ちだけで次々にこなした。こなしてゆくうちに、何とか制作者らしさを出す工夫もしてみた。みな忙しいせいか、個人的な試行錯誤をしてもあまり文句は言われなかった。

失敗もした。イカの体表は暗闇で光る。その正体を知らせるという番組を企画した。光の元は発光細菌である。スタジオに隣接する実験室でその細菌をフラスコで培養した。培養は成功し、暗闇の中の淡い緑色の冷光が美しかった。しかし、残念なことにそれは収録の前日だった。

収録の当日、細菌はすでに力尽きていて、光は弱く消え入るばかり。当時の性能の悪いカメラではほとんど捉えることができない。時間をずらしてスペアを用意するのを怠った私のミスである。とはいえ、細菌の状態を収録時に最高潮にすることはプロだって難しいはずだ。その困難を理解しない科学音痴のスタッフからは同情の言葉もなく、どのように収拾したか忘れてしまったが、ずいぶん悔しい思いをしたものだ。

荒波が次々に海岸に打ち寄せるように、番組を制作しなければならない状況だったから、事件はすぐに過去のものになる。失敗に寛容だったことは、新米にはありがたかった。

それもひとえにテレビの高度成長期にあたっていたからだと思う。

職場における労使協調

ところで、高度経済成長の時代にはもう一つの側面がある。高度経済成長を保証する条件の一つに労使協調があったことである。経営者と労働者が、本来は利益の相反する両者だが、協調して企業の利益をめざす。協調して利益を上げ、それを分配することで両者ともに豊かになる。それが労使協調の目的であった。

労使協調が企業のなかで普通になってくる前には、厳しい労使対立の前史がある。決定的なターニングポイントになったのは、一九六〇年（昭和三五年）の三井三池闘争であった。

三井三池争議は、「総資本対総労働の対決」と呼ばれる。「総資本」の財界が三井鉱山を全面支援、「総労働」の日本労働組合総評議会（総評）が三池労組を全面支援した。文字通り総力をあげて激突した争議であった。

三井三池争議は、石炭から石油へのエネルギー源転換の過程で起きた。三井鉱山は生産性の向上と三池炭鉱から労組の活動家を排除する二つの目的のために、矢継ぎ早に人員整理案を発表した。六〇〇〇人の希望退職、さらに四五八〇人の人員削減、続いて一四九二人に退職を勧告、勧告拒否の一二七八人を指名解雇とした。労働組合は即座に無期限ストに突入、三井鉱山は三池炭鉱から組合員を締め出すロックアウトで対抗した。

ストライキは長期化し、組合員はしだいに困窮し、組合はついに分裂する。会社と協調路線をとる「三池新労」が結成されストライキを離脱、やがて「旧労」の組合員の半数が「新労」に加わる。福岡地裁が組合員の貯炭場立ち入り禁止の仮処分を下すと、福岡県警は貯炭場を占拠中の「旧労」組合員排除に警官隊を差し向ける。ここに至って労使は中央労働委員会に斡旋を申請した。

その後提示された斡旋案は組合側に圧倒的に不利であった。しかし、もはや「総労働」には戦う力がなく、三池労組は無期限ストライキを解除、三井三池争議は労働側の敗北に終わる。総資本の勝利、総労働の敗北。そこで協調路線をとる労働組合の役割が注目されるようになった。

企業は対決型の組合を嫌う。そこで運動方針の異なる労使協調型の労働組合をつくり、対決型組合つぶしを図る。後発の協調型労働組合を第二組合といった。経営者は第一組合員を人事と賃金で露骨に差別し、反対に第二組合員を優遇した。

こうしたなかで労働者は会社と組合の両方で管理されるようになる。両方に従順であることが労働者に期待されるようになった。第二組合の幹部は、一定期間の組合活動を終えると会社の幹部に登用されるようになる。組合活動は昇進のコースに組み込まれる。反対に、第一組合員を徹底的に差別する構造ができあがる。給料は据え置き、閑職を命じられ、昇進はしない。第一組合所属の労働者差別を第二組合は黙認し、新入社員は自動的に第二組合に加盟する仕組みもできあがる。

この頃ほとんどの企業で、労使協調の関係がかたちづくられたのだったが、このような世の中の仕組みの変化に、私たちの世代の者の多くは疎かった。敗戦で飢えを経験し、平和憲法を学んだ世代である。憲法第二八条の団結権と団体交渉権の保障を当然と思っていた。主義主張というよりも育った時代の常識だった。アメリカといささか不平等な軍事同盟を結ぶことに、戦争のにおいを感じて安保反対のデモに参加した世代でもある。労働者の権利を守るのが労働組合であると、誰でもそう認識しているだろうと考えていた。

しかし、事実は違っていた。ＮＨＫの職場環境もまた、社会環境の進化に応じて進化していた。職場環境に「ジャーナリストの志」も影響を受けることになった。

ＮＨＫの同期の友人で、私などは比較にならないほど根性があって弁の立つ男がいた。長崎局に赴任したが、組合の仕事もしていた。詳しい事情の説明は省くが彼はＮＨＫの管理職にも組合幹部にもはっきり物を言う。労使協調をめざすＮＨＫの経営者と組合にはいささか困った存在になったらしい。そこで転勤の辞令が出た。長崎から東京の科学番組部、つまり私のいたところである。そして、私は彼の友人であるということの調べがついていたようで、札幌局に転勤になった。さすが、科学番組のセクションで、運動量保存の法則通りである。彼は長崎から東京へ、そして私は東京から札幌へ。

普通はこれで一件落着になる。私も不満がないわけではなかったが、札幌に向かった。しかし、彼は転勤を拒否し、その後数年にわたって経営と組合を相手に闘争を続ける。

能天気だったのは私のほうで、このような裏事情をあまり知らないでいた。それを知ったのは、札幌局に移動した後のある日、直属の上司から「おまえは東京に戻ることはない」と通告されたときである。「人事に黒丸がついている」のだそうだ。そしてそのことを職場の全員にはどうやら周知されていたらしい。労働組合もまた事前情報を得て、しかもご丁寧なことに職場に広めていたのである。

東京にいた時、管理職に番組の提案の採択について異議申し立てをしたことはある。「理屈を言うな」と怒鳴られたこともある。筋道立てていうことが、社会では悪いこととは知らなかった。何はともあれ、管理職をやりこめ顔をつぶしてはいけないのである。こうした生きる知恵とも言うべき「社会常識」にトンチンカンだった私は、いつのまにか危険人物になっていたらしい。本人には全然その意識はなかったのだから、本当におめでたい存在だった。

それに生意気な新人だったに違いないが、政治的主義主張があったわけではなかったから、特別な党派的立場を押し通したことはなかった。組合の活動方針に批判的な意見を述べたことはあったが、正直なところ、NHKの組合が第一か第二かなどと考えたこともなかった。私としては、ごく常識的にふるまっていたに過ぎない。しかしながら、私にとっては当たり前のふるまいが、経営者と労働組合にはどういうわけか当たり前に思えなかったらしいのだ。

「結果オーライ」の人生訓?

そんなわけで人事に黒丸がついたらしいことは分かったが、幸いディレクターの仕事から追われることはなかった。札幌局には私の制作したい科学番組はなかったが、ローカル番組、学校放送番組、子ども番組、たまには全国放送になる自然番組もあった。ＮＨＫの管理職からも労働組合からもあまり好ましい職員であり組合員であると思われていないなら、それも仕方がないとすぐに諦めた。サラリーマンとして出世したいなどの願望は希薄で、せいぜい人並であればいいとくらいにしか考えていなかったので、仮に人並以下になる将来が待っているにしても、いまさら心を入れ換えて両方の体制に順応しようとも思わなかった。むしろ、どうでもいいようなしがらみに関係なく、ＮＨＫに入った目的の番組制作に専念できるのでありがたいと思うことにした。

「思うことにした」というのは、自分だけの納得の仕方としていつのまにか身に付けたものである。小学生の時には、同級生より長い距離を歩いて通学して辛かったが、そのおかげで高学年になったころには長距離走だけは負けなくなった。中学生の頃、お小遣いがなかったのでもっぱら学校図書館で本を借りて乱読した。おかげで読書量と読書のスピードが大いに上がった。塞翁が馬ではないけれど、こうしたことを繰り返すうちに、私は「自分はいっとき不幸と感じてもそれが後には幸運に変わる」運命の持ち主ではないかとひそかに感じるようになっていた。不運や失敗の逆風を耐えていればやがて順風に変わる。自分ではその密かな確信を「結果オーライの運命」と思っていた。科学を専攻したけれど、自分の人生に限っては、私は運命論者である。

そんなわけで、私は自由に楽しみながら番組制作に専念することにした。どんな種類の番組でも、「番組とはドキュメンタリーだ」。これを基本にした。自分の志からの視点を盛り込んだ仮説を立てる。その仮説を検証する過程こそが番組になるというわけである。そのこと自体が仮説ではあったのだが、いま考えても札幌にいた五年間は北海道を東奔西走し、仮説の検証をしながら多種多様な番組を制作した。必ず他の人が思いつかないような科学の考え方や実験を盛り込むようにした。それを専門家と視聴者の間に橋をかけたいという「ジャーナリストの志」の具体化と思っていた。また、東京にいた時に技の未熟を痛感していたので、ライブラリーにある過去のドキュメンタリーを見ては番組制作の基本技を学んで、自分の番組に応用した。

そうこうしているうちに転勤族のよいところで、「人事の黒丸」をご親切にも宣告してくれた上司も消えるようにいなくなり、私の番組はそれなりに視聴者の評判も良く、目立った組合活動もしないので管理職に実害がなかったらしいこともあり、番組制作の能力を評価してくれる上司が赴任してきてくれたこともありなど、気がついたらいつしか逆風が順風に変わっていた。

六〇年代後半から七〇年代初めにかけての、私の駆け出し時代はこうして過ぎていった。そして、一九七二年にふたたび東京の科学番組制作のディレクターとして舞い戻る。

その間に、巨大科学技術が夢であった時代が過ぎ去り、安全・安心の科学技術時代が始まっていた。「ジャーナリストの志」、「仮説の検証」、「職場の社会環境」などの関係は新しい進化の段階に入っていた。

安全安心の科学技術へ――七〇年代

科学技術が数々の夢を実現してくれると多くの人が夢を膨らませていた六〇年代の初め頃から、すでに決して明るい夢ばかりではない事件が起きていた。何事にも光があれば影がある。急成長の裏には必ず歪みがある。六〇年代は、夢のまぶしさに眩惑されていたといえる。

六〇年代後半から七〇年代にかけて、科学技術を使いこなす社会のシステム、あるいは人間のシステムに不備のあることが分かってきた。科学技術が巨大になり過ぎた反省が生まれる。夢に浮かれている間に、気がついてみたら、足元の安全や安心が掘り崩されていたわけである。

一九六二年（昭和三七年）には、サリドマイド事件が起きた。サリドマイド系睡眠薬が手の短いアザラシ状奇形児出産の原因になっているらしいことが分かった。日本では一九五八年から六年間に九三六人に達している。日本の販売停止は欧米に比べて一〇カ月も遅れたことが被害を拡大した。さらに薬禍事件が相次ぐ。スモン病が、キノホルムが原因の薬害と認められ、対策が取られるまでに、これまた長い時間がかかっている。

公害病という新しいジャンルの健康被害が発生した。

水俣病は、一九五六年（昭和三一年）に報告されている。一九五九年には、新日本窒素（現在のチッソ）水俣工場の工場排水中に含まれる有機水銀が原因であることが分かったが、化学工業会、東京の御用学者が会社擁護にまわった。さらにメディアの、中央の記者クラブの地方軽視と発表ニュース依存の弱点が露呈されて、無策のままに時間が過ぎ、一九六五年（昭和四〇年）には新潟県阿賀野川流域の第二水俣病発生につながった。

水俣病だけではなく、公害による健康、環境被害は各地に広がる。鉱山廃水に含まれるカドミウムが原因のイタイイタイ病、化学コンビナートの排ガスが原因の四日市ぜんそく、ＰＣＢが原因のカネミ油症が発生した。都会や工場地帯の川や海の汚染、大気の汚染、土壌の汚染が、日本列島を覆うようになっていた。

大事故も多発した。なかでも象徴的なのは航空機事故である。

一九六六年二月四日、全日空機が東京湾羽田沖に墜落、一三三人が死亡した。三月五日にはカナダ航空機が羽田空港に着陸に失敗、六四人が死亡。翌六日にはイギリスのＢＯＡＣ機が富士山上空で空中分解、一二四人が死亡した。

一九六八年に四九〇人乗りのジャンボ機、ボーイング七四七が完成する。世界は便利になったが、事故の発生はますます増大した。試みに七〇年代初頭に限ってジャンボや、エアバスと呼ばれた大型機の主な事故を拾ってみると、七一年にはサンフランシスコでパンアメリカン航空のジャンボ機が離陸に失敗、二九人重軽傷。七二年には五大湖近くでアメリカン航空のＤＣ－一〇の貨物室ドア脱落事故、一一人負傷。同年、マイアミでイースタン航空のトライスター機が墜落、一〇三人死亡。七四年にはパリ近郊でトルコ航空のＤＣ－一〇が墜落、三四六人死亡。同年、ナイロビでルフトハンザ航空のジャンボ機が墜落、五九人死亡。

ジャンボ機ではないが日本航空のＤＣ－八機が、一九七二年六月にニューデリー空港近くに墜落、死者九〇人。一一月にはモスクワ空港で離陸直後に墜落、六二人が死亡している。

最新の科学技術の粋を集めたはずの航空機が一瞬のうちに多数の人命を奪う。そこには設計上の問題、人間の判断や行動の問題、制度やシステムの問題などがあり、航空機だけではなく他の科学技術に共通の課題であることが明らかになってきたと言える。

さらに、国際化が進むなかで世界の出来事がそのまま日本に大きな影響を与えるようになってきていた。

一九七三年一〇月の第四次中東戦争を引き金に石油危機が始まった。一九七五年、ベトナム戦争が終結した。アメリカの敗北であった。一九七四年にはインドが初の地下核実験に成功し六番目の核保有国になった。核拡散は止まることのない様相をみせた。アメリカではニクソン大統領のウォーターゲート事件、日本では田中角栄のロッキード事件と、日米で政治スキャンダルが明るみに出た。世界も日本も不安定になり、科学技術の「影」は不安定をさらに増幅させたと言える。

その七〇年代の最後にアメリカのスリーマイル島原発で放射能漏れの大事故が起きた。

データ主義科学番組の成長

急激な経済成長で安全対策と安全第一は後回しにされた。経済成長が鈍化してきても利益を上げ続けるために、管理強化で「ムダ」とみなされるぜい肉をそぎ落とすようになる。成長鈍化のなかでも生産性を上げ続けることが、あたかも宿命であるかのようにみなされた。

安全優先は長い目で見れば利益につながる。そのことを頭の中では理解していても、短期的な成果が経営者の主な関心になり、安全への投資は少なかった。

そこに大きな事件が続発する。事故を出せば世間の非難が集中する。マスメディアがそれに拍車をかける。そうした傾向が社会全体に浸透してゆく。しだいに組織の方はいっそうの管理強化で破たんを防ぐことに腐心するようになる。事故も恐いが明るみに出て「不祥事」となるほうがもっと恐い。事故の大小を問わず、「不祥事」にならないように情報管理が強化されることになった。霞が関の官庁、企業、大学研究機関、なかでも病院、メディア、各種団体……と、組織を問わず、内向きの管理強化が普通になっていった。

科学技術の現場を取材したドキュメンタリーも、社会環境の変化に応じて進化した。六〇年代のように科学技術の挑戦や成果など「光」に重点を置くものから「影」の部分へ、「影」を生みだす背景に切り込むようになった。

たとえば、航空の事故。航空機で空を飛ぶこと自体が科学技術のもたらした偉業と思われていたころは、事故に遭遇することは不運と受け止められた。取材するほうも、身近な人の突然の死に泣き崩れるシーンを追い、談話を追い、視聴者はドラマを見るようにテレビ画面で繰り広げられる悲劇に同情して涙する。それが事故報道で当たり前のように行われていた。

しかし、「影」の存在に気がつくにつれて、なぜ飛行機が落ちたのかという原因に関心が移りはじめる。取材者はもちろん視聴者もそこを知りたいと思うようになる。それまで専門家の領域とされていた設計、製造、維持管理、航空管制、航空支援システム、そして、直接間接に安全運航に携わる人材、管理運営システム……。

大事故の背後には多数の小事故があり、小事故の背後には無数の故障、不手際がある。日常的な安全運航体制や思想の欠陥が犠牲者を生んだという構造を、分かりやすく伝える。科学番組の進化が起きたと言ってよいだろう。

その進化に応じたのはディレクターと記者である。

それまでの当局の公式発表を待つだけでは、進化を求められている科学番組には不十分である。内向きの管理、時には隠ぺいに対抗するには、独自の取材で多様なデータの収集、特に欧米のデータを収集し、ときには専門家の力を借りるにしても独自に分析しなければならない。独自にものごとの筋道を組み立てる能力のあるジャーナリストが、進化をけん引することができた。

航空機事故だけではない。原発、公害病、薬害、医療、生命倫理、エネルギー、自然保全、環境破壊……と、科学番組のカバーする範囲は広がり、それぞれの背景に独自データに基づく仮説を以て取材する。データ主義による仮説の検証という科学番組制作のかたちがこの時期にできあがった。

組織は管理強化に向かう

社会環境の大きな変化は、NHKの職場環境にも波及してきた。そこに受信料収入の伸び悩みなどNHKに特異な事情も加わった。内向きの管理がいち早く徹底される進化が起きた。看板番組といわれるような大型番組のドキュメンタリーの制作に、影響はいちばんはっきりした形で表れた。

番組制作がディレクターの個人プレーからプロデューサーが責任を持つチームプレーにしだいに移行した。制度上はともあれ、実質的にはディレクターが番組制作の全体に責任を持つ「ディレクター・システム」から、番組制作を分業化し、ディレクターは与えられた分業部分を担当し、番組全体はプロデューサーが責任を持つ「プロデューサー・システム」が一般的になった。

監督不在の個人競技が、監督の指示を忠実に実行する団体競技に変わったようなものである。世界的にも同じような変化が起きていたことも確かだ。もちろん、「ディレクター・システム」と「プロデューサー・システム」には、それぞれ一長一短がある。

「ディレクター・システム」は、試行錯誤に寛容であれば、ディレクターが育つ。番組制作でいちばん大切なのは人材である。しかし、時に独善に陥ることがある。視聴者の反響を真面目に受け止めないと陥りやすい落とし穴である。ディレクター一人が満足するだけで他の人には何のことか分からないような作品ができたりする。それに、ドキュメンタリー制作にはコストがかかる。

「プロデューサー・システム」は、森も見えれば木も見えるような能力あるプロデューサーならば、チーム力で大きな成果を上げられる。品質が維持しやすい。業務管理が行き届くので失敗が少ない。外から追及されるような事件を起こすリスクも少ない。コスト・パフォーマンスも良い。すべて良い結果につながるように見える。しかし、多くの意見を集約するので番組のメッセージ性が弱まる。いちばんの問題は、ディレクターが育ちにくいことだ。命じられた分業の一部分を達成すればいいので、全体には無関心になりがちである。試行錯誤をしないから安定感はあるがワクワク感に乏しくなる。結局は番組制作についての経験を重ねることが難しい。

これは現在につながる大きな問題に発展する。

エリートは生まれるが脱落者も出る。「勝者」と「敗者」が明らかになる。家庭生活を放棄しているかのように、睡眠時間を削り健康を犠牲にして働くエリートの「勝者」もいれば、「敗者」のなかには仕事は手抜きで適当にこなし、もっぱら旨味探しに努めるようなものが現れる。二〇〇〇年を過ぎから発覚する不祥事の連鎖は、その源を番組制作に必要な人材育成に配慮を欠いたシステムを導入した七〇年代に発しているように思う。

このあたりの事情については、拙著の「仮説の検証―科学ジャーナリストの仕事（講談社、二〇〇七）」に詳しく記したので、読んでいただければ幸いである。

未来への選択肢を提示——八〇年代

一九七九年三月二八日、アメリカのスリーマイル島原発で放射能漏れの大事故が起きたとき、私はロンドンのイギリス放送協会ＢＢＣに出向していた。

原子力については、大学で放射線生態学を専攻して以来のデータがある。事故の一報、続報を聞いて、原子炉の炉心溶融という想定されているなかでも最大規模の事故発生と推測できた。知り合いのイギリス人ディレクターと電話で話をし、私自身も日本向けのラジオ放送で大事故の原因に関する可能性を語った思い出がある。

この出来事をきっかけに、イギリスをはじめスウェーデン、ドイツ、フランス、などの放送局やプロダクションの科学番組ディレクターたちと知り合いになることができた。人間の縁とは不思議なもので、一九八〇年にＮＨＫに戻ってから国際共同制作をするようになったときの貴重な人脈となった。

八〇年代の番組制作のキーワードの一つは国際化である。科学技術をリードしてきた先進国で共通の現象が生じていた。それは、科学技術の概念を変えるような大規模で斬新な技術革新よりは、技術洗練ともいうべき方向に向いてきたことである。集積回路の密度が年々上昇したことに象徴される。

さらに、山の頂上につながるルートはいくつかあるのと同じように、ある目標を達成するための科学技術は複数あることが明らかになってきた。つまり科学技術は選択の対象になってきたのである。

たとえば、医療。インフォームド・コンセントが行われるようになった。「説明と同意」と訳されたが、医師が説明して患者が理解し納得して医療を受けるというのが真意だから、むしろ「納得して同意」というべきだろう。これには病気の種類が変わったという背景がある。

平均寿命が延びるに従って、病気といえばだいたいは慢性病、老化に伴う病気に一変した。生活習慣病、がんなどは、主として老化がもたらす慢性病といってよい。

日本人の死因の三分の一はがんという時代が始まった。完治するがんもあるが、慢性病としてのがんもある。そうなると、がんになってもがんでは死なないこと、がんと共生することが医療の目的になる。がんには手術、化学療法、放射線治療など、他にもさまざまな治療法がある。その治療法の組み合わせのなかから、患者個人の人生にとって最適な医療を選択することが大切になる。

一九八六年四月二六日、ソ連のチェルノブイリ原発で史上最大規模の原子炉事故が起きる。広島原爆の五〇〇倍と推定される放射性物質が大気中に広がり、一部は日本にも飛来した。この事故は将来のエネルギー源に「インフォームド・コンセント」が必要であり、原子力一辺倒ではなく再生可能エネルギーのような多様な選択肢を用意する必要性を示すものでもあった。

さらに八〇年代末期になり、ベルリンの壁の崩壊、冷戦の終結と世界が大きく動き、代わって地球環境の危機が浮上する。地球温暖化である。化石燃料消費から生じた二酸化炭素が温暖化をもたらす。

先進国の社会経済に、地球上に暮らす人間の営みそのものに、従来の延長ではなく別のやり方を選択することを迫るものだった。

核廃絶、ザ・ブレイン、人体

未来への選択が視聴者の意識の底にあったからこそ、私は八〇年代に注目されるテーマの番組制作に参加できたのだと思う。いずれも国際共同制作で、核廃絶と人体はNHK中心、ザ・ブレイン（人間の脳）はアメリカのテレビ局WNET中心のプロジェクトであった。

いずれもプロデューサー・システムによるプロジェクトチームで実施した。どのプロジェクトでも、チームのメンバーがそれぞれ得意分野を持っていたこともあって、システムとしてかなりうまく機能した。プロデューサー・システムの成功例と思う。

核廃絶の番組では、主として科学データの収集と分析、海外取材のインタビューを担当した。放送は一九八四年八月、NHK特集「核戦争後の地球」で、「世界の科学者は予測する」とのサブタイトルを付けた。核兵器を保有する米ソ両超大国の関係が緊迫していた。もしかしたら核戦争が起きるかもしれないと世界が不安に感じていた時の、広島長崎の日に放送した。番組では、その時点の科学技術をベースに核戦争の被害予測とその後の地球の姿を描いた。はじめて核戦争後に予想される気候変動、「核の冬」について伝えた。核の軍拡競争を続けるのか、それとも核廃絶に向かうのか。その選択を明らかにできたと思う。長い間仕事を続けているとたまにはいいこともあるもので、この番組はイタリア賞や芸術祭の大賞を受賞することができた。

「ザ・ブレイン―知られざる脳の世界」は一九八五年に教育テレビの特集番組としてシリーズで放送した。私は日本国内の取材とキャスターをつとめた。人類は知を積み上げてきた。その一方で、知のもたらす結果に翻弄されている。人間とは何か。それは人類が地球上に出現して以来、自ら投げかけてきた疑問と言えるだろう。人類の脳の解明については、まだほんの入り口にしか立っていないが、その奥深さは一人一人の生命の尊重につながる。そんなメッセージを込めた番組だった。

一九八九年放送のＮＨＫスペシャル「驚異の小宇宙―人体」では、国内外の取材とキャスターを担当した。生命の誕生、心臓、消化吸収、肝臓、骨と筋肉、免疫をテーマにした六本シリーズである。画像診断技術の進歩のおかげで人体内部の様子を撮影することができるようになったこと、生きもの感のある斬新なＣＧを使えるようになったことなど、新しい取材手段と表現手段がこのころ実現した成果であった。この番組もまた、人間一人ひとりが尊重される世界を私たちは選択しようというメッセージを込めたものだった。

「マルチ・メディア」化の加速

「人体」はＮＨＫエンタープライズが制作した。プロデューサー以下全員がエンタープライズに所属していた。

ＮＨＫエンタープライズは株式会社である。ＮＨＫ本体ではなく関連団体である。二〇一〇年四月現在、ＮＨＫ関連団体は株式会社が一六社、財団法人が六団体、ほかに三団体がある。しかし、関連団体ではあるが、主な人事は一体で行っているなど、私たちもＮＨＫエンタープライズに所属はしていたが形式だけのことで、ＮＨＫ職員としての仕事の内容は変わらなかった。実は、私は「人体」の制作途中に解説委員室に異動になった。形の上では、株式会社からＮＨＫへの異動だが、本人も他の誰もそのことを別に不思議とは思わない状況だった。

ＮＨＫ本体は放送法で営利事業は禁止されている。ＮＨＫエンタープライズにはその制約が及ばない。そこに意味がある、と私たちは理解していた。

「マルチ・メディア」化が必要と言われていた。番組が大型化するにつれて受信料だけでは不足する。そこで外部資金を導入して制作費に充てる。出版社などの他のメディアと協働して、出版権と引き換えに制作費の一部を負担してもらう。あるいは、番組のＶＴＲやＤＶＤの販売権と引き換えに制作費の一部を負担してもらう。テレビというメディアに限定しないで、「マルチ」、つまり複数のメディアで同じ素材の味付けを変えて販売する。そんな便宜の得られるしくみである。

番組制作に限定して仕事をしていた私たちには、制作費が豊かになることはありがたいことだった。しかし、もちろんことはそう単純ではない。

放送局は常に政治的圧力にさらされている。電波の周波数帯は限られているので独占的な使用権を持たないと電波を発信することができない。その電波の許認可権を握っているのは、かつては郵政省、現在は総務省である。許認可権を本来政治的に利用してはならないのが建前だが、現実は違う。政治家が絡んで陰に陽に圧力をかけて来た歴史を否定できない。そのうえにＮＨＫの場合は、受信料の使途について国会で承認を受ける必要がある。それも政権与党がＮＨＫに対して権力を行使する機会になってきた。

一例を挙げると、政権与党の要求の一つに、ＮＨＫの人件費削減がある。それが選挙民に分かりやすい経営の合理化というわけである。そこで関連団体が役に立つ。ＮＨＫとしては、関連団体へ職員を異動させることで、見かけ上の人減らしができる。すべての番組をＮＨＫが制作することなく外注せよという要求にも、関連団体制作を「外注」とすれば外注率を上げることができる。ついでに関連団体のなかに、政官財出身者のポストも用意できる。

見かけ上スリムにしたように見えるが、実質的にはそれぞれが勢力の拡張を図る。霞が関の省庁が行ってきた手法を、そのままＮＨＫも踏襲した。

経済に資する科学技術へ——九〇年代、そしていま

九〇年代に入るとまた別の「職場・社会環境」が顕著になりそれがまた新しい進化の段階へとつながった。

バブルが崩壊し、効率化の波が日本中を覆う。そこで経費節減と合理化を名目に、当然のことのように行われるようになったのが「アウトソーシング」だった。公共放送局も民間放送局も例外ではない。要するに番組制作の下請け化である。

丸投げもあれば一部下請けもある。下請けはさらに孫請けへとつながる。そのつど二〇パーセント程度の「管理費」が削られていく。「管理費」は請け負い会社の利益になる。安い経費で制作を請け負う小さなプロダクションは無数にある。仕事の性質上、労働時間が不規則なことをはじめ三Ｋ職場だが、一見華やかな放送界の仕事に憧れる若者が主な働き手になる。パート、バイトは買い手市場である。

アウトソーシングで、親会社は数字の上では経費削減に成功し、大きな利益を上げることができた。それは会社の株価に反映し、経営者の評価は高くなる。もしかしたら、生産会社ならそれでいいのかもしれない。しかし、少なくとも報道、言論に携わる組織に、最も必要なのはジャーナリストの人材である。人材を育てるうえで、アウトソーシングはとても妥当なやり方とは思え

ない。

それまでのプロデューサー・システムが、アウトソーシングへの移行を容易にした要因であったが、結果としてアウトソーシングは、大量の「ジャーナリストもどき」を生みだすことになった。プロセスが複雑になった分、「ジャーナリスト」に属する者が激増したからである。

第一に、下請けに仕事を回すだけのプロデューサーが生まれた。

経験不足で制作能力はあやしいが、依託ならできる。発注元なので権限はある。無理難題を言い立てても下請けは従う。そのうち権限行使を仕事と錯覚する者が出てくる。オフィスにデンと座ったまま下請けの担当者を指図する。便宜を図ってもらいたい下請けからの誘惑も多い。下請けに支払う制作費を水増しして、その分を自分のところに振り込ませることを「キックバック」というが、キックバックで自宅を新築したなど、やがて利権関係に関する噂が絶えなくなる。悪貨は良貨を駆逐する。朱にまじわれば赤くなる。人の心は荒廃する。

第二に、仮説を検証しないディレクターが生まれた。

視聴者の耳目を集める企画をディレクターは提案したい。企画は前に書いたように仮説である。取材という検証を通じて初めて番組にすることができる。いわば番組に育てる前の芽のようなものだ。その前提が崩れた。

仮説の検証の第一は、まず現場に行くことである。関係者の話を直接に取材しなければ何事も始まらないはずである。ところが、仮説を立てる者と検証する者が別々になってしまった。

その結果、例えば、次のような過程で番組ができてしまう。

はっきり言って、仮説を立てるだけなら現場に行くまでもない。インターネットで十分である。

パソコンと向かい合ってネットサーフィンを繰り返す。おもしろそうな事柄が見つかったらコピー、ペースト。プリントアウトが溜まったら、それで仮説を書く、採択になるような文言をちりばめ企画書を書いて、提案する。大体企画を書く段階では、毎日の業務に追われて時間がないし、予算は付いていないし、現場に行って詳しく取材できない。それが口実にもなる。

提案が採択になったら、下請けを選んで発注する。発注元は企画を仮説だとは言わない。仮説を定説のように示しがちだ。取材してみれば、仮説がまっとうだということが判明することもあるが、反対にとんでもないインチキと分かることもある。発注元はそれをしていない。

実際取材する下請けの担当者はどうか。発注元と下請けという力関係にアンバランスがあり、しかも仮説を定説としてこだわる発注元がいると、仮説が間違いと分かっても指摘しにくい。逆らって顔をつぶすようなことになっては、次の仕事に支障が出る。取材してみて間違いを発見するだけの能力と気持ちがあればまだいい。発注元に命じられたことを命じられたとおりに仕上げて「一丁上がり」にするほうが、波風が立たずに平和的に収まる。

おまけに視聴率が上がるようなびっくり映像やびっくりエピソードが加われば、そのほうが放送局に喜ばれる。

納豆ダイエットをテーマにした番組があった。このような番組ねつ造、嘘のためのやらせなど、時に浮上するスキャンダルの背景に、経費削減のためのアウトソーシングがあることを無視できない。アウトソーシングは番組制作にもっとも不可欠の人材を育てない。これはいちばんの問題である。

断わっておくが、アウトソーシングのすべてが「悪」というわけではない。力量ある制作会社が素晴らしい番組を制作している事実もある。厳しい制作環境のなかで、不断の努力をしている制作者集団もいる。そうした人々を知っているだけに、「悪」を憂うる。怒りを覚える。比較の問題で言えば、民放のほうが深みにはまっている。とはいえ、ＮＨＫも無関係ではない。

加えて、ＮＨＫの場合は、民放以上に影響を受けている問題がある。

政治介入への抵抗感が薄れる

アウトソーシングが広まって大量の「ジャーナリストもどき」が生まれることになったことによる第三の問題は、政治介入への抵抗感が薄れたことである。

プロデューサー・システムが一般化して、番組制作の分業化が進み、個々のディレクターは制作の一部を担当するだけになった。

アウトソーシングという名の経費削減の下請け化が進み、その傾向がますます強まった。プロデューサーもまた、○○部長、××局長……という指揮命令系統の下で仕事をするようになった。一見、管理は行き届いているように見えるが、実は直接に制作にかかわらない者が決定権を握るようになる体制である。その決定は、しばしば言論、報道の本来の目的とは相反する思惑、利権、配慮、自己規制から行われる。ジャーナリズムの原点から判断したという例は、残念ながらあまり聞かない。ジャーナリズムであることを放棄したと言って過言ではないことが少なくないように思う。

前にも書いたように、放送局は電波の割り当てを受けなければならないことから、監督官庁と政治家に弱い。特に受信料で放送をしているＮＨＫは、予算から決算まで国会の承認を受けなければならず、常に弱い立場に置かれている。そこで、ＮＨＫには国会対策担当の職員がいる。長く永田町を担当した政治部出身の記者が主要な役職を占め、政治家とＮＨＫの間のパイプ役を果たす。

言論の自由よりも別の価値観のほうが重要というスタンスに立ちがちだ。実際、そのほうがＮＨＫという組織の安泰のためには効果的である。つまり、官庁のある霞が関、政治家がいる永田町との摩擦を避けることが重要になる。悪いことに、私が解説委員をしていた九〇年代と二〇〇〇年代前半は、政治部記者出身者が経営の中枢を占めて権力をふるっていた。

その雰囲気が組織を染めた。政治がらみだけではなく、番組に対するクレームを異常に気にする。経営の中心にいる決定権者ほど、政治介入に抵抗感がない。八方美人にならざるを得ないと思いこみがあるようだ。そこに政治介入を許す隙が生まれる。国会対策担当職員のパイプは、しばしば政治介入のパイプにもなる。

一方で、制作に携わる者は、制作の一部分を命じられたとおりに達成すれば仕事をしたことになるので、参加感、責任感、愛着が希薄になる。やりがい、パッション、モチベーションが喪失する。早い話が、結果は「どうでもいい」という雰囲気になる。番組のメッセージ性も「どうでもよい」。むしろ、決定権者の横車にまともに逆らうなど、「ダサイ」。そのような事態にならないように上手に立ちまわるのが「スマート」である。

制作するうえで不可欠の志も、仮説も、検証も、こうして崩れてきた。一九九〇年代後半から現在にかけて、顕著になってきたように思う。

それに反比例するように目立ち始めたのが、いわゆる「政治介入」であり、たまに政治介入に抵抗する者が現れると、それは事件になる。その一例が、二〇〇一年一月の番組改編事件である。二〇〇一年一月三〇日、ＮＨＫ教育テレビの「ＥＴＶ二〇〇一」という番組枠で、「戦争をどう裁くか」というシリーズの二回目「問われる戦時性暴力」が放送された。各国の市民団体が開いた民間法廷で、従軍慰安婦に象徴される女性への性暴力犯罪を明るみに出し判決を下す、という内容であった。被害者の女性、加害者の元兵士の証言があり、責任者として昭和天皇に「有罪」と宣言される。そんな趣旨の番組だったはずだが、放送されたのは番組のメッセージはほとんど意味不明、大幅削除で通常四四分の番組枠より短い四〇分という奇妙なものだった。

しかし、いったん制作した番組が奇妙だったのではない。改編したので奇妙になったのだ。言論の自由がある以上、番組に批判がなされるのは結構なことだ。しかし、気に入らないからといって改編を強いることはできないはずだ。

圧力をかける政治家は、民主主義の基本を踏み外している。いや、明らかな圧力というのは珍しく、事実はずっと巧妙である。ほのめかすわけである。それを「翻訳」して、国会対策担当の職員がパイプ役を演じる。

番組制作の現場の関係者たちは、上司たちの改編圧力に職を賭して抵抗した。志あるジャーナリストは一種の絶滅危惧種ではあるが、まだ完全に消えたわけではない。だが、ＮＨＫの決定権者たち、すなわち放送総局長、番組制作局長、国会対策理事らの権限の前に屈せざるをえなかった。

政権交代時代の始まり

二〇〇九年九月の政権交代。戦後を生きてきた私にとっても、事実上初の体験である。これを機会に、他の先進国同様に時々政権が交代する新しい政治の時代が始まるのだろうと思う。

新政権になったが、世界的な不況で政策遂行はままならない。長年の政財官のスクラム体制がもたらした負の遺産は簡単に解決できない。新政権の描く未来はどのような社会なのか。そのグランドデザインは、なんだかよく分からない。目標がはっきりしないから、目標実現のための政策にももうひとつ信頼が置けない。そのうえ決断力と説明力に乏しく、限られた予算の使途、それが目先の収支なのか未来への投資なのか、判然としない。新政権は厳しい批判にさらされている。

確かに新政権は多くの問題をはらむ。しかし改革の可能性が見えるところに期待はある。その種の期待が、まだほとんど感じられないのが、メディアの体制である。メディアの「旧政権状態」は依然として続いている。旧政権と仲良しだった同じ顔ぶれの記者などが、不安を煽りたてているように見えてならない。

いちばん端的に表れたのは、沖縄の基地問題だ。前政権で合意していた普天間飛行場の移転先を再検討と言い出したとたん、日米の同盟関係は極端に悪くなり、経済にも影響し、日本の安全保障が損なわれ、国益を失う……という極端な批判の論調がメディアを支配した。

滑稽なことだが、取材に偏りがある。記者クラブの発表をニュースとし、アメリカでは共和党系で日本に詳しく、なかには日本語に堪能な学者、政治家もいるいわゆる「ジャパンホルダー」を取材してニュースにする。ホワイトハウスのＨＰ、アメリカの報道官の記者会見の全文と比較すれば、滑稽なほどの偏りがすぐに分かる。

たとえば、長い記者会見の最後に多数の問題のなかの一つとして沖縄基地問題が出て、ようやく質問する機会を得た日本の記者が「辺野古移転の同意を変えたら、アメリカ政府はどう考えるか？」と質問したら、報道官が「何の影響もない」と答えるはずはない。「困ったことだ」というだろう。それがなぜか、「新政権のぐらつきに顔を真っ赤にして怒りをあらわにした」というようなニュースになるのである。

ジャーナリズムの役割の一つは権力の監視であるという。残念ながら、第二章で、そしてこの章で書いてきたように、メディアは政権に近い立ち位置で発表ニュースを流すことに慣れてきた。「旧政権状態」の発想で、言論、報道をしていては権力の監視とは言えない。政権交代時代という環境の進化に対するメディアの「適者生存」の進化はまだ始まっていないようだ。

事業仕分けの偏り報道

二〇〇九年秋の事業仕分けでもメディアの偏りが感じられた。科学技術予算も聖域ではないということで、「削減、中止」が相次いだことから、ノーベル賞学者らの予算削減反対記者会見が設定された。メディアの多くはその様子を垂れ流した。科学技術予算の削減は、未来への投資を考えない国家の危機という論調が目立った。

記者会見の知らせに「心ある科学者が会見する」との一文があって、笑ってしまった。事業仕分けに参加している科学者もいるが、それは「心ない」というのだろうか。記者会見は文部科学省の官僚たちの言い分を裏書きすることに目的があることは明白だった。メディアはそれを分かっていながら、悲しい習性でその方針に協力したようである。

これまで科学界が予算を確保しようとするとき、政権与党の有力者、文教族に陳情するか、官庁の審議会や委員会の仕事で築いた互恵的な協力関係を通じて官僚に依頼した。それが当然のこととして行われてきた。そのときにいちばん強調されるのは「科学技術は国際競争力のもと」という旗印だった。ありがたいお題目があればそれで十分だった。

つまり、タックスペイヤーである国民、税金を払っている国民には、説明する必要がなかった、ということである。

国民にはさまざまな価値観がある。予算に限界があるなかでは、建前をいくら強調しても、説明したことにはならない。科学界は、国民に説明して納得してもらうことに、もっと積極的であってほしい。事業仕分けは、その方向へ改めるチャンスとするべきなのにと思う。ノーベル賞学者らの会見は、はっきり言って利益代表の会見という印象が強かった。

それに、科学技術の裾野が荒廃している現状を、科学技術予算を通じて変えようという意思が見えないのも不思議である。メディアにその視点がないのも併せて不思議である。

スーパーコンピューターなど大型プロジェクトの予算が焦点になった。そこでは日本が科学技術で世界をリードするという目標が強調された。しかし、大型プロジェクトは、いわば高い山を築くようなものである。他の山より少しでも高く、少しでも早く。そんな山がたくさんでき、山脈にしようというものだ。しかし、足元を見て、築いた山、周りを見渡して、他の山の様子はどうか。柱のように細い山をさらに高くするのは無理である。築いた山は緑でも、他の山が荒涼たる禿山だったら、これもさびしい限りではないか。昔から言うように高い山には広い裾野がある。

広い裾野がなければ、高い山を築くことはできない。

今、科学技術の裾野が土砂崩れ状態という重い課題がある。一般的に言って、大学や研究機関は、科学技術予算が増えてきたのと反比例するように研究費の不足に悩んでいる。その度合いが増している。

一つの原因は、お金の流れ方にある。科学技術予算の増加に伴って、予算配分の組織が肥大化した。必要な仕組みではあるかもしれないが、一方でいわゆる天下りの温床にもなり、配分先の人事まで左右している。

また配分組織を内外から支える有力な研究者が、配分のキーパーソンになり、その結果として、キーパーソンに近い研究、近い研究者、あるいは流行のテーマには研究費が配分されるが、そうではないところには研究費が行き渡らないという歪を生んでいる。

研究者は、自分で外部から研究費を調達しなければならない。さもないと、研究予算は、大学教授クラスで多くて年間一〇〇万円、少ないと数十万円ほどで、これでは実験材料も買えない。

さらに、人減らしの流れは、大学研究機関も例外ではなく、事務職が減り、研究助手が減り、いちばんの働き手である若手研究者のポストが減った。ポストがないということは、決まった収入がない、安定した生活を送れないということだ。

若手研究者は、短い任期の間に論文を書くなど、成果を目で見える形で出さなければならない。つまり、とりあえず研究者同士の熾烈な競争に勝たなければならず、論文を出しやすいテーマ、研究費のある有力教授のテーマに集まる。長期的な視点での落ち着いた研究はできにくい。

大学研究機関が、確かにぬるま湯的で人事の流動性が悪く外の世界と比べて非常識という問題はあるが、現状は、長期的に見て、科学技術の豊穣を将来にわたって確実にする人材が育つ環境があるとは言えない。

ここにあげたことは科学技術の山の裾野が空洞化している問題の、その一部に過ぎないが、このような科学技術の現場の状態を放置したまま、それどころか空洞化を加速しながら、「先端的な科学技術で将来の日本の基盤をつくる」ことができるか。私は夢になるのではないかと懸念する。

大学研究機関だけではなく、世の中の「科学離れ」を改善するには、小学校から高校までの教育、あるいは生涯教育まで含めて科学技術の雰囲気を醸成することも、科学技術立国のために欠かせない。

科学界は、研究の自由と自治の問題として、自律的に「科学技術の裾野問題」解決に取り組んでほしい。そのための科学技術予算は必要で、それこそ将来への投資というべきではないだろうか。

そして、メディアはノーベル賞学者の会見に驚いているだけでは仕事をしていることにならない。いま何を伝えることが必要か、そのスタンスを明確にして仕事をするべきではないだろうか。

ジャーナリズムの進化へ

ジャーナリストには志が必須である。志を元に仮説を立て。現場を回って仮説を検証し、そのプロセスを成果物として発信することに努めたい。

さらにジャーナリストは、ジャーナリズムが社会的役割を十分に果たすような社会環境と職場環境を実現するために行動したい。

そこではじめてジャーナリズムは、直面する危機を越えて進化することができる。

いま、ジャーナリズムは危機的状態にある。インターネットの無料ニュースが当り前になり、情報源としてのマスメディアを必要とする人口が減った。新聞離れ、テレビ離れが著しい。その結果として広告収入が激減した。日本の新聞は収入の半分以上を購読料に依存しているが、それも減少傾向にある。身の周りでちょっと聞いてみると、新聞を読まない、テレビを見ないという人が、増えていることが実感できる。新聞とテレビの経営はビジネスのうえでは相当に危うく、将来への見通しは明るくない。ジャーナリズムの構造は、まさに金属疲労による脆性破壊の淵にある。

しかし、将来に向けての選択肢はある。この状況のなかで、どの選択肢に活路を見つけ出せるだろうか。いまこそ多様な意見を多様な立場から議論を進めることが必要になっていると思う。そこで、私の考える選択肢を提案して、締めくくりとしたい。

たとえば、温暖化防止条約締約国会議のような国際会議には、いま多数の国際環境団体が代表として参加している。国際会議というと、日本では損得勘定、国同士の利害の綱引きというレベルで報道される。それは取材が外務省をはじめとする各省庁の発表に依存しているからであり、国境を超越して活動する環境団体が、交渉で意見を主張するだけではなく、利害関係の調整にも存在感を示していることなどは、あまり報道されない。現実は、政府でもなく、企業でもなく、いわば市民代表とも言うべき団体が、各国政府や企業群と対等に大きな影響力を発揮しているのである。

国際社会だけではない。いま民主主義を標榜する先進国では、国内的にも三つのセクターが協働して社会を動かすようになっている。三つのセクターとは、行政（政府、自治体）と企業とふつうの人である。ふつうの人では何だか迫力がない。そこで、社会のなかで生活しているふつうの人という意味で、「市民」という言葉を使うことにしよう。要するに「行政」、「企業」、「市民」である。

企業人であっても暮らしの場所では市民である。同じように、行政人も市民である。私たちはみな組織人であっても市民の顔を持つ。だから、市民として活動する場のないほうが本来不思議というべきだった。

その市民セクターで主力になっているのは非営利組織（ＮＰＯ）である。いわゆるＮＰＯ法が施行されて十年、すでに全国で三万八〇〇〇のＮＰＯが活動しているという。ＮＰＯはまだまだ未熟で、しばしば行政の下請けになっているケースもあるが、自律自立の市民社会に欠かせないシステムとして、社会生活をコーディネートするという大きな役割がある。

この社会生活をコーディネートするということ。実はジャーナリズムの仕事そのものである。多様、多元な意見を紹介する。権力の議論のプロセスを監視し、決定を批判する。未来社会への仮説と言える政策の、その多様な選択肢を示し、未来社会へつなげる。

メディアはこれまで、行政セクター、企業セクターの発表を伝えることを仕事にしてきた。上から目線の情報伝達である。それではいけない。役割を果たしたことにならない。

これからのジャーナリズムは、一種のＮＰＯに進化すべきではないだろうか。公共放送のＮＨＫも、民間放送各社も、あえていうなら新聞各社も、である。

アメリカのＮＰＯジャーナリズム

ジャーナリストの立場がＮＰＯ的であるべきというときに、ジャーナリズムは非営利で活動すべきということも、一つのカギである。利益を上げ株価の高さで評価を受けるビジネスは、ジャーナリズムになじまない。建前は立派だが内容が伴わないメディアの現状には、商業主義が強く影響している。

しかし、問題はある。非営利で活動する組織の資金をどのようにして調達するのか。

アメリカでは、商業メディアが経営不振に陥るなかで、新聞で言えば調査報道記事、テレビで言えば調査報道のドキュメンタリー番組を制作するＮＰＯが登場している。

たとえばＣＰＩ（センター・フォア・パブリック・インテグリティー）という一九八九年発足のＮＰＯがある。創設したチャールズ・ルイス氏の講演を二〇〇九年一二月、早稲田大学のＪ－スクールが開いた国際シンポジウムで聞く機会を得た。

ルイス氏は、かつてアメリカのキー局の一つＣＢＳで、調査報道のドキュメンタリー番組「60ミニッツ」のプロデューサーをしていたが、一九八九年にＮＰＯのＣＰＩを立ち上げた。

ＮＰＯの活動には当然のことながら資金が要る。設立の時に資金を提供したのは、慈善事業団体、労組、企業、各種財団、テレビ系列のサポートもあった。五年後の一九九四年には、企業と労組からの資金はなくなった。二人のジャーナリストが年間二〇万ドルを提供して役員になっており、各種財団から年間に三〇〇〇万ドル、全収入の九〇パーセントの提供を受けている。スタッフは四〇名、パートが二〇名。

これまでに数々のスクープをものにした。

クリントン大統領の時に、民主党に寄付した人がホワイトハウスに滞在できるようにしていた「ベッドルームの資金調達」をスクープした。

ブッシュ大統領の時には、チェイニー副大統領が経営していたハリバートン社が、イラク戦争で巨額の利益を上げたことをスクープした。二〇人の研究者、編集者、ライターでプロジェクト・チームをつくり、情報公開法を駆使して核心に迫り、ついに契約文書の公表につながったという。

ＣＰＩは、巨大メディアができなかったジャーナリズム本来の仕事で大きな成果を上げている。初めはインターネットのウエブサイトにコンテンツをアップしていたが、いまではＣＰＩの他にも有力なジャーナリストのＮＰＯが四つあり、ニューヨークタイムズの調査報道記事、テレビではＡＢＣやＣＮＮにドキュメンタリー番組を制作するようになっているという。

二〇一〇年四月にネットメディアとして初めてピュリッツァー賞を受賞したプロパブリカも、寄付を財源とするＮＰＯである。無料で新聞、テレビに調査記事を提供し、自らもネットに発信している。

日本の現状を見ると、発表ジャーナリズムが依然として主流である。もちろん調査報道の記事やドキュメンタリーのスクープは、数え上げれば少なくはない。立花隆さんの「田中角栄研究」などフリーランスのジャーナリストが大スクープをした例もある。しかし、ＮＰＯによる前例はまだないようだ。

それに、ＮＰＯは慢性的に財政難に苦しんでいる。ＮＰＯに寄付する伝統や習慣は、日本では税制上の障害もあって、社会に根付いていない。

だが、よく考えてみると日本には、制度上は非営利で調査報道言論活動をする組織がすでに存在する。しばしば国営放送と揶揄されるＮＨＫである。

みなさまのＮＰＯ、「ＮＨＫ」の活用

私はＮＨＫとＢＢＣ（イギリス放送協会）の両方で働いた経験から、利益を上げることを優先して考えなくてもよい非営利組織は、独特の自由な雰囲気があり、ジャーナリストの仕事をするのに合っているという感じを持っている。両方ともに株式会社の関連団体があるが、少なくともＮＨＫ本体は制度上利益を上げることを求められてはいない。成立の過程はともかく、両方ともに巨大な非営利組織、いうなればＮＰＯなのである。

ＮＨＫの場合の最大の不自由は利益ではなく、政治的な圧力である。

繰り返し述べたように、受信料の収支について国会で承認を受けねばならず、それが「人質」に取られているために、政治介入に弱い。政権与党に介入に熱心な「先生」がいるとき、ＮＨＫ幹部が介入に不感症なとき、その両方が重なるとき、しばしば政治介入のあったことを否定できない。ＮＨＫの側には主として政治部記者出身の国会対策担当の管理職が多数いて、呼びつけられて説明を求められたり、反対に「ご説明に伺う」ことをしたり、特に予算の時期には一つのシステムのようになって動く。

また、電波割り当ての権限を持つ総務省の「行政指導」や「意見」や「ほのめかし」などにも弱い体質がある。政治家と連携して放送法を改正し規制強化を図ろうとする動きは、これまで何度も繰り返されている。

二〇〇九年の政権交代で、新政権は「日本版ＦＣＣ構想」を打ち出した。「通信・放送委員会」

構想である。米連邦通信委員会（ＦＣＣ）をモデルとしたので「日本版ＦＣＣ」とマニフェストのなかで位置づけていた。

だれが政権を担当しても、どんな政治形態になっても、放送の自由、表現の自由、報道の自由を守る。言論への政治介入を監視し、言論を国家が支配するのに対抗する委員会という。つまり、与党、野党の政治家、総務省の圧力をチェックするわけである。委員は公選で、言論は放送局の自主自律にまかせるともいう。

アメリカのＦＣＣは意外なほど政治色が濃厚だ。委員を大統領が任命し、議会の承認を受けるので、時の政権の意向が反映されやすい。言論の自由という原則を守る委員会になるならば、モデルのＦＣＣとは異なる世界初の組織と言えるかもしれない。もちろんまだ紆余曲折があるのは確実だ。言論の自由を守れるのか、反対に言論の不自由につながる恐れはないのか。本来は言論の自由を守る役割もあるはずの、現在のＮＨＫ経営委員会はどうなるのか。議論はこれからである。

しかし、いずれにせよ言論の自由を支持する世論が培われ、ＮＨＫに対する政治圧力、政治介入が減ることになれば歓迎である。そこで初めて、ＮＰＯとしてのＮＨＫが機能するのではないだろうか。「みなさまのＮＨＫ」のキャッチフレーズが、初めて実質を伴うようになるのではないだろうか。政治・行政セクターと企業セクターと市民セクターをコーディネートするＮＰＯのスタンスに立った言論活動ができるようになるのではないだろうか。

ＮＨＫはまず、市民が発案し調査した番組を協働で制作することを試みたらどうか。市民の提案を活かすためにプロの知恵と経験を提供し協働するプロジェクト・チームをつくる。大組織に属するジャーナリストだけがまともな仕事をしているというのは錯覚に過ぎない。

手はじめに市民・ＮＰＯが制作した番組を放送する時間枠をつくるのはどうだろうか。

一方市民は、ＮＨＫをもっと活用することを考えて良い。市民セクターの提案を具体化するように、声に出して世論に働きかけよう。受信料が安くなればいいとか、偏向しているから不払いとか、みんな払っていないから自分も払わないとか考えるよりも、そのほうがずっと建設的ではないだろうか。

ＮＨＫは公共財である。スポンサーは受信料を払っている市民である。これまでは、市民セクターの目線に乏しく、「みなさまのＮＨＫ」とは遠かった。放送センター建て替えも必要かもしれない、目の回るようなＣＧの多用も時代の流れかもしれない、大河ドラマや紅白歌合戦で高視聴率を競うのもいいかもしれない。だが、いま必要なことは、「みなさまのＮＨＫ」の実質に戻すことである。戻す力は、市民にある。

私は、言論の自由というとき、非営利のＮＨＫは他のジャーナリズムに比べて有利な立場にあると考える。もちろん、非営利ではなくても、言論の自由を担うジャーナリズムは公共財である。経済至上主義で判断し決定してはいけない民主主義社会のインフラである。

ジャーナリストは、一人ひとり、公に依らず、私に媚びず、公と私をつなぐことに努めたいものだ。そのために、ジャーナリズムを取りまく職場環境と社会環境を自ら変革することにも、同時に努めたいものだ。

謝辞

この本を書くにあたっては、渡良瀬川上流の足尾のみなさん、下流の桐生から藤岡町にいたる地域のみなさんなど、多くの方々にお世話になった。改めて心からのお礼を申し上げる。

特に小野崎敏さん。足尾銅山写真帖の鮮明な写真を見、本文を読んで感動し、手紙を書いた。吉祥寺駅の改札口でお会いすることになったが、初対面だったので写真帖を目印にした。小野崎さんの幅広い知識には教えられることが多かった。小野崎一徳をフォト・ジャーナリストのパイオニアとして取り上げ、鉱毒はクローズアップされた割に殖産興業の側面について、メディアがあまり伝えて来なかった足尾銅山の実像を少しでも紹介できたのは、小野崎さんから伺った話がきっかけである。

西成典子《のりこ》大妻女子大学教授。西成教授は環境学が専門である。足尾銅山の生産が増加するにつれて、周囲の山々がほとんど丸裸になった顛末は本書に書いた通りだが、いま足尾の現地は環境破壊と環境復元の実際がよく分かる場所である。しかし「見る人が見れば分かる」というように、素人には目には見えても認識できないことがたくさんある。その点で足尾の現地で西成教授から、特に「植物の立場から見る自然環境」について詳しく教えていただき、本当に勉強になった。

いま、この本とは別に小野崎一徳の写真のデータベース作成にも取り組んでいる。西成教授と藤田貢崇《みつたか》北大准教授と私の三人が聞き手になって、写真を一枚ずつ見ながら小野崎さんに自由に話をしてもらう。その聞き書きを文章に起こし、写真とセットにして保存、説明文は英語にも翻訳している。完成したデータベースをどのように活用するかは未定だが、電子媒体で見られるようになれば、日本だけではなく世界に発信できるし、また世界からアクセスもできるようになる。そうなれば、足尾の歴史と教訓を世界で共有することができるようになるのではないかと夢を膨らませている。

田中正造と足尾鉱毒については、これまでに膨大な書籍、資料が刊行されている。集めたものだけで本棚がいっぱいになった。とはいえ、古書ということになると手に入りにくいし値段が高い。勢い図書館に頼ることが多かった。とりわけ東京都町田市の自由民権資料館の蔵書はおおいに有効利用させてもらった。

ＮＨＫの先輩、かつての同僚、現役の後輩からも話を聞いた。新聞社の知人やフリーランスのジャーナリストとも話をした。みな時間を割いて取材に協力してくれた。

そして、水曜社の仙道弘生さん。文中に取り上げた事件の発生年月日、人名の漢字の妥当性まで実に細かく根気よくチェックをしてくれた。また、出版業界の構造的不況のなかにあって、多分どころかほぼ確実に大きな商売になりにくいこのような種類の本の出版を、よく決断してくれたと思う。

考えてみれば、ジャーナリストの仕事にどうやら終わりはないようだ。一つが終わるとまた次へと、取材したいテーマが連鎖して出てくる。そのたびに多くの方々が支えてくれるわけで、これは私にとって身に余る幸せというほかはない。

著者識

参考資料・文献

(1) 国土交通省関東地方整備局品木ダム水質管理所、暮らしや生きものをまもる中和事業

(2) 八ッ場ダムを考える会編、八ッ場ダムは止まるか：首都圏最後の巨大ダム計画、岩波ブックレットNo.６４４、２００５

(3) 嶋津暉之、八ッ場ダム問題の解決とは何か、世界、２００９・10

(4) 八ッ場ダムについて、国土交通省関東地方整備局、２００９・11

(5) ダムが止まるまち、八ッ場から、朝日新聞、２００９・10・12

(6) 鈴木郁子、八ッ場ダム：計画に振り回された57年、明石書店、２００９

(7) 下筌・松原ダム問題研究会編、公共事業と基本的人権：蜂の巣城紛争を中心として、１９７２

(8) 渡良瀬遊水地谷中メモリアル１００実行委員会編、渡良瀬遊水地谷中メモリアル１００、谷中村廃村１００年――これからの渡良瀬遊水地、渡良瀬遊水地アクリメーション振興財団、２００６

(9) 宇井純、公害原論Ⅰ、Ⅱ、Ⅲ、亜紀書房、１９７１

(10) 荒畑寒村、平地に波乱を起こせ：公害から、いまを撃つ、マルジュ社、１９８１

(11) 荒畑寒村、寒村自伝、上下、筑摩書房、１９６５

(12) 荒畑寒村、谷中村滅亡史、新泉社、１９７０

(13) 藤岡町史編さん委員会、藤岡町史・資料編 谷中村、藤岡町教育委員会生涯学習課、２０００

(14) 内水護編、資料足尾鉱毒事件、亜紀書房、１９７１

(15) 木下尚江、鉱毒飛沫、毎日新聞、明治33年2月19日

(16) 布川了、田中正造と天皇直訴事件、随想舎、２００１

(17) 大鹿卓、渡良瀬川、新泉社、１９７２

(18) 小松裕、田中正造の近代、現代企画室、２００１

(19) 魚住昭、官僚とメディア、角川書店、２００７

(20) 小池喜孝、鎖塚：自由民権と囚人労働の記録、現代史資料センター出版会、１９７３

(21) 小池喜孝、谷中から来た人たち：足尾鉱毒移民と田中正造、新人物往来社、１９７２

(22) メルクマニュアル第17版日本語版、日経ＢＰ、１９９９

(23) 朝日新聞「新聞と戦争」取材班、新聞と戦争、朝日新聞出版、２００８

(24) 山本武利、新聞記者の誕生、新曜社、1991
(25) 林茂、近代日本の思想家たち：中江兆民・幸徳秋水・吉野作造、岩波書店、1958
(26) 牧原憲夫、民権と憲法：シリーズ日本近現代史②、岩波書店、2006
(27) 会見オープン化で波紋、朝日新聞、2009・10・7
(28) NPO法人足尾鉱毒事件田中正造記念館、足尾鉱毒事件はいま、2008
(29) 渡良瀬遊水地成立史編集委員会、渡良瀬遊水地成立史・通史編・史料編、国土交通省関東地方整備局利根川上流河川事務所、2006
(30) 小野崎敏編著、足尾銅山：小野崎一徳写真帖、新樹社、2006
(31) 三井圭司／東京都写真美術館、写真の歴史入門：第一部「誕生」：新たな視覚のはじまり、新潮社、2005
(32) 大島昌宏、幕末写真師下岡蓮杖、学陽書房、1999
(33) 大町雅美、栃木県鉄道史話、落合書店、1981
(34) 足尾歴史館／足尾ガソリン軌道・歴史館線復元チーム編、甦る―フォード万歳！～足尾のガソリンカー復活～、Rail Magazine 2009―9、ネコパブリッシング、2009。
(35) 町田洋、甦るガソリンカー、視点論点、NHK教育TV、2009・9・4
(36) 小野崎敏、足尾銅山物語、新樹社、2007
(37) 武田晴人、日本産銅業史、東京大学出版会、1987
(38) 日本経営史研究所、創業100年史：古河鉱業、1976
(39) 茂野吉之助編、木村長兵衛伝、木村幸次郎、1937
(40) 夏目漱石、坑夫、新潮文庫版、1976
(41) 由井正臣、田中正造、岩波書店、1984
(42) 日鉱記念館（日立市宮田町3585）展示
(43) 国土交通省関東地方整備局渡良瀬川河川事務所、足尾砂防堰堤・緑と安全を渡良瀬川に、2008
(44) 栃木県、栃木県史・史料編・近現代9、1984
(45) 川田勉、日本公害の原点：松木ものがたり、足尾映像企画、2005
(46) 村上安正、銅山の町足尾を歩く、わたらせ川協会発行、随想舎発売、1998
(47) 自然再生を推進する市民団体連絡会、森、里、川、海をつなぐ自然再生、中央法規出版、2005
(48) 「明るい町」編集部、町民がつづる足尾の百年第2部、光陽出版社、2000
(49) 秋山智英、森よ、よみがえれ、第一プランニングセンター、1990
(50) *A Forest Again*, Tomohide Akiyama, Food and Agriculture Policy Research Center, 1992.
(51) テレビ以前に世界を視せた巨大メディア〝LIFE〟、本のある風景、宝塚メディア図書館編、サイエンス映像シンクプロダクション、2009・6

(52) 予は下野の百姓なり：田中正造と足尾鉱毒事件：新聞で見る公害の原点、下野新聞社、2008
(53) 山本武利、公害報道の原点：田中正造と世論形成、御茶の水書房
(54) 渡良瀬川研究会編、田中正造と足尾鉱毒事件、随想舎、2003
(55) 由井正臣・小松裕編、田中正造文集(1)(2)、岩波書店、2005
(56) NHK取材班、NHKスペシャル 戦後50年その時日本は：第2巻、日本放送出版協会、1995
(57) 春原昭彦、日本新聞通史：1861年―2000年、新泉社、2003
(58) 田中浩編、近代日本のジャーナリスト、御茶の水書房、1987
(59) 柴田鉄治、科学報道、朝日新聞社、1994
(60) 柳田邦男、航空事故：その証跡に語らせる、中央公論社、1975
(61) 小出五郎、仮説の検証：科学ジャーナリストの仕事、講談社、2007
(62) ETV改変事件 8年目の真実 あのとき何があったのか、放送リポートNo.222、2010、1、メディア総合研究所
(63) メディアの危機を訴える市民ネットワーク（メキキネット）編、番組はなぜ改ざんされたか：NHK・ETV事件の深層、一葉社、2006
(64) NHK、クローズアップ現代「新聞、押しよせる変革、日米は」、2010・1・12
(65) 世古一穂・土田修、マスメディア再生への戦略：NPO・NGO・市民との協働、明石書店、2009
(66) チャールズ・ルイス氏の講演、同氏はCPI（Center for Public Integrity）の創始者、早稲田大学大学院政治学研究科ジャーナリズムコース主催、J-School ジャーナリズムの危機シンポジウム、ジャーナリズムの新しいかたち～非営利化するメディアと調査報道の可能性～、2009・12・10
(67) 「言論を守る」強調 総務相「番組規制はしない」、朝日新聞、2009・10・6
(68) 渋沢栄一、雨夜譚：渋沢栄一自叙伝（抄）、日本図書センター、1997
(69) 制作現場で何が起きているか、放送レポート、No.223、2010

小出五郎（こいで・ごろう）
科学ジャーナリスト。日本科学技術ジャーナリスト会議（JASTJ）前会長。1941年生まれ。1964年東京大学卒業後NHK入局。科学番組ディレクターとして活躍。NHK特集「核戦争後の地球」で芸術祭、イタリア賞大賞、「驚異の小宇宙・人体」で日本賞を受賞。1989年NHK解説委員。2010年第55回前島賞受賞。主著に『仮説の検証・科学ジャーナリストの仕事』『戦争する国、平和する国』など。

新・仮説の検証
沈黙のジャーナリズムに告ぐ

二〇一〇年五月二九日　初版第一刷

著者　小出五郎
発行者　仙道弘生
発行所　株式会社 水曜社
〒160-0022 東京都新宿区新宿一-一四-一二
電話 〇三-三三五一-八七六八
ファックス 〇三-五三六二-七二七九
www.bookdom.net/suiyosha/
印刷所　大日本印刷
制作　青丹社

ISBN978-4-88065-239-9 C0095